三世代の親子関係

― マッチングデータによる実証研究 ―

佐々木尚之・高濱裕子 編著

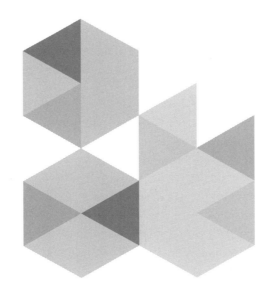

風間書房

まえがき

　本書は、佐々木尚之氏の熱意と努力とによって日の目を見たと言っても過言ではない。私自身は、この本の出発点となった研究プロジェクトに、即ち日本学術振興会の科学研究費補助金による基盤研究（C）（一般）（平成23年度—平成25年度）と挑戦的萌芽研究（平成26年度—平成27年度）の研究代表者として参画していた。そしていずれのプロジェクトでも、研究統括と関東地区のデータ収集に従事していた。

　質問紙調査と面接調査のめどがついた頃には、12年間勤務したお茶の水女子大学を去る日（定年退職）が近づいていた。そんなところへ、佐々木氏から「本を出版しましょう」という提案があった。これまでの私なら、即座に「やりましょう」と同意したと思う。しかし、その時の私は一瞬躊躇した。理由はふたつあった。ひとつは、私は退職する立場にある。郷里の盛岡へ帰って、地域の親支援や子どもの養育支援をサポートしようと決心していた。だから東京を離れてやれるのかどうか、確信がもてなかった。もうひとつは、佐々木氏の提案は、"高濱・佐々木編著"での出版ということだった。退職した研究者が第一編者となって、その本が売れるのだろうかという不安が頭をよぎった。しかし、若手の研究者が意欲的な提案をしているのに、私が水を差すことは避けたい。そこで、私は"佐々木・高濱編著"にしようと再提案した。私は、佐々木氏の後見役として控えて、サポートする立場を自分自身にも納得させたかったのかもしれない。このことこそが本書で取りあげる「世代性」と考えられる。さて、回りくどい言い訳はここまでにしよう。

　この研究プロジェクトは、2011年に出版された氏家達夫・高濱裕子編著『親子関係の生涯発達心理学』（風間書房）がきっかけで生まれ、そして動き出した。この繋がりは必然的だったのかもしれない。振り返れば、私が佐々木氏に初めて会ったのは、2005年に開催されたSRCDの会場だったと思う。その年の

SRCD Biennial Meetingはアトランタで開催された。日本人留学生が、日本から参加した日本人研究者の発表を見に（聞きに）くることは多い。研究そのものへの興味だけでなく、日本の大学における最新の採用動向などの情報を求めていることもある。佐々木氏との会話もそういった内容だった。その2年後、私たちはボストンで開催されたSRCDで再会した。この時は、佐々木氏の博士論文の研究テーマである父親の発達についてディスカッションしたことを覚えている。

 その後、佐々木氏が帰国されたことを私は全く知らなかった。研究プロジェクトの計画を温めていたこともあり、電子メールを送ったところ、日本に戻ってきたという返事であった。ここから、正にこの研究プロジェクトは動き出したのである。

 歩行開始期と思春期には、子どもの心身に劇的な発達的変化が生じる。この時期に子どもに対峙する親は、子どもへの対処の難しさをいやというほど感じ、同時にそこで沸き起こる親自身の負の感情の扱い方に苦慮する。このプロセスでは、必然的に他者のサポートを必要とし、実際にも他者を巻き込んでゆくのである。こうした場合に、親側だけでなくサポートする側である祖父母側の認識も同時に尋ねる必要があるのではないか。同様にそのサポートの受け手と与え手の双方に、どのようなサポートをどの程度授受しているのかを尋ねる必要があるのではないか。私たちはこのようなことを確認し合ったのである。

 とはいえ、実際に三世代のデータを収集する方法や三世代に対応するデータ項目を設定する方法などには困難が伴った。メンバー間で、相当知恵を絞ったことを思い出す。そのあたりの事情は、序章あるいは第1章をお読みいただきたい。そして、どれほど困難度が高くても、誠実に対処し、熱意をもって事に当たれば、難局面でも打開されるものだと私は信じている。

 多くの協力者を得て、この研究は終着点へ到達した。研究対象者となってくださった方々、全面的に研究を受け入れ調査に協力してくださった中学校の皆さま、保育所の皆さま、乳幼児健診、歯科健診、ポリオ予防接種の担当部署の皆さま、そしてデータ収集に参加してくださった大学院生や学部生に心よりお

礼を申しあげる。

　最後に、風間敬子さん（風間書房）の深いご理解とご支援に感謝申しあげたい。原稿が遅れがちになったり、動機づけが低下しそうになる私たちを、いつも勇気づけてくださった。本当に感謝の念で一杯である。

2017年12月

高濱裕子

付記
　この本で用いたデータは、日本学術振興会の科学研究費の補助を受けて収集され、分析されたものである。研究課題番号は次の通りである。
　平成23年度—25年度科学研究費補助金、基盤研究（C）
　　　　（課題番号23530848、研究代表者 高濱裕子）
　平成26年度—27年度科学研究費補助金、挑戦的萌芽研究
　　　　（課題番号26590142、研究代表者 高濱裕子）

目 次

まえがき　高濱裕子　i

◆序章◆ 親子関係を三世代にわたってとらえる重要性
……………………………………………… 佐々木尚之・高濱裕子　1

1. 本書のねらい ……………………………………………………… 1
2. 祖父母世代の台頭 ………………………………………………… 3
3. 三世代親子関係を分析するにあたって ………………………… 9
4. 三世代親子の相互依存性 ………………………………………… 13
5. 基本的分析視角 …………………………………………………… 18
6. 本書の構成 ………………………………………………………… 21

◆第1章◆ 三世代親子データ分析の方法論的検討 … 佐々木尚之　27

1. 三世代親子マッチングデータの分析上の課題 ………………… 27
2. 三世代親子関係プロジェクトの概要 …………………………… 28
3. ダイアドデータの類似性 ………………………………………… 31
4. ダイアドデータの分析方法 ……………………………………… 37
　　（1）　Actor-Partner Interdependence Model　39
　　（2）　Common Fate Model　43
　　（3）　Dyadic Discrepancy Model　46

◆第2章◆ 現代社会における三世代関係 ……………… 氏家達夫　55

1. はじめに …………………………………………………………… 55
2. 子どもを産み育てるプロセスの再生産性と新規性 ……………… 58
   - (1) 再生産性　58
   - (2) あなたの人生の物語　59
   - (3) 新規性　61
   - (4) 時代性　62
   - (5) 新人類か宇宙人か　63
   - (6) 親子は異なる世界の住人　63
   - (7) 時間選好の世代差　64
3. 二世代間、三世代間関係パラダイムの危機 ……………………… 66
   - (1) 親子関係の傾き　66
   - (2) 傾きの変化　66
   - (3) 祖父母と孫の関係　67
   - (4) 第一世代の親としての経験は役に立つか？　68
   - (5) 育児の科学化　69
   - (6) 経済原理にもとづく資源の変容　71
   - (7) 現代における人生の物語　73
   - (8) 教育はさいごの切り札　74
4. 主観性と個別性の時代／社会の多様な住人たち ………………… 75
   - (1) ユニバーサルデザインの時代　75
   - (2) "トリセツ"が意味するもの　77
   - (3) 新しいことはいいことだ　79
   - (4) 個別性の時代の最初の住人　80
5. 現代社会における三世代関係 ……………………………………… 82
   - (1) 現代社会における三世代関係　82
   - (2) 新しい世代間関係のパラダイムとは　84

◆第3章◆ 世代間援助の発達的変化 ……………………… 保田時男　91

1. 世代間援助の分析枠組み ……………………………………………… 91
2. 世代間援助の発生率 …………………………………………………… 92
   - (1) 女性を中心とする援助関係　92
   - (2) 経済的には祖父母世代からの援助が優勢　95
   - (3) 孫のしつけへの助言はほぼ受容　96
3. 各種の援助頻度と満足度の相関 ……………………………………… 98
   - (1) 経済的援助の受領が満足度にもっとも影響　98
   - (2) 祖父母世代を援助することは満足に結びつきにくい　100
4. 祖父母世代からの援助頻度を規定する要因 ……………………… 102
   - (1) 分析対象　102
   - (2) 歩行開始期の援助は祖父母世代の資源的余裕から生じる　104
   - (3) 思春期の援助は実際的なニーズ要因が強まる　108
5. 父母世代と祖父母世代の認識の違い ……………………………… 109
   - (1) 祖父母世代は援助の頻度を簡単に高く評定しない　109
   - (2) 交流的な援助評価からシビアな援助評価への変化　111
6. 考察：それぞれの世代から見る世代間援助の発達的変化 ……… 113
   - (1) 世代間援助の基本構造　113
   - (2) 歩行開始期と思春期のコーホート比較　115
   - (3) 両世代の回答から見える規範的バイアス　116
   - (4) 今後の課題　117

◆第4章◆ 三世代同居・近居の因果効果の推定 …… 佐々木尚之　121

1. 背景と問題設定 ……………………………………………………… 121
2. 三世代同居・近居は親子関係に何をもたらすのか ……………… 125
3. 傾向スコアマッチング分析の方法 ………………………………… 127

4. 同居・近居の因果効果の推定 ……………………………………… 131
  5. 三世代同居・近居は有効な少子化対策なのか ……………………… 134

◆第5章◆ 思春期の子どもと祖父母との関係 ……… 野澤祥子 141

  1. はじめに ……………………………………………………………… 141
  2. 調査の概要 …………………………………………………………… 145
  3. 分析の結果 …………………………………………………………… 145
    （1）孫-祖父母関係に関する思春期の子ども及び祖父母の認知　145
    （2）孫-祖父母関係の認知と祖父母世帯・親-子世帯のかかわり
       （居住距離、接触・連絡頻度）との関連　155
    （3）孫-祖父母関係に関する思春期の子どもの認知と祖父母の認知の
       関連　157
  4. 本章のまとめ ………………………………………………………… 160
    （1）本章で明らかになったこと　160
    （2）総合的考察と今後の課題　162

◆第6章◆ 世代性の発達的変化 ……………………… 高濱裕子 167

  1. 問　題 ………………………………………………………………… 167
    （1）超高齢化社会の親子関係　167
    （2）生涯発達的視点から親子関係を検討する意義　168
    （3）世代性という概念の意味するもの　168
    （4）パーソナリティ研究における世代性研究の動向　169
    （5）血縁関係のある二世代の世代性の検討　170
  2. 方　法 ………………………………………………………………… 170
  3. 結　果 ………………………………………………………………… 173
    （1）4群における世代性尺度の因子分析　173
    （2）コホート別・世代別4群の世代性尺度得点の比較　178

（3）親と祖父母の相関分析の結果　180
　4．考　察 ………………………………………………………………… 181
　5．結　論 ………………………………………………………………… 183

◆第 7 章◆ 祖父母世代における人生の統合 …………… 高濱裕子　187

　1．問　題 ………………………………………………………………… 187
　　（1）日本人の主観的幸福感　187
　　（2）日本人と欧米人の文化的自己観　188
　　（3）世代性（世代継承性）とアイデンティティ　189
　　（4）本章の目的　190
　2．方　法 ………………………………………………………………… 191
　3．結果と考察 …………………………………………………………… 192
　4．結　論 ………………………………………………………………… 203

◆終章◆ 結果のまとめと今後の展望 ……… 高濱裕子・佐々木尚之　209

　1．本書の目的と検討の視点 …………………………………………… 209
　2．各章の研究から明らかになったこと ……………………………… 211
　3．従来の研究の課題を超えられたのか ……………………………… 217
　　（1）世代間の相互関係と影響性　217
　　（2）子ども世代の発達段階と家族システム　218
　　（3）世代間の回答や認識の一致・不一致　220
　4．今後の課題 …………………………………………………………… 222

　　あとがき　佐々木尚之　225

　　索引　229

序章　親子関係を三世代にわたってとらえる重要性

1. 本書のねらい

　親子関係は、生涯にわたりもっとも長く継続する人間関係のひとつである。平均余命の伸長にともない半世紀以上続くことが一般的である。夫婦関係も同程度に、きょうだい関係はさらに長期間にわたり関係が継続することが多いものの、親子関係ほどその性質が劇的に転成するわけではない。新生児期には、生命の維持においてほぼ完全に親に依存していたものが、発達とともに徐々に自律し自己を確立する。人生の最後を迎える前後には、場合によっては立場が逆転し、子に依存せざるをえないこともある。さらに、少子化とはいえ高い確率で、孫という次世代の重要な他者が、それまでの「親子」に割り込んでくるのである。そういった観点からすると、親子関係は生涯を通じて恒常性（ホメオスタシス）を脅かされる宿命にありながらも、絶えず訪れる変化に順応していくことこそが重要な課題といえる。

　「親子」という言葉を耳にしたとき、どのような人たちをイメージするだろうか。多くの場合、小さな子どもと若い夫婦からなる核家族をイメージするのではないだろうか。実際に、親子関係の研究を概観すると、乳幼児期、児童期、思春期など特定の発達段階にあたる子どもとその親との2者関係に焦点が当てられる傾向にある。親子関係のなかでも、とりわけ社会化の担い手としての親の存在が重要視され、研究目的の多くは、子どもが社会の一員として自律した大人へと成長することを促す、親の特徴の解明であった（Maccoby, 1992）。このような研究姿勢は、心理学の創生期における精神分析や行動主義の隆盛と無縁ではないだろう。つまり、親の行動がどのように子どもを成形するのかといっ

た視点で親子関係を検討することが長らく一般的であった。

　しかしながら、子どもの発達に対する親の影響は親子関係のごく一部分を切り取ったものにすぎない。親の行動に与える子どもの特性の影響といった逆の因果の設定（Bell, 1968; Bell & Harper, 1977）や、子どもが直接接触する親、きょうだい、教師、友人、隣人などに加え、間接的に関わりがある、両親の仕事、公共サービス、親族、またそれらのあり方に影響する、政治、経済、文化などの社会的文脈が相互に作用することの理論づけ（Bronfenbrenner, 1979）が提唱されるようになり、近年では親子関係をより広い視点でとらえるようになった。さらには、生涯発達の観点から俯瞰すると、親子関係は相互に入り組んだ文脈のなかで多様に展開し、時間軸に沿ってダイナミックに変容することが指摘されている（氏家・高濱, 2011）。親子関係は子どもの誕生（もしくは養子縁組）から始まるが、子どもが成長し自身の子どもが誕生すると、それまで親であった世代は祖父母となる。この祖父母と親も「親子」であり、新たに加わった「親子」とともに祖父母（G1）−親（G2）−孫（G3）の三世代が複雑に影響しあいながら、それぞれの役割、ルール、機能を文脈に応じて変化させている。たとえば、祖父母（G1）と孫（G3）の関係性は、加齢とともに変容し、それまでの祖父母（G1）と親（G2）の関係性および親（G2）と子ども（G3）の関係性によって大きく異なることは想像に難くない。

　本書の目的は3つある。まず、親子関係を祖父母−親−孫の三世代に拡大して議論することにある。従来の親子研究では、隣り合う2つの世代の親子関係のみに着目することが多かったが、重要なピースが欠けていると親子関係を歪めて解釈してしまう恐れがある。三世代親子関係を包括的に検討し、全体像を見渡すことによって、親子関係の研究に新たな視点を導入することが期待できる。次に、子ども（G3）の心身の発達的変化が顕著な2つの時期（歩行開始期および思春期）の三世代親子システムの発達的変化をとらえることである。歩行開始期と思春期は、いわゆる第一次反抗期と第二次反抗期にあたる。これらの時期には、G2とG3の親子システムの平衡状態が崩れやすい一方で、祖父母（G1）などの社会的資源を活用することによって、新たな行動様式を発達させ、

三世代親子システムを再組織化する（高濱・渡辺・坂上・高辻・野澤，2008；氏家・高濱，2011）。2つのコーホートを比較することによって、ライフサイクルにおける重要な課題を抱える親子が関係性を再編成させる発達的変化を検証することが可能となる。最後に、三世代親子マッチングデータを利用することにより、三世代親子システムの相互依存性を考慮した分析を試みることである。親子関係について祖父母、親、子それぞれの立場から回答を得ることによって、方法論を工夫し、家族内の相互関係を解明する。

2. 祖父母世代の台頭

　親子関係を祖父母 − 親 − 孫の三世代に拡大して議論する必要性が高まった背景には、三世代親子を取り巻く環境が近年大きく変化したことにある。戦後の日本では、産業構造の転換とともに若年層が急速に都市部に流入した。婚姻における家の継承という意味合いは徐々に薄まり、戦前には約7割を占めていたお見合い結婚は、1960年代後半には恋愛結婚と比率が逆転し、1990年代後半以降は一定して約9割の夫婦が恋愛によって成立するようになった（国立社会保障・人口問題研究所，2015a）。このような時期に形成された家族は、地域や出身家族から独立して存在し、外で働く父親とケア役割を一手に引き受ける母親からなる夫婦が強い情緒的絆によって結ばれ、子どもに対して深い愛情を注ぐ、いわゆる「近代家族」として標準化された（落合，1989）。こうした近代家族では、祖父母の存在が相対的に薄くなり、将来的に支援や介護などのケアをしなければならない対象との認識が強かった。祖父母側からしても、医療保険や公的年金などの社会保障制度が充実してくるにつれて、子どもに頼らない老後生活を希望するようになった（大和，2008）。

　1990年代以降の本格的な高齢社会の到来を受けて、高齢者の視点を中心に据えた研究が増加するなかで、祖父母世代への関心が強まる傾向にある。それらの研究から、近代家族で自明とされていた家族のありさまが揺らぐ一方で、子育て期の家族における祖父母の存在の大きさが見出されてきた。たとえば、

子育てに手助けが必要になった場合に頼る相手を複数回答で尋ねると、「自分の親（78.0％）」や「配偶者の親（38.1％）」を挙げる母親が多く、「公的な子育て支援サービス（26.6％）」や「兄弟姉妹（23.0％）」を大きく引き離している（内閣府, 2007）。祖父母を対象にした調査では、9割以上の祖父母が過去1年間に物品の購入、一時預かり、病気の対応、しつけや教育についての相談など何らかの形で親世代もしくは孫世代に対する支援を行っている（北村, 2008）。核家族化が進行し、世代間の紐帯が弱まっていると一般的に考えられていることからも、祖父母の存在が大きくなったとの見方は、直感と相反するかもしれない。

確かに、三世代の親子が同居する割合は減少している。18歳未満の未婚の子どもがいる世帯のうち、三世代以上が同居する割合は1986年の27.0％から徐々に低下し2016年には14.7％となっており、子どもの9割近くは核家族世帯で生活している（厚生労働省, 2017）。一方で、別居する祖父母との居住距離は徐々に短くなっている。図1は国立社会保障・人口問題研究所（2015b）が1993年から5年ごとに実施する「全国家庭動向調査」の結果を示したものである。夫もしくは妻の母親のうち、近くに住む母親の居住地までの移動時間が

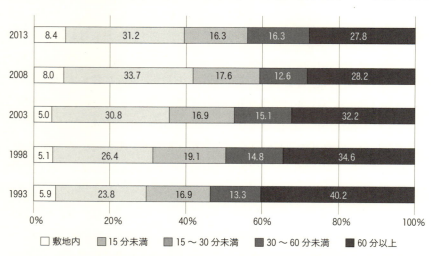

図1　夫もしくは妻の母親のうち、近くに住む母親の居住地までの移動距離

資料：国立社会保障・人口問題研究所「全国家庭動向調査」

1時間を越える夫婦は、1993年には40.2％であったが2013年には27.8％と減少したのに対して、移動時間が15分未満の夫婦の割合は、1993年の29.7％から2013年には39.6％と増加している。つまり、同居は減ったものの、G2とG3親子の日常生活の範囲内にG1が包含されていることが推測できる。実際に、祖父母世代と疎遠になっているわけではなく、G1とG2の連絡頻度は年々増加している。60歳以上の男女が別居する子どもと直接または電話などで間接的に接触する頻度の経年変化を見てみると、週1回以上連絡をとるとした割合は、1985年には33.5％であったが、2015年には過半数を超え51.2％となった（内閣府，2015）。また、普段の生活で楽しいと感じることを60歳以上の男女に複数の選択肢の中から選んでもらうと、「家族との団らん、孫と遊ぶ」を選択した者は1999年には29.0％であったが、2014年には40.1％と増加している（内閣府，2014）。

　これらの調査結果は、現代のG2とG3の親子関係の日常生活のなかに、祖父母（G1）が強固に組み込まれるようになっていることを示す。G2とG3の大半は核家族世帯であり、G1と離れて暮らすようになったものの、身近な存在としてG1がおり、頻繁に連絡を取り合うなかで困ったときには支援を要請するし、G1としてもそういった関係を肯定的にとらえていることが多い。こうして見ると、G2とG3の親子関係を理解するためにG1まで拡張して検討することは、ごく自然な流れである。なぜこれほどまでに、三世代親子関係における潜在的な支援者としての祖父母が近年台頭するようになったのだろうか。要因を大別すると、人口動態の急速な変移、就労状況の変質、社会システムと家族の実態との不協和の3つを挙げることができる。

　第一に、急変した人口動態について述べる。日本の人口は世界に類を見ないペースで少子化と高齢化が同時に進行した。いわゆる第二次ベビーブーム世代にあたる1970年代前半に出生した子ども数は年間200万人を超えていたが、それ以降の出生数は徐々に減少を続け、2016年には、1899年に統計を開始してから初めて100万人を下回り、1世代あまりの間に半数以下の規模にまで縮小した。時期を同じくして、総人口に占める65歳以上の割合（高齢化率）は急

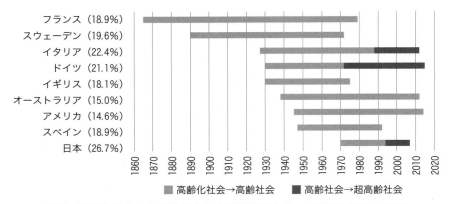

図2 高齢化社会から高齢社会および超高齢社会への移行に要した期間
(国名横の数値は2015年時点での総人口に占める65歳以上人口の割合)

資料：United Nations, World Population Prospects: The 2017 Revision ただし、日本は、総務省「国勢調査」および「人口推計」

上昇した。国連の報告書において、高齢化率が7％を超えると「高齢化社会」、14％を超えると「高齢社会」、21％を超えると「超高齢社会」と定義されているが、日本の高齢化率は1970年に初めて7％を超え高齢化社会に突入し、2015年の高齢化率は26.7％と世界でもっとも高齢化が進んだ国である。先進諸国の高齢化の進度と比較すると、日本の高齢化のスピードの凄まじさがわかる（図2）。19世紀後半に高齢化社会を迎えたフランスやスウェーデンでは1世紀前後かけて高齢社会へと移行したのに対して、日本は24年で高齢者の割合が倍増し、そのわずか13年後には3倍に達している。ただし、日本の高齢者の多くは庇護される対象ではなく、かつてないほど心身ともに活発で健康を維持できるようになった。継続的な医療や介護に依存することなく、日常的に自立した生活を過ごせる期間を示す、健康寿命は男性が71.1歳、女性が75.6歳で男女ともに世界でもっとも長い。そうした流れのなかで、1980年代ごろから晩婚化や未婚化が顕在化したことにより、孫の希少価値が大きく高まった。かつては、祖父母が多数の孫によって支えられているような正三角形の三世代親子の構造が、正方形やひし形、極端なケースでは逆正三角形になった。つまり、過去の祖父母にくらべて、孫に対する全体的な支援総量に変化がないと仮

定しても、孫1人当たりに換算すると相対的に突出しやすい構造になった。

　もうひとつの人口動態に関する影響は離婚の増加である。厚生労働省の「人口動態統計」によると、親が離婚した未成年子の数は1970年には約9万人だったのに対し、2015年には約23万人に上昇した。20歳未満人口千人当たりで見ると、1970年には2.67人だったが、2000年に10人を超えるまでほぼ一定のペースで増え続け、それ以降高止まりし、2016年には10.1人となっている。ひとり親世帯、とくに母子世帯における貧困率の高さに表れる経済状況の厳しさや離婚および再婚前後の家族システムの再構築過程において、祖父母が介入せざるを得ない状況がより多く生じるようになったといえる。

　第二に、就労状況の変化について説明する。1980年には夫と専業主婦からなる夫婦の1,114万世帯に対して、共働き夫婦は614万世帯と2倍近い開きがあったものの、1990年代には双方とも900万世帯前後で同規模な時期が続いた。2000年以降は共働き夫婦が増加する一方で夫と専業主婦からなる夫婦が減少し、2016年には共働き夫婦で1,129万世帯、夫と専業主婦からなる夫婦で664万世帯と大きく逆転している。共働き夫婦が小さな子どもを育てるにあたり、とくにフルタイム就労の場合に、勤務中の保育、予定外の仕事、子どもの急な発病など日常的に第三者の支援が必要になる。そういった際に、祖父母、なかでも妻方の母親は、かけがえのない重要なサポート資源であることが指摘されている（角川，2009；山田・有吉・堀川・石原，2005）。本書で用いる歩行開始期のG1とG2のマッチングデータを利用した分析結果においても、G1の年齢、時間的余裕、経済状況、健康状態にかかわらず、G2夫婦が共働きだった場合に、より頻繁にG1からG2への支援が行われていることが明らかになっている（佐々木・高濱・北村・木村，2017）。

　就労状況の変化により、経済力の世代間格差が生じていることも指摘したい。20年以上におよぶ日本経済の停滞は、子育て期の家族の収入に大きな影響を与えた。厚生労働省が実施する「国民生活基礎調査」の結果によると、18歳未満の児童のいる1世帯当たりの年間所得は、1990年の670.4万円から徐々に増加し1996年のピーク時には781.6万円を記録した。その後漸減し、2015年

には 707.8 万円となっている（厚生労働省，2017）。日本型の雇用慣行に基づく賃金体系では、20歳代の賃金が低く抑えられ、加齢とともに上昇しながら50歳代をピークに低下する賃金カーブを描くが、本研究のG2世代にあたる1970年代生まれや1980年代生まれの賃金カーブが、それ以前の世代のような傾きで上昇していないことが明らかになっている（国土交通省，2013）。また、2人以上の世帯における金融資産から住宅ローンなどの負債額を引いた純貯蓄額を世帯主の年齢別にみると、40歳代までは負債超過の状況であり、50歳以上からようやく貯蓄が上回る（総務省，2016）。こうしたことからも、現在の祖父母世代と親世代の間にさまざまな形で資源量の差が生じやすい社会的構造になっている。

　第三に、家族の実態にそぐわない社会システムが維持され続けたことが挙げられる。日本の家族政策は家族メンバー間の相互扶助を伝統的美徳であると強調し、「近代家族」を標準モデルとして設定している。具体的には、1980年代中ごろに相次いで制度化された国民年金の第3号被保険者制度ならびに配偶者特別控除は、育児や介護のケア役割の中心的な担い手として専業主婦をターゲットにする明確な意図があった（藤崎，2013）。しかしながら、現在の経済状況や雇用環境で「近代家族」を標準モデルとするのは、もはや適切ではない。先述のように、1990年代初頭には、共働き夫婦が一般化しており、こうした働き方の変化に呼応するかのように、日本人の性別役割分業意識も大きく変動した。内閣府が実施した世論調査における「夫は外で働き、妻は家庭を守るべきである」との意見に賛成する割合は、1990年を前後して男女とも30％程度低下している（図3）。同様に、NHK放送文化研究所が1973年から5年ごとに実施する「日本人の意識」調査では、結婚後の女性の働き方について、「家庭に専念」、「子どもができたら離職」、「就業継続」の中から1つ選択してもらっているが、結婚・出産後も就業継続を支持する人は、1973年には20％であったが、その後増え続け、2013年には56％と過半数を占める。

　性別役割分業に対する明確な意識の変化が認められるのに対して、育児を社会的にサポートする体制を整えることには消極的であった。第1子出産後に継

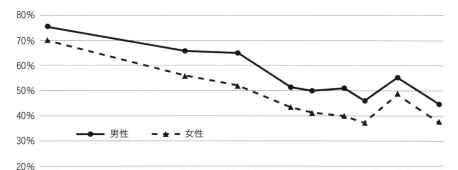

図3 固定的性別役割分業に賛成する割合の推移

資料：内閣府「男女共同参画社会に関する世論調査」

注：「賛成」「どちらかといえば賛成」「どちらかといえば反対」「反対」「わからない」の選択肢のうち「賛成」「どちらかといえば賛成」を選択した人の割合の合計。また、調査対象が2016年に20歳以上から18歳以上に変更されたが、比較可能とするために20歳以上に限定している。

続して就業することが困難な状況に変化はなく（西村，2014）、共働き夫婦であっても、妻の大半は非正規雇用であり、家計収入の補完的な役割を果たすとともに家事・育児のほとんどを主体的に管理することを求められている。一方で、男性の多くは長時間労働に従事しており、とくに子育て期にあたる30歳代および40歳代の労働時間が他の年齢群にくらべて長い（内閣府，2017）。女性が孤独に子育てをすることを強いられる社会システムの中で、祖父母（とくに母親の母親）に支援を要請せざるを得ないというのがより現実に即した描写ではないだろうか。

3. 三世代親子関係を分析するにあたって

今後の人口動態、就労状況、社会システムのゆくえに鑑みると、親子関係におけるキープレイヤーとして祖父母の存在感が一層高まっていくことが予想される。しかしながら、親子関係を連続する三世代に拡大し、祖父母を組み入れて分析する際には慎重さを要する。留意点の1点目は、祖父母の存在を当然視

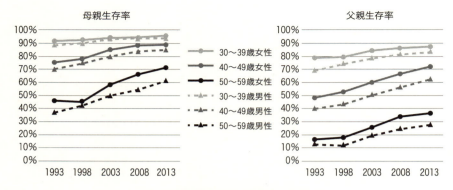

図4 既婚者の性別年齢別両親生存率

資料：国立社会保障・人口問題研究所「全国家庭動向調査」

すべきではない点である。国立社会保障・人口問題研究所が2013年に実施した「全国家庭動向調査」によると、平均寿命の伸長にともない既婚者の両親の生存率は上昇しているものの、G1が既に他界している子育て期の親はある程度の割合で存在する。とくに、祖父がいないことが多く、2013年における既婚女性の父親の生存率は30歳代で87.2％、40歳代で72.0％、50歳代で36.3％、既婚男性の父親の生存率は30歳代で83.4％、40歳代で62.8％、50歳代で27.8％となっている（図4）。また、祖父母世代が存命であったとしても、心身の健康状態、離婚、貧困等さまざまな理由で該当するG1の所在が不明なG2が多数いる。家族形態の多様化が進行するなかで、祖父母がいて当たり前との前提を置くと、標準的な家族形態でない親子の逸脱性を意図せずして強調してしまう。本書では三世代親子を包括的に捕捉することを目指しているものの、G1の存在を自明のものと見なしている訳ではない。むしろ、G1の存在感の多寡がいかにして三世代の親子関係に影響するのかを解明しようとするものである。

　祖父母を親子関係の分析に組み込む際の2点目の留意点として、祖父母＝高齢者ではない点が挙げられる。本書で扱うデータを確認してみてもG1の年齢幅が非常に大きい。歩行開始期コーホートのG2回答者は690ケースあり、G2の母親の平均年齢は62.6歳、父親の平均年齢は64.7歳であるものの、最年少

は44歳、最年長は83歳と40歳程度の開きがある。同様に、思春期コーホートのG2回答者は720ケースあり、G2の母親の平均年齢は71.2歳、父親の平均年齢は73.1歳であるものの、最年少は53歳、最年長は89歳である。祖父母になる年齢は、自身の第1子が誕生したタイミングに加え、自身の子どもの数や、それぞれの子どもの第1子が誕生したタイミングとその後に誕生した子どもの数によって大きく異なるため、40歳前後に祖父母になることもあれば、100歳を超えて孫が誕生することもある。祖父母と高齢者を同義でとらえてしまうと、祖父母は受動的・依存的な存在というイメージが付与されてしまい、実際の祖父母像の理解を妨げてしまう（安藤，1989）。本書では祖父母の発達段階による変化にも着目し、祖父母の能動的な側面に焦点を当てる。

3点目に、子育て支援者としての祖父母の台頭は必ずしもプラスに作用するとは限らないことに留意する必要がある。もちろん、多くの祖父母にとって孫の存在は特別なものであり、孫との交流によって世代を超えた精神的な絆が強まることは珍しいことではない。内閣府（2013）が全国サンプルを対象に実施した「家族と地域における子育てに関する意識調査」の結果を見ても、未就学児の育児や家事の支援を祖父母が担うことに対して、性別や年齢を問わず8割前後の日本人が肯定的にとらえている。しかしながら、祖父母世代の孫育てへの関与が義務的なものとして見なされるべきではない。祖父母にとって、孫への支援は喜びや人生に張り合いをもたらすと同時に、身体的、精神的、経済的負担感を生じさせ（久保・及川・刀根，2011；久保・刀根・及川，2008；小野寺，2003）、子育てに関する価値観やライフスタイルの差異が世代間の衝突を誘発することも報告されている（井関・白井，2010；角川，2009）。さらには、上述のように家族形態は多様化しており、祖父母が存在しない親子もいれば、祖父母が高齢で支援を要することもある。祖父母の支援を見込んで社会システムが構築されてしまうと、ケア役割の主体的な担い手が女性から祖父母に移動するだけで、結局は家族に責任が押し付けられたままになってしまい、現在存在する問題の解決につながらない。本書では、子育て支援者としての祖父母の台頭が三世代親子関係に及ぼす肯定的および否定的影響の両面を捕捉する。

祖父母を組み入れて分析する際の留意点の最後に、複数の当事者の視点を取り入れる重要性について述べる。三世代親子に生起している事象は、祖父母、親、孫それぞれの立場によって認識が異なるはずであり、家族内のいずれか1人のみからデータ収集するだけでは不十分である。同一の事象について尋ねたとしても、各々の状況によって評価に差が生じる。たとえば、祖父母から親への育児支援頻度は、親の回答にくらべて祖父母の回答の方が低く、祖父母が自身の行動を過小評価する傾向にある（佐々木・髙濱・北村・木村，2017）。また、三世代親子を対象にするにあたり、祖父母、親、孫を個別に分析していては、家族内の相互依存性を無視してしまう。G3の発達状況は、G1、G2およびG3の個人属性に加えて、G1とG2、G2とG3ならびにG1とG3の関係性に影響されるのみならず、それぞれ相互に影響を及ぼす。このような家族内の影響の双方向性に注意を払わない限り、三世代の親子関係を理解することは難しい。ある個人の感情、態度、行動などが他者の状況に影響を与えると同時に、自身の状況もその他者の感情、態度、行動などに影響を受けることを相互依存性と呼ぶ。相互依存性は長期間にわたる個人間の社会的交換によって構築される。ただし、社会的交換の有無は相互依存性の必要条件であって十分条件ではない。たとえば、毎朝バスに乗るときに、その対価として乗車運賃を支払い、簡単なあいさつを交わしたとしても、バスの運転手との関係性に相互依存性が生じることはまれである。そのバスの運転手が仕事を辞めたとしても、いつもどおり同じ時刻に同じバスに乗り、普段と変わらない生活を送ることが可能であるし、いつものバスに乗り遅れたとしても、バスの運転手はその日の決まったスケジュールで決まったルートを運転し、支障なく1日を終えることができる。特定の個人間で社会的交換が繰り返され、そのやり取りの意味合いが内在化されることによってはじめて、次に生じる事象が予想・期待できるようになり、その個人間に相互依存性が構築される。

　三世代親子関係に相互依存性が存在することに異論の余地はないだろう。本書では、祖父母、親、孫それぞれからデータを収集することにより、それぞれの視点および相互依存性を考慮した分析を行う。

4. 三世代親子の相互依存性

　長期間にわたる緊密で多様な三世代親子間の社会的交換は、家族メンバー間の相互依存性を強める。日常的な感情の起伏は短時間のうちに他の家族員に伝播し（Almeida, Wethington, & Chandler, 1999; Larson & Almeida, 1999）、主観的幸福感やメンタルヘルスは世代を超えて伝わる（Grillon et al., 2005）。また、長期縦断研究の結果では、G2が幼少期のG1の養育態度は、G2が親に移行したときのG3に対する養育態度を規定することを示している（Belsky, Jaffee, Sligo, Woodward, & Silva, 2005; Chen & Kaplan, 2001）。こうした家族メンバー間の相互依存性を理解するにあたり、何が影響の起点となっているのかを突き止めることは容易ではない。たとえば、幼少期の父親の特性が思春期の子どもの行動に大きな影響力を与えていたと実証されたとしても、父親の特性が子どもの行動を規定していると結論づけることはできない。なぜなら、父親の養育態度が子どもの行動を形成する可能性に加えて、子どもの気質が父親の養育態度を引き出す可能性および父親の養育態度と子どもの気質の組み合わせによる相乗効果の可能性も考えられるからである。さらには、影響の起点が父親と子どもに帰するとは限らず、配偶者、きょうだい、祖父母、孫が起点となっている可能性もあれば、観察されていない遺伝や文化的規範などの影響かもしれない。これまでの知見を総合的に判断しても、いずれの方向にも影響を及ぼし合っていることがもっともらしいことからも、三世代親子がどのように関連し合っているのかを解明することが求められている。したがって、三世代親子の複雑な相互依存性の理解を深化させるためには、影響の方向性を検証するよりも家族メンバー間の互恵性（reciprocity）を考慮した検証が不可欠であると考える。

　家族メンバー間の互恵性（reciprocity）を考慮するためには、祖父母、親、孫それぞれの視点でとらえたデータを収集し、お互いの影響力を統制したパラメータ推定を行う必要がある。しかし、家族メンバー間の相互依存性は祖父母、親、孫の回答の類似性を高めてしまう。たとえば、三世代親子間の現時点での

親密度を尋ねた場合、G1、G2、G3 の回答は相関が高くなることが予想できる。ここで、どのような三世代親子の親密度が高いのかを検証する際に、個人を分析単位とすると分析上大きな問題が生じる。標準的な統計的推定において、観測値の独立性の仮定を大きく逸脱してしまうからである。同一家族内の G1、G2、G3 は相互に依存しているため、パラメータ推定の標準誤差を過小評価してしまい、Type I エラーを引き起こしてしまう。このような相互依存性の分析上の問題に対処するために、これまで主に 3 つの対策が採られてきた。

　1 つ目は、G1、G2、G3 いずれか 1 人の回答のみを分析に用いる方法である。この方法はもっとも一般的でありながら、もっとも大きな問題を含んでいる。なぜなら、観測値の独立性に対処したようで、まったく対処できていないからである。仮に、三世代親子の親密度の規定要因を G1 の回答のみを用いて分析した場合に、このモデルの残差が互いに相関しているだけでなく、残差と規定要因に相関があることが予測できる。つまり、このモデルに含まれていない、G2 と G3 が回答するであろう三世代親子の親密度の評価には互いに相関があり、規定要因とも相関があるはずである。このことからも、任意の 1 人のみの回答を用いたパラメータ推定は大きく歪んでいると考えられる。

　2 つ目は、G1、G2、G3 の回答を別モデルとして、個別に規定要因を推定する方法である。この方法では、従属変数どうしがお互いに独立していると仮定しているために、それぞれが回答した従属変数に規定要因が及ぼす効果量を統制した上でのパラメータ推定ができない。たとえば、G1 が回答する三世代親子の親密度に接触頻度が及ぼす影響を考慮した上で、G2 が回答する三世代親子の親密度に接触頻度が及ぼす影響を推定することができない。

　3 つ目の対処方法は、同一家族内の G1、G2、G3 が回答した値の平均もしくは合計得点を算出し、三世代親子を分析単位として合成変数を作成する方法である。たとえば、三世代親子の親密度を 10 点満点で尋ね、G1 の回答が 10 点、G2 の回答が 5 点、G3 の回答が 0 点だった場合、この三世代親子の親密度の合計得点は 15 点となる。一方で、G1、G2、G3 の回答が 5 点ずつであっても合計得点は 15 点となる。前者は回答者によって親密度の評価が分かれているの

に対して、後者は回答が一致している。同じ得点であっても両者でまったく状況が異なるはずであるものの、そういった違いは無視されてしまう。

　このように、三世代親子間の相互依存性に対処するために、上記のような3つの方法が主に採られてきたものの、いずれの方法においても家族メンバー間の互恵性のメカニズムを解明することにつながらない。しかしながら、それぞれの立場から回答を求めると、同じ内容を同じ方法で尋ねたとしても、それらの回答は一致しないことが多い。ここからは、家族内外の複数回答者に同一概念を尋ねた場合に、なぜ回答が異なるのかについて検討する。世代間援助頻度や子どもの発達状況、養育態度など家族で起きている現象を測定すると、複数回答者によって計測されたそれぞれの値には真の値（true score）に加え誤差（error）が含まれている。質問紙調査や面接調査における質問文、選択肢の尺度やラベル、項目の順序といった調査設計上の些細な差異が回答分布に大きく影響を与えることは広く知られている。そもそも、ヒトの記憶には可塑性があり、状況の変化に左右されやすく（Bartlett, 1954; Conway & Pleydell-Pearce, 2000）、発達過程の文脈によって社会的に再構築される（Pasupathi, 2001）ことからも、測定誤差はある意味必然なものといえる。その上で、可能な限り誤差を小さくし、より真の値に近づけるよう工夫が必要となる。たとえば、娘から母親への連絡頻度を測定する場合に、「過去1ヵ月間に、母親へ何回電話をしましたか。」と娘に尋ね、「過去1ヵ月に、娘から何回電話がありましたか。」と母親に尋ねたとする。実際の過去1ヵ月の電話連絡回数は10回（真の値）だったにもかかわらず、娘の回答は8回、母親の回答は100回以上であった。この娘にとって「電話をする」という行為はスマートフォンの通話のことであり、過去1ヵ月の通信記録から自信をもって8回と回答していた。しかし実際には固定電話からも2回通話していたが、そのことを失念していた。この母親にとってはスマートフォンへ連絡が入ることすべてがカウントされており、ほぼ毎日やり取りのあるテキストメッセージを含めて100回以上と回答していた。今回の例で言えば、「電話をする」ということの定義があいまいであったことが原因で両者の回答が一致しなかったのである。母娘双方の立場からすれば正確な回答をしている

つもりでも、調査設計の不備によって回答の不一致が起きてしまう。

　それでは、回答の不一致は不適切な調査設計によって生じると見なしてよいのだろうか。必ずしもそうとは限らない。同じことを尋ねているのだから回答が一致するほうが望ましいと暗黙のうちに考えてしまいがちであるが、実はこの回答の不一致にこそ意味があることが多い。先述のとおり、計測された値には真の値（true score）に加え誤差（error）が含まれているが、誤差は大別するとランダム誤差（random error）とシステマティック誤差（systematic error）の2つに区別できる。ランダム誤差は、いずれの回答者においても偶然に予期せぬ形で発生する真の値からのばらつきなので、信頼性および妥当性のある指標を用いている限り、分析結果に大きな影響を与えることはない。しかし、システマティック誤差は、ある特定のパターンで発生する真の値からの乖離なので、パラメータ推定が不正確となる。したがって、システマティック誤差がどのように生じているのかを個別のケースで精査することが重要になる。

　システマティック誤差は、調査設計の不備に加えて、測定される側と測定する側の要因によって生じる。測定される側の要因の顕著な例は、対象者の意識や行動の表出が文脈によって実際に異なるときである。たとえば、子どもの向社会的行動や非社会的行動、メンタルヘルスなどは相手、場面、状況によって、それらの表出頻度が変動することが知られており、本人、父親、母親、教師、臨床医等の回答者間の一致度が総じて低い（Achenbach, McConaughy, & Howell, 1987; De Los Reyes & Kazdin, 2005; De Los Reyes, et al., 2015; Kraemer et al., 2003; Renk & Phares, 2004）。測定される側である子どもの様子や態度が父親と母親の前で大きく異なるにもかかわらず、父親と母親の回答が一致することを前提とした分析方法では、その家族で起きている重要な「何か」を見逃してしまうことになる。ある行動が父親より母親の前で表出しやすい家族の特徴は何なのか、逆に、母親より父親の前で表出しやすい家族の特徴は何なのかといった点に注目する必要がある。

　システマティック誤差が生じる、測定する側の要因とは、回答者の立場の違いによって測定評価基準がブレてしまうことである。第一に、社会的望ましさ

は回答の評価基準を変動させる。たとえば、父親の育児遂行頻度を父親と母親双方に尋ねると、父親の回答にくらべて母親の回答のほうが低い (Schaeffer, Seltzer, & Klawitter, 1991; Smock, & Manning, 1997)。とくに、高学歴で就業中の母親ほど夫との回答に乖離が生じやすくなっており (Coley & Morris, 2002)、子育てと仕事の両立に格闘するなかで、望んでいるほど夫が貢献してくれないと感じていることが窺える。また、子育てにおける性役割規範の影響により、母親の子育て行動の自己評価は子どもや配偶者が回答するものより社会的に望ましい方に偏ることも明らかになっている (Bögels, & van Melick, 2004)。第二に、回答者の心理的状況は評価基準を変動させる。たとえば、抑うつ症状の見られる母親は子どもを否定的に評価しやすい (Leckman-Westin, Cohen, & Stueve, 2009; Ordway, 2011; Richters, 1992)。また、被介護者は介護者にくらべて日常生活動作をより自立してできると評価する傾向がある (Lynos, Zarit, Sayer, & Witlatch, 2002)。これらの結果からも、回答者の一時的な気分や情緒的バランスの乱れは、同一の現象を観察していたとしても他の回答者より過小評価もしくは過大評価してしまうことが分かる。第三に、知識や経験の差によって評価基準が異なる。歩行開始期の子どもの反抗的な態度に悩む親は、自身の子どもが特別に扱いにくいのではないかと育児不安になりやすいが、臨床精神科医は、健全な自律の発達と見なすかもしれない。また、子どもが思春期になると、親から精神的に分離し、自立した存在へと発達していく。自己を確立するために格闘する過程の中で、家族以外の者とのかかわりも増え、行動範囲も大きくなる。この時期の子どもの交友関係や時間の過ごし方などの日常生活に対する知識は親と子どもの回答で大きな差がある (Stattin & Kerr, 2000)。第四に、発達段階の違いによって評価基準が異なる。一般的に、子どもの視点にくらべて親の視点の方が親子関係の描写が肯定的になる (Bengtson & Kuypers, 1971)。親世代にとって、価値観や資源などの世代間の伝達に関心があり、世代間の絆を維持することを努めようとするものの、子ども世代にとっては、そういった関心が薄い。そのため、双方に親子関係を尋ねると、子どもにくらべて親の方が親密だと評価し、対立やアンビバレンスの程度が低いと評価する傾向がある (Aquilino, 1999; Willson et al., 2006)。

回答の不一致の要因を概観すると、単純に、家族内の誰かの回答が正しく、他の回答が間違っているとは言えない。むしろ、それぞれの回答者が非常に重要な情報を提供していることが窺える。極端に言えば、「真の値」を求める必要はない場合も考えられる。同じ現象を評価しているにもかかわらず、家族メンバー間で回答が一致しないことこそに大きな意味が隠されているのではないだろうか。第1章では、複数の回答者のデータを用いた場合の三世代親子の相互依存性を考慮した分析方法について検討を試みる。

5. 基本的分析視角

　三世代親子関係を包括的に分析するにあたり、家族システム理論およびライフコース理論を基本的な枠組みとして設定し、これらの理論が提唱する概念に依拠しつつ、三世代の親子関係を理解することを試みる。ここでは、本書における基本的な分析視角について記述する。

　はじめに、三世代親子を2つの親子の単純な総和ではなく、祖父母、親、孫それぞれが複雑に影響しあいながら発達する集合体（system）とみなす。家族内の個人は、日常的な相互作用を通じて、それぞれに期待された役割を内在化させ演じるようになる（Cox & Paley, 1997; Fingerman & Bermann, 2000）。こうしたコミュニケーション・パターンが家族内で共有されるようになるにつれて、家族内の相互依存性が強まる。つまり、家族内の個人は独立して存在しておらず、家族システムの一部として機能しており、家族内の個人に生じた変化は、家族全体の規範、役割、目的などを変化させる。たとえば、祖母（G1）が突然病気で倒れた場合、介護が必要な祖母の世話をするために娘（G2）が離職せざるを得なくなったり、経済的な理由から孫（G3）が進学先を変更せざるを得なくなったり、時間的な余裕のなさからG2夫婦やG3きょうだいの関係が険悪になったり、あるいは助け合いを通じて家族の絆が深まったりと世代を超えて影響が伝わることが考えられる。隣り合う二世代の親子のみならず、前後の世代を含めた三世代にわたり及ぼす影響を検討することは注目に値する。

次に、三世代親子システムは外的な力に対して組織を再構築する能力を有するとみなす。家族内で共有するコミュニケーション・パターンは、必要に応じて柔軟に変容することが可能であり、環境の変化に適応させた新たなコミュニケーション・パターンを創出する。三世代親子は生涯を通じてさまざまな課題に直面するが、その過程において発達と適応を繰り返す。親子関係が長く続くほど、新たな役割、機能などが期待されるようになり、関係性に緊張をもたらしつつも動的に変化に適応する（Umberson & Reczek, 2007）。発達的課題はライフステージによって変動し、小さな子どもは課題の多くを親や祖父母のサポートを受けて実現していくものの、家族外の関係性の比重が加齢とともに大きくなっていく。たとえば、子どもが成長し、恋人ができたり結婚したりすると、親から精神的に独立し、これまで親が担ってきた役割を恋人や配偶者がこなすようになる（Fingerman et al., 2010）。夫婦に子どもが誕生すると、性別役割分業が以前より顕著になり、夫婦の関係性が薄まりやすく、複数のレベルでシステムを再構築させる必要性が生じる（Cowan & Cowan, 2000）。このような親への移行期には、新たに祖父母となったG1と新たに親になったG2の親子関係が密になりやすく（Lye, 1996）、とくにG1からG2への道具的サポートが増加することが明らかになっている（Bucx, van Wel, & Knijn, 2012）。

また、三世代親子システムが生涯にわたり直面する発達的課題に適応できるかどうかは、それまで共有してきたコミュニケーション・パターンに左右されるとみなす。たとえば、G1は加齢とともに支援のニーズが強まっていくが、G2から高齢のG1への支援提供の多寡は、G2が幼少期にG1と過ごした時間（Kohli, 2005）、幼少期のG2とG1の間の愛情の表出（Parrot & Bengtson, 1999）、青年期のG2とG1の心理的距離（Silverstein, Conroy, Wang, Giarrusso, & Bengtson, 2002）と関連が指摘されている。このように、三世代親子システムが有する互恵性（reciprocity）は、非常に長いスパンでとらえる必要があることが窺える。ただし、ライフコースの過程において三世代親子システムが発達的課題に直面するタイミングは一様ではない点には留意しなければならない。三世代親子システムのうち本書がターゲットとしているのは歩行開始期と思春期のG3であり、G1

とG2の結婚年齢や出産年齢によって、彼らはまったく異なるライフステージにある可能性がある。先述のとおり、とくにG1の状況は個人差が大きく、同じ歩行開始期の孫をもつ祖父母であっても、40歳代の就業者、60歳代の年金受給者、80歳代の要介護者ではまったく状況が異なることが予想できる。したがって、同じコーホートの三世代親子であっても同一視すべきではない。歩行開始期と思春期を比較する際にも、必ずしも思春期のG1やG2が歩行開始期のG1やG2にくらべて発達段階が進んでいるとは限らず、それぞれのG1とG2のライフステージを考慮した分析が求められる。

　最後に、三世代親子システム内のサブシステムが相互に影響しあう過程において、着目する現象に応じて影響の方向性が別様であるとみなす。これまでの研究から、三世代親子システムの関係性には三つの方向性が検出されている。1つ目は、スピルオーバー（spillover）効果と呼ばれ、あるサブシステムの感情や行動は、同じ家族内の他のサブシステムに正の影響がある。たとえば、G1とG2の良好な関係は、G1とG3のより頻繁な接触頻度や良好な関係と関連があるだけでなく（Fingerman, 2004）、G1個人の幸福やサクセスフルエイジングと正の関連があることが明らかになっている（Birditt, Fingerman, & Zarit, 2010; Fingerman, Pitzer, Lefkowitz, Birditt, & Mroczek, 2008; Greenfield & Marks, 2006）。2つ目は、補完（compensatory）効果と呼ばれ、あるサブシステム内の感情や行動は、同じ家族内の他のサブシステムに負の影響がある。たとえば、配偶者関係が悪化すると、思春期の子をもつ父親は、子どもとの交流を増やしたり、子どもに対して優しくなったりするのに対して、母親と子どもとの関係性は変化しない（Dyer, Day, & Harper, 2014）。さらには、G2の結婚後に、G1とG2の関係性が娘の場合は密になるのに対して、息子の場合は疎遠になる傾向にあるという結果もあり（Merrill, 2011）、補完効果に性差があることを示唆する。三つ目は、クロスオーバー（crossover）効果と呼ばれ、家族内の感情や行動の伝播はサブシステムの枠を超えて交差する。孫との関係満足度が本人と孫の接触頻度にかかわらず配偶者と孫の接触頻度によって規定される場合などにクロスオーバー効果が認められる。これら三つの効果は排他的ではなく、同時に起こり得る。たとえば、

中年期の親と成人子との親子関係と夫婦関係の相互依存性を検証した研究 (Lee, Zarit, Rovine, Birditt, Fingerman, 2016) では、父親が認識する成人子との親子関係は父親が認識する夫婦関係と正の関連がある（スピルオーバー効果）と同時に、母親が認識する親子関係は父親が認識する夫婦関係のみに関連がある（クロスオーバー効果）ことが示されている。ただし、三世代親子システムにおいて、いつ何がいずれの効果を顕在化させるのかは、まだよく理解されていない。三世代親子システムの相互依存性を検証するには、G1、G2、G3それぞれの立場から回答を得ることが理解を深めることにつながる。

6. 本書の構成

　以上のような問題意識に基づいて、本書は構成されている。次の第1章では、三世代親子間の相互依存性を考慮した方法論について検討を試みる。本書で用いる三世代親子関係プロジェクトのデータについて説明し、マッチングデータの分析手法の特徴について、実際のデータを利用しながら解説する。第2章では、三世代親子内でのパラダイムシフトが内的要因によって起きているのか、それとも外的要因によって起きているのか理論的な検証を行う。第3章では、歩行開始期コーホートと思春期コーホートのG1とG2ダイアドの援助行動をマルチレベルモデルを用いて比較し、孫の発達段階による三世代親子の援助関係の変化を解析する。第4章では、三世代同居・近居がG2の就業状況、メンタルヘルス、出生にどのような影響を及ぼすのかについて、傾向スコア分析を利用し因果推定する。第5章では、思春期コーホートのG1とG3のマッチングデータを用いて、孫－祖父母関係に対する双方の認知の関連を分析する。第6章では、生涯発達的視点から、成人期の心理社会的課題である「世代性」(Erikson, 1982) の発達的変化について、歩行開始期コーホートおよび思春期コーホートのG1ならびにG2を比較することにより検証する。第7章では、G1を対象としたインタビューデータを用いて、G1のアイデンティティと世代性の関係について考察する。そして終章では、各章の結果をまとめつつ、本書の

ねらいがどこまで達成できたのか精査し、今後の課題を挙げる。

文献

Achenbach, T. M., McConaughy, S. H., & Howell, C. T. (1987). Child/adolescent behavioral and emotional problems: implications of cross-informant correlations for situational specificity. *Psychological Bulletin*, **101(2)**, 213-232.

Almeida, D. M., Wethington, E., & Chandler, A. L. (1999). Daily transmission of tensions between marital dyads and parent-child dyads. *Journal of Marriage and Family*, **61(1)**, 49-61.

安藤究. (1989). 祖親性研究序論：社会変動と祖親性研究. *上智大学社会学論集*, **14**, 105-130.

Aquilino, W. S. (1999). Two views of one relationship: Comparing parents' and young adult children's reports of the quality of intergenerational relations. *Journal of Marriage and the Family*, **61(4)**, 858-870.

Bartlett, F. C. (1954). *Remembering: A study in Experimental and Social Psychology* (3rd ed.). Cambridge, UK: Cambridge University Press.

Bell, R. Q. (1968). A reinterpretation of the direction of effects in studies of socialization. *Psychological Review*, **75(2)**, 81-95.

Bell, R. Q., & Harper, L. V. (1977). *Child effects on adults*. Hillsdale, NJ: Erlbaum.

Belsky, J., Jaffee, S., Sligo, J., Woodward, L., & Silva, P. (2005). Intergenerational transmission of warm-sensitive-stimulating parenting: A prospective study of mothers and fathers of 3-year-olds. *Child Development*, **76(2)**, 384-396.

Bengtson, V. L., & Kuypers, J. A. (1971). Generational difference and the developmental stake. *Aging and Human Development*, **2(4)**, 249-260.

Birditt, K. S., Fingerman, K. L., & Zarit, S. H. (2010). Adult children's problems and successes: Implications for intergenerational ambivalence. *Journals of Gerontology Series B: Psychological Sciences and Social Sciences*, **65(2)**, 145-153.

Bögels, S. M., & van Melick, M. (2004). The relationship between child-report, parent self-report, and partner report of perceived parental rearing behaviors and anxiety in children and parents. *Personality and Individual Differences*, **37(8)**, 1583-1596.

Bronfenbrenner, U. (1979). *The ecology of human development*. Cambridge, MA: Harverd University Press.

Bucx, F., van Wel, F., & Knijn, T. (2012). Life course status and exchanges of support between young adults and parents. *Journal of Marriage and Family*, **74(1)**, 101-115.

Chen, Z., & Kaplan, H. B. (2001). Intergenerational transmission of constructive parenting.

Journal of Marriage and Family, **63(1)**, 17-31.

Coley, R. L., & Morris, J. E. (2002). Comparing father and mother reports of father involvement among low-income minority families. *Journal of Marriage and Family*, **64(4)**, 982-997.

Conway, M. A., & Pleydell-Pearce, C. W. (2000). The construction of autobiographical memories in the self-memory system. *Psychological Review*, **107(2)**, 261-288.

Cowan, C. P., & Cowan, P. A. (2000). *When partners become parents: The big life change for couples*. Mahwah, NJ: Lawrence Erlbaum Associates.

Cox, M. J., & Paley, B. (1997). Families as systems. *Annual Review of Psychology*, **48(1)**, 243-267.

De Los Reyes, A., & Kazdin, A. E. (2005). Informant discrepancies in the assessment of childhood psychopathology: A critical review, theoretical framework, and recommendations for further study. *Psychological Bulletin*, **131(4)**, 483-509.

De Los Reyes, A., Augenstein, T. M., Wang, M., Thomas, S. A., Drabick, D. A., Burgers, D. E., & Rabinowitz, J. (2015). The validity of the multi-informant approach to assessing child and adolescent mental health. *Psychological Bulletin*, **141(4)**, 858-900.

Dyer, W. J., Day, R. D., & Harper, J. M. (2014). Father involvement: Identifying and predicting family members' shared and unique perceptions. *Journal of Family Psychology*, **28(4)**, 516-528.

Erikson, E. H. (1982). *The life cycle completed*. New York: W. W. Norton.

Fingerman, K. L. (2004). The role of offspring in-laws in grandparents' ties to their grandchildren. *Journal of Family Issues*, **25(8)**, 1026-1049.

Fingerman, K. L., & Bermann, E. (2000). Applications of family systems theory to the study of adulthood. *The International Journal of Aging and Human Development*, **51(1)**, 5-29.

Fingerman, K. L., Pitzer, L. M., Chan, W., Birditt, K., Franks, M. M., & Zarit, S. (2010). Who gets what and why? Help middle-aged adults provide to parents and grown children. *Journals of Gerontology Series B: Psychological Sciences and Social Sciences*, **66(1)**, 87-98.

Fingerman, K. L., Pitzer, L., Lefkowitz, E. S., Birditt, K. S., & Mroczek, D. (2008). Ambivalent relationship qualities between adults and their parents: Implications for the well-being of both parties. *The Journals of Gerontology Series B: Psychological Sciences and Social Sciences*, **63(6)**, 362-371.

藤崎宏子. (2013). ケア政策が前提とする家族モデル. *社会学評論*, **64(4)**, 604-624.

Greenfield, E. A., & Marks, N. F. (2006). Linked Lives: Adult children's problems and their parents' psychological and relational well-being. *Journal of Marriage and Family*, **68(2)**, 442-454.

Grillon, C., Warner, V., Hille, J., Merikangas, K. R., Bruder, G. E., Tenke, C. E., ... & Weissman,

M. M. (2005). Families at high and low risk for depression: A three-generation startle study. *Biological Psychiatry*, **57(9)**, 953-960.

井関敦子・白井瑞子.（2010）. 実母からの授乳・育児支援のなかで娘が体験した思いと，その思いに関係する要因. *母性衛生*, **50(4)**, 672-679.

角川志穂.（2009）. 子育て支援に向けた祖父母学級導入の検討. *母性衛生*, **50(2)**, 300-309.

北村安樹子.（2008）. 子育て世代のワーク・ライフ・バランスと"祖父母力": 祖父母による子育て支援の実態と祖父母の意識. *Life Design Report*, **185**, 16-27.

Kohli, M. (2004). Intergenerational transfers and inheritance: A comparative view. *Annual Review of Gerontology & Geriatrics*, **24**, 266-289.

国土交通省.（2013）. 平成24年度国土交通白書.

国立社会保障・人口問題研究所.（2015a）. 第15回出生動向基本調査.

国立社会保障・人口問題研究所.（2015b）. 第5回全国家庭動向調査（2013年社会保障・人口問題基本調査）現代日本の家族変動. 国立社会保障・人口問題研究所.

厚生労働省.（2017）. 平成28年国民生活基礎調査.

Kraemer, H. C., Measelle, J. R., Ablow, J. C., Essex, M. J., Boyce, W. T., & Kupfer, D. J. (2003). A new approach to integrating data from multiple informants in psychiatric assessment and research: Mixing and matching contexts and perspectives. *American Journal of Psychiatry*, **160(9)**, 1566-1577.

久保恭子・及川裕子・刀根洋子.（2011）. 祖母性の因子構造. *母性衛生*, **51(4)**, 601-608.

久保恭子・刀根洋子・及川裕子.（2008）. わが国における祖母の育児支援：祖母性と祖母力. *母性衛生*, **49(2)**, 303-311.

Larson, R. W., & Almeida, D. M. (1999). Emotional transmission in the daily lives of families: A new paradigm for studying family process. *Journal of Marriage and Family*, **61(1)**, 5-20.

Leckman-Westin, E., Cohen, P. R., & Stueve, A. (2009). Maternal depression and mother-child interaction patterns: Association with toddler problems and continuity of effects to late childhood. *Journal of Child Psychology and Psychiatry*, **50(9)**, 1176-1184.

Lee, J. E., Zarit, S. H., Rovine, M. J., Birditt, K., & Fingerman, K. L. (2016). The interdependence of relationships with adult children and spouses. *Family Relations*, **65(2)**, 342-353.

Lye, D. N. (1996). Adult child-parent relationships. *Annual Review of Sociology*, **22**, 79-102.

Lyons, K. S., Zarit, S. H., Sayer, A. G., & Whitlatch, C. J. (2002). Caregiving as a dyadic process: Perspectives from caregiver and receiver. *The Journals of Gerontology Series B: Psychological Sciences and Social Sciences*, **57(3)**, 195-204.

Maccoby, E. E. (1992). The role of parents in the socialization of children: An historical overview. *Developmental psychology*, **28(6)**, 1006-1017.

Merrill, D. (2011). *When your children marry: How marriage changes relationships with sons and daughters*. Lanham, MD: Rowman & Littlefield.

内閣府.（2007）. 国民生活白書.

内閣府.（2013）. 家族と地域における子育てに関する意識調査.

内閣府.（2014）. 平成26年度高齢者の日常生活に関する意識調査.

内閣府.（2015）. 平成27年度第8回高齢者の生活と意識に関する国際比較調査.

内閣府.（2017）. 平成29年度男女共同参画白書.

NHK放送文化研究所.（2013）. 日本人の意識調査.

西村純子.（2014）. *子育てと仕事の社会学：女性の働きかたは変わったか*. 弘文堂.

落合恵美子.（1989）. *近代家族とフェミニズム*. 勁草書房.

小野寺理佳.（2003）. 別居祖母の育児支援満足度をめぐる一考察. *家族社会学研究*, **14(1)**, 77-87.

Ordway, M. R. (2011). Depressed mothers as informants on child behavior: Methodological issues. *Research in Nursing & Health*, **34**, 520-532.

Parrott, T. M., & Bengston, V. L. (1999). The effects of earlier intergenerational affection, normative expectations, and family conflict on contemporary exchanges of help and support. *Research on Aging*, **21(1)**, 1-73.

Pasupathi, M. (2001). The social construction of the personal past and its implications for adult development. *Psychological Bulletin*, **127(5)**, 651-672.

Renk, K., & Phares, V. (2004). Cross-informant ratings of social competence in children and adolescents. *Clinical Psychology Review*, **24(2)**, 239-254.

Richters, J. E. (1992). Depressed mothers as informants about their children: A critical review of the evidence for distortion. *Psychological Bulletin*, **112(3)**, 485-485.

佐々木尚之・高濱裕子・北村琴美・木村文香.（2017）. 歩行開始期の子をもつ親と祖父母のダイアドデータの分析：育児支援頻度および回答不一致の要因. *発達心理学研究*, **28(1)**, 35-45.

Schaeffer, N. C., Seltzer, J. A., & Klawitter, M. (1991). Estimating nonresponse and response bias: Resident and nonresident parents' reports about child support. *Sociological Methods & Research*, **20(1)**, 30-59.

Silverstein, M., Conroy, S. J., Wang, H., Giarrusso, R., & Bengston, V. L. (2002). Reciprocity in parent-child relations over the adult life course. *The Journals of Gerontology Series B: Psychological Sciences and Social Sciences*, **57(1)**, 3-13.

Smock, P. J., & Manning, W. D. (1997). Cohabiting partners' economic circumstances and marriage. *Demography*, **34(3)**, 331-341.

総務省.（2016）. 家計調査.

Stattin, H., & Kerr, M. (2000). Parental monitoring: A reinterpretation. *Child Development*, **71(4)**,

1072-1085.

高濱裕子・渡辺利子・坂上裕子・高辻千恵・野澤祥子. (2008). 歩行開始期における親子システムの変容プロセス：母親のもつ枠組みと子どもの反抗・自己主張との関係. *発達心理学研究*, **19(2)**, 121-131.

氏家達夫・高濱裕子. (2011). 親子関係の生涯発達心理学. 風間書房.

Umberson, D., & Reczek, C. (2007). Interactive stress and coping around parenting: Explaining trajectories of change in intimate relationships over the life course. *Advances in Life Course Research*, **12**, 87-121.

United Nations, Department of Economic and Social Affairs, Population Division. (2017). World Population Prospects: The 2017 Revision.

Willson, A. E., Shuey, K. M., Elder, Jr., G. H., & Wickrama, K. A. S. (2006). Ambivalence in mother-adult child relations: A dyadic analysis. *Social Psychology Quarterly*, **69(3)**, 235-252.

山田英津子・有吉弘美・堀川淳子・石原逸子. (2005). 働く母親のソーシャル・ネットワークの実態. *産業医科大学雑誌*, **27**, 41-62.

大和礼子. (2008). *生涯ケアラーの誕生：再構築された世代関係／再構築されないジェンダー関係*. 学文社.

第1章　三世代親子データ分析の方法論的検討

1. 三世代親子マッチングデータの分析上の課題

　序章では、親子を三世代に拡大して議論する重要性について述べた。三世代親子システムの発達を研究の対象とすると、三世代親子間の相互依存性を考慮することが必然となる。つまり、個人の感情、態度、行動などは、それらを表出する本人のみならず、祖父母、親、配偶者、きょうだい、孫といった三世代親子システム内の他者との関係性に大きく左右されることを念頭に置かなければならない。長期間にわたって、情緒的、社会的、経済的資源などを家族メンバー間で交換することによって、起床時間、昼食のメニュー、居住地、休日の過ごし方、健康状態、幸福度など日常生活のあらゆる側面で、ときには無意識のうちにお互いに影響を与えあっている。こうした三世代親子の相互依存性に異論の余地はないだろう。誰もがそのことを経験的に知っているものである。しかし残念ながら、これまでの研究において、三世代親子の相互依存性は十分に検討されてこなかった。そのもっとも大きな理由はデータの制約にある。三世代親子の相互依存性を検討するためには、マッチングする祖父母、親、孫のデータが必要となる。また、家族メンバー間の互恵性（reciprocity）をとらえるためには、同一概念を祖父母、親、孫のそれぞれの視点から測定する必要もある。同じ現象であったとしても、立場によってとらえ方に差があり、それぞれの認識がどのように親子関係に影響しているのかを検討することによって、家族メンバー間の互恵性に対する理解が大きく進展すると考えられる。
　しかしながら、マッチングデータには分析上の問題がある。1つは至極当然なことであるが、同一家族内の測定が類似してしまうことである。三世代親子

の相互依存性は、祖父母、親、孫の知識、情報、視点などにも影響を及ぼすため、家族内の現象について尋ねられると、いずれの回答者の測定値も近似したものになる傾向がある。測定の類似性は、関係満足度や連絡頻度といったグループ単位の測定に限らず、学歴や性別役割分業意識などのように個人単位の測定にも起こり得る。相関の高い変数を同時にモデルに組み込むと多重共線性の問題が生じ、これらの変数を意図的に除外してしまうとパラメータ推定が歪んでしまう。一方で、同じ概念を測定しているはずなのに、回答者によって測定値が一致しない問題も起こる。序章で記述したように、回答の不一致は単に測定誤差として見過ごしてよい問題ではなく、むしろ、親子関係の背後にある何かを解き明かす重要な手掛かりになる可能性を秘めている。たとえば、夫の家事遂行頻度を夫婦に尋ねた際に、夫婦ともに夫の家事頻度が低いと回答している場合、夫婦ともに夫の家事頻度が高いと回答している場合、妻にくらべて夫の回答する家事頻度が高い場合、夫にくらべて妻の回答する家事頻度が高い場合は、夫婦間で役割や期待が大きく異なることが予想される。

　このようなマッチングデータにおける回答の類似性および不一致に注視することによってはじめて、三世代親子システムのダイナミズムの本質に迫ることができるのではないだろうか。本章では、はじめに、三世代親子関係プロジェクトのデータの概要について説明し、どのようにデータを収集したのか記述する。次に、ダイアドデータの種類について整理し、どのような変数の回答がダイアド内で一致しやすいのかについて検討する。最後に、三世代親子関係プロジェクトのデータを用いてダイアドデータの分析例を紹介し、データの相互依存性を考慮した分析方法について論じる。

2. 三世代親子関係プロジェクトの概要

　ここでは、本書の分析に利用するデータについて紹介する。三世代親子関係プロジェクトでは、2011年度から歩行開始期と思春期の2つのコーホートの子ども（G3）を対象にして、それぞれの親（G2）および祖父母（G1）からもデ

ータを収集した。調査地域は関東圏および大阪の都心部または近郊のベッドタウンである。はじめに、歩行開始期コーホートのデータ収集について説明する。1歳半から3歳程度の子どもをもつ親に接触するために、自治体が実施する、ポリオ予防接種、1歳半健診、歯科健診などの会場出入り口で調査票の配布を行った。対象者には、研究趣旨、調査協力の任意性、自由意志による辞退、個人情報の厳正な管理、匿名性の保持などについて口頭で説明し、研究協力を承諾いただけた方に返信用封筒とともに調査票を手渡した。また、このような会場に行くことが困難な共働き夫婦からの協力を得るために、公立および私立の保育所で、保護者への連絡物として各家庭に持ち帰っていただいた。連絡物には、返信用封筒入りの調査票に加え、本研究における倫理的配慮について説明した調査依頼書を同封している。いずれの場所においても、事前に自治体の担当部署と協議し、許可をいただいた日時に調査を行った。収集したデータは個人を特定できない形式で公表することを明記し、さらなる調査への協力をご理解いただけた方に署名のうえ祖父母の連絡先を記入していただいた。関東および関西地区それぞれ1,000票ずつ配布し、690名のG2から有効な調査票が返信された。そのうち、G1の連絡先を記入いただいたのは266ケースであった。これらの祖父母宛に調査票を郵送し、204名のG1から有効な調査票が返信された。G1用の調査票では、将来的な面接調査への協力の可否を尋ねており、協力できると回答した方のうち32名の面接調査を行った。

　次に、思春期コーホートのデータ収集について説明する。歩行開始期コーホートのファーストコンタクトはG2であったが、思春期コーホートのファーストコンタクトはG3である。本研究の調査設計ならびに目的について賛同いただいた公立中学校(関東地区：4校、関西地区：3校)に通う中学1年生と2年生の2,405名を対象に、ホームルームの時間などを利用して集合調査を実施した。当日の保護者への連絡物として、返信用封筒とともにG2用の調査票を各家庭に持ち帰るようお願いした。歩行開始期コーホートと同様に、研究趣旨や研究内容とともに、本研究における倫理的配慮について説明した調査依頼書を同封している。G2からの有効回答数は722ケースで、そのうち160ケースがG1

表1-1　三世代親子関係プロジェクトの調査方法と有効回収数

	G3（子ども）	G2（親）	G1（祖父母）
歩行開始期コーホート			
調査方法		予防接種および健診会場での調査票配布ならびに保育所から各家庭への配布	G2からの紹介による郵送調査および追加調査への協力承諾者への面接調査
有効回収数		690	204（面接調査は32）
思春期コーホート			
調査方法	公立中学校7校での集合調査	中学校から各家庭への調査票配布	G2からの紹介による郵送調査および追加調査への協力承諾者への面接調査
有効回収数	2,405	722	103（面接調査は14）

に対するさらなる調査への協力に同意し、署名のうえ祖父母の連絡先を記入した。その後、紹介していただいた祖父母の連絡先宛に調査票を郵送し、103名のG1から有効な調査票が返信された。歩行開始期コーホートと同様に、G1用の調査票では、将来的な面接調査への協力の可否を尋ねており、協力できると回答した方のうち14名の面接調査を行った。表1-1は2つのコーホートの調査方法と回収数を整理したものである。

歩行開始期コーホート、思春期コーホートともに、G2から紹介されたG1は連絡頻度や面会頻度、お互いの支援頻度が高い傾向があり、実母と実娘のペアが歩行開始期コーホートで80.3％、思春期コーホートで73.8％ともっとも多い。次に、実父と実娘のペアが多く、歩行開始期コーホートで10.8％、思春期コーホートで14.6％である。つまり、G1とG2のペアのほとんどは実親と娘の間柄となっている。また、思春期コーホートでG3とG2のマッチングデータがある親子は、2年生より1年生、男子より女子が多い傾向がある。

3. ダイアドデータの類似性

　家族を対象にした研究における類似性、不一致性、補完性、互恵性といった相互依存性にともなう関係性を理解するにあたり、関係性の最小単位であるダイアドレベルで分析を行う重要性が指摘されてきた（e.g., Kenny, Kashy, & Cook, 2006; Maguire, 1999; Thompson & Walker, 1982）。もちろん、トライアド（triad）レベルやクワッド（quad）レベルといった、3者以上の関係性を分析単位とすることも今後検討されるべきであるが、三世代親子関係プロジェクトでは、ダイアドレベルのデータに留まっているため、本章では主にダイアドデータについて述べる。

　はじめに、ダイアドデータにおける変数の種類について整理する。ダイアドデータには3つの異なるタイプの変数がある（Kenny et al., 2006）。1つ目はbetween-dyads 変数と呼ばれ、ダイアドによって異なる値をもつが、ダイアド内の2人は同じ値をもつ変数である。たとえば、G1とG2の同別居、G1とG2が実親か義親か、G3が自然分娩か帝王切開かといったような、客観的事実を問うものである。2つ目はwithin-dyads 変数と呼ばれ、ダイアド内の2人は異なる値をもつが、同じダイアド内の2つの値の総和はダイアド間で等しい変数であり、ダイアドを識別するためのコードであることが多い。G1とG2、G2とG3、G1とG3のような回答者を識別するダミーコードの場合、いずれのダイアドも0か1のどちらかが入力されており、2人の値の総和はいずれのダイアドも1となる。家計における個人収入の比率や家事負担の比率なども、それらに貢献しているものが2者のみであればwithin-dyads 変数と見なすことができるが、3人以上が関与することが多い三世代親子システムにおいてはwithin-dyads 変数は極めてまれである。ダイアドデータの3つ目のタイプはダイアド間およびダイアド内で異なる値をもつ変数で、mixed 変数と呼ばれる。それぞれの回答者の年齢、学歴、就業状況、メンタルヘルスなど三世代親子に関するほとんどの変数はmixed 変数といえる。

　これまで述べてきたように、三世代親子システムには相互依存性があり、ダ

イアドメンバーが回答する測定値が類似しやすい。しかしながら、どのような家族の測定値が類似しやすいのかといった点にはあまり注目されてこなかった。家族療法の視点からすると、家族メンバー間の類似性は必ずしも肯定的な状況とは見なされていない。過度なレベルでの認識の共有は、家族のなかで自己を分化することの妨げとなるからである。サブシステム間の境界が不明瞭で過度に密着した状態は家族の機能障害と結び付けられる (Bowen, 1978)。そういった観点からすると、測定値の類似性は何を意味するのかを明らかにすることは意義のあることであると考える。

測定値の類似性を検証する際に、2つの軸でダイアドデータを分類する（図1-1）。縦軸は解のある変数か解のない変数か、横軸はダイアドレベルの変数か個人レベルの変数かを示している。解の有無は何らかの方法によって唯一の客観的な答えを提示できるかどうかで判断する。同じ変数であっても、測定方法によって解ありと解なしどちらにもなり得る。たとえば、行動頻度は、「週に1度」、「月に1度」のように一定期間の回数を尋ねると解ありとなるが、「頻繁に」、「ときどき」のような主観的な評価を尋ねた場合は解なしとなる。個人レベルの変数は個人の感情、態度、行動などを測定しているのに対して、ダイアドレベルの変数は2者が共有する感情、態度、行動などを測定するものである。育児ストレス、社会的スキル、労働時間などは個人レベルの変数であり、

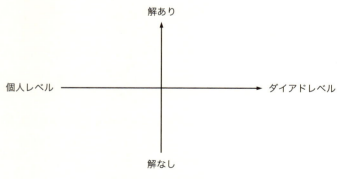

図1-1　変数の4分類

夫婦関係満足度、Co-parenting 態度、ファミリーコンフリクトなどはダイアドレベルの変数といえる。上述のダイアドデータの3つのタイプで考えると、between-dyads 変数は第1象限の解ありでダイアドレベルの変数、within-dyads 変数は第2象限の解ありで個人レベルの変数、mixed 変数はいずれの象限にもなり得る変数といえる。

　ここでは、この4つの分類に基づいて測定値の類似性について検討する。三世代親子関係プロジェクトでは、16変数について（思春期コーホートは15変数）G1 と G2 双方に尋ねている。表 1-2 は同一変数について2者に尋ねた場合の測定値の一致度を示す指標として、weighted kappa（Fleiss & Cohen, 1973）と級内相関係数（Intra Class Correlation：ICC [1]）を示している。一般的に、対象とする変数が順序尺度で測定されている場合は weighted kappa、間隔尺度あるいは比例尺度で測定されている場合は ICC を利用する。いずれの指標も -1 から 1 の値をとり、-1 は完全な不一致、0 はまったくのランダム、1 は完全な一致を意味する。一致度のおおまかな目安として、0 から 0.20 は非常に低い、0.21 から 0.40 は低い、0.41 から 0.60 は中程度、0.61 から 0.80 はかなり高い、0.81 以上はほぼ一致しているとみなすことができる（Landis & Koch, 1977）。

　概していえば、個人レベル、ダイアドレベルいずれの変数においても、解のある変数の一致度が非常に高く、解のない変数の一致度が低い傾向がある。居住距離は、「同居」、「歩いて15分未満」、「車や電車で30分未満」、「車や電車で30分以上1時間未満」、「車や電車で1時間以上2時間未満」、「車や電車で2時間以上」の6件法で測定しているが、非常に一致度が高い。連絡頻度と面会頻度は、「ほぼ毎日」、「週に1回程度」、「月に1回程度」、「半年に1回程度」、「年に1回程度」「全くしていない」の6件法で測定しているが、面会頻度の一致度が高い一方で、連絡頻度の一致度が中程度に留まっている。顔を合わせる回数は比較的明確なのに対して、連絡の定義に主観が入りやすいことを示唆する。本プロジェクトでは、連絡の定義を「電話やメール（インターネット）を使った連絡のやり取り」としているが、回答者によってどこまでを連絡行為に含めるのかにばらつきが生じたと考えられる。ただし、G1 と G2 が回答した平

表 1-2 コーホート別 G1 と G2 の回答一致度

	歩行開始期コーホート		思春期コーホート	
	w. kappa	ICC	w. kappa	ICC
第1象限				
G1&G2 居住距離	0.93	0.93	0.92	0.92
G1&G2 連絡頻度	0.61	0.59	0.52	0.52
G1&G2 面会頻度	0.90	0.91	0.86	0.86
第2象限				
G1 の年齢	0.97	0.97	0.94	0.93
第3象限				
G1 の健康状態 [ab]	0.32	0.34	0.50	0.52
G1 → G2 経済的支援頻度 [ab]	0.24	0.25	0.32	0.34
G1 → G2 道具的支援頻度	0.73	0.73	0.55	0.55
G1 → G2 心理的支援頻度 [ab]	0.37	0.41	0.35	0.38
G1 → G2 助言頻度 [ab]	0.28	0.30	0.25	0.27
G1 → G2 助言受容度 [a]	0.31	0.32	0.18	0.18
G2 → G1 経済的支援頻度 [a]	0.30	0.32	0.33	0.33
G2 → G1 道具的支援頻度 [a]	0.51	0.54	0.45	0.46
G2 → G1 心理的支援頻度 [ab]	0.31	0.40	0.24	0.28
第4象限				
G1 → G2 支援関係満足度	0.16	0.25	0.17	0.21
G2 → G1 支援関係満足度 [ab]	-0.01	-0.01	0.03	0.04
G1&G3 親密度	0.34	0.34	—	—

注: a 歩行開始期コーホートの G1 と G2 が回答した平均値に有意差あり。
b 思春期コーホートの G1 と G2 が回答した平均値に有意差あり。

均値に有意差はなく、どちらか一方の世代の定義づけに偏りがあったわけではないようである。G1 の年齢は自由記述で尋ねているにもかかわらず一致度も非常に高く、歩行開始期コーホートの 92.3％ が ± 1 歳のズレに留まっており、思春期コーホートの 87.9％ が ± 1 歳のズレに留まっている。G2 の調査と G1 の調査の間に数か月のタイムラグがあることに鑑みると、ほぼ完全に一致しているとみなしても支障はないと考えられる。

解のない変数においては、ダイアドレベルにくらべて、個人レベルの変数の方が一致度が高い傾向がある。G1 の健康状態は、「とても良い」、「良い」、「あまり良くない」、「良くない」の 4 件法で測定しているが、歩行開始期コーホートにくらべて、思春期コーホートの一致度の方が高い。いずれのコーホートにおいても、G1 の回答にくらべて G2 の回答のほうが G1 の健康状態がよいと評価する傾向にあるが、歩行開始期コーホートの方が平均値の差が大きい。G1 の平均年齢に 10 歳程度差があることからも、G2 にとって G1 の年齢が若い方が実際の健康状態を評価することが難しいことを示唆する。G2 の子育てに対する支援頻度は、「頻繁に」、「ときどき」、「あまりいない」、「全くない」の 4 件法で測定しているが、支援の形態[2]によって一致度が異なる。もっとも一致度が高いのは道具的支援で、実際に対面したうえで支援が提供されるため評価が一致しやすく、他の支援の形態は物理的に近くにいる必要がないため、頻度の評価に齟齬が生じやすいと考えられる。また、支援の形態や方向にかかわらず、G1 の回答にくらべて G2 の回答の方が支援頻度が高いと評価する傾向がある。つまり、G2 は、G1 が認識しているよりも頻繁に G1 に支援してもらっていると評価し、G1 が認識しているよりも頻繁に G1 を支援していると評価している。解のないダイアドレベルの変数は一致度が非常に低く、G2 から G1 への支援に対する満足度[3]にいたっては、同一親子システムにもかかわらず、ほとんど一致していない。どのような支援をどの程度の頻度ですべきなのかといった期待値が G1 と G2 によって大きく異なることを意味している。

　最後に、どのような状況にある家族の測定が一致しやすいのかを検討した。第 1 象限や第 2 象限の変数は、ダイアド間で測定が一致すべきだと考えられるが、第 3 象限や第 4 象限ではその限りではない。さらには個人レベルとダイアドレベルの変数の一致度は意味合いが異なることが予想される。そこで、1 変数しかない第 2 象限を除き、それぞれの象限ごとに各ダイアドの ICC を算出し、他の変数との関連状況を探索的に検証した。その結果、連絡頻度や面会頻度が高く、支援交換がより活発なダイアドほど第 1 象限の一致度が高く、G2 の学歴が低く、配偶者と離死別しているほど、第 3 象限の一致度が高かった。ダイ

アドレベルの変数の過剰な認識の共有は、サブシステム間の境界が不明瞭なことを示し（Bowen, 1978）、個人の発達に望ましくない影響があることも考えられるが、子育て（孫育て）に対する不安感やメンタルヘルスなどの変数と一致度との関連は認められなかった。本プロジェクトでは、マッチングする変数の数が少ないため、限定的な考察に留めるが、これらの結果は各象限の変数が一致する意味合いが異なることを示唆している。今後、家族メンバー間で同一の概念を多数測定し、測定の一致度が詳細に検討されることを期待したい。

　探索的な検証の結果、ダイアドメンバーが測定する値の一致度は対象となる変数によって大きく異なることが明らかになった。解のある変数の場合は、定義が明確でさえあれば、個人レベルおよびダイアドレベルいずれにおいても一致度が非常に高い傾向があり、どちらか一方のみの測定を用いて分析しても支障はないといえる。しかし、第1象限、第2象限の変数であっても、複数の回答者による測定を強く勧める。典型的な G1（母、父、義母、義父）と G2（妻、夫）の場合、8通りのペアが考えられるが、マッチングデータを作成する際に、双方からの情報があることによって、お互いに同じ相手について測定しているかどうかを確認することができるからである。客観的な評価をもとめ解のある変数にするか、主観的な評価をもとめ解のない変数にするかは、調査設計の段階で十分な検討が必要である。たとえば、経済的な支援を実際の金額や物品、支援の回数などで測定すれば、第2象限の変数と見なすことができるが、むしろ測定誤差が大きくなる可能性や回答者に不快感を与えてしまう恐れがあることなどから、本プロジェクトでは主観的な評価をもとめた。そうすることにより、回答の不一致自体に支援頻度の認識差という新たな意味合いを含むこととなり、別の切り口での分析が可能となる。どちらが望ましいというわけではないものの、測定に主観的な評価を含めるかどうかを事前に精査すべきである。これまで、家族メンバーが回答する同一の変数には類似性があることを前提に、どちらか一方のみからデータを収集する研究が多かった。しかしながら、支援頻度といった明確な行動であっても G1 と G2 の測定の一致度はそれほど高くないことからも、個人レベルの変数であっても双方からデータを収集すること

が望ましいと考える。ダイアドデータを利用することにより、双方向の影響を考慮に入れながら、家族関係の重要な心理プロセスを検証することが可能となる。

4. ダイアドデータの分析方法

　これまで述べてきたように、ダイアドメンバーの相互依存性を無視して分析すると、パラメータ推定が大きく歪んでしまう。本節ではダイアドデータの特性を活かした分析方法を紹介する。ダイアドデータの分析アプローチはダイアドメンバーの識別性の有無によって大きく異なることは、既に指摘されている（Kenny et al., 2006）。ダイアドメンバーの識別性とは、性別、世代、出生順位などのように、何らかのカテゴリ変数によってダイアドメンバーを明確に区別できるかどうかである。三世代親子システムの場合、ほとんどの場合ダイアド内の2人を区別できるので、識別性のあるダイアドの分析方法について説明する。

　ダイアドデータを分析するにあたり、想定する分析方法に適したデータ構造に変換する必要がある。ダイアドを含むデータは、個人データ構造、ダイアドデータ構造、ペアワイズデータ構造の3つに分類することができる（Kenny et al., 2006）。個人データ構造とは、各行に各個人のデータが入力されている、一般的なデータ構造である（表1-3）。各ダイアドには2行ずつデータがあり、within-dyads 変数である「回答者」によって、誰によって回答された値なのかを識別する。この例では、G1が回答した場合に「1」、G2が回答した場合に「2」となっている。Mixed 変数である「G1 → G2 支援満足度」および「G1 → G2 支援頻度」の場合、各個人が回答した値が入力されているのに対して、between-dyads 変数の「G1とG2同居ダミー」の場合は、ダイアドごとに同じ値が入力されている。それに対して、ダイアドデータ構造では、各行に各ダイアドのデータが入力されている（表1-4）。このとき、回答者の識別は別変数として別列に入力することによって可能となっている。Mixed 変数の場合、回答者別に2列にわたって値が入力されているのに対して、between-dyads 変数の

場合は、各ダイアド1列のみに入力されている。回答者ごとの記述統計や変数の関連性を容易に算出できることからも、ダイアドデータ構造でデータを保存するのが望ましいと考える。ペアワイズデータ構造は一見個人データ構造のように見えるが、若干複雑な構造になっている（表1-5）。個人データ構造の場合、回答者の識別は1変数で行われていたが、ペアワイズデータ構造では2変数で行う。個人データ構造のように、各行に各個人のデータが入力されているが、

表1-3　個人データ構造の例

ダイアドID	回答者	G1 → G2 支援満足度	G1 → G2 支援頻度	G1とG2 同居ダミー
1	1	4	3	0
1	2	3	4	0
2	1	2	2	1
2	2	2	3	1
3	1	3	3	0
3	2	2	3	0

表1-4　ダイアドデータ構造の例

ダイアドID	G1回答 G1 → G2 支援満足度	G2回答 G1 → G2 支援満足度	G1回答 G1 → G2 支援頻度	G2回答 G1 → G2 支援頻度	G1とG2 同居ダミー
1	4	3	3	4	0
2	2	2	2	3	1
3	3	2	3	3	0

表1-5　ペアワイズデータ構造の例

ダイアドID	G1	G2	G1 → G2 支援満足度	Actor 支援頻度	Partner 支援頻度	G1とG2 同居ダミー
1	1	0	4	3	4	0
1	0	1	3	4	3	0
2	1	0	2	2	3	1
2	0	1	2	3	2	1
3	1	0	3	3	3	0
3	0	1	2	3	3	0

従属変数と独立変数によって入力のされ方が異なる。従属変数は1変数で示すが、独立変数は2変数に分けて示す。このとき、actor独立変数は本人が回答したもの、partner独立変数はもう一方のダイアドメンバーが回答したものを入力する。各ダイアドで独立変数が入れ替わった状態で2度入力されているので、二重入力法（double entry method）とも呼ばれている。次節からは、三世代親子関係プロジェクトの実際のデータを用いた分析例を紹介する。具体的には、Actor-Partner Interdependence Model（APIM）、Common Fate Model（CFM）、Dyadic Discrepancy Model（DDM）の3つの分析モデルの特徴、利点、欠点などについて整理する。上述のとおり、分析方法によって、データ構造を変換する必要があるので、注意を要する[4]。

（1） Actor-Partner Interdependence Model

ダイアドデータおよび家族データを扱う研究において、もっとも利用頻度が高いのがActor-Partner Interdependence Model（APIM：Kenny, 1996）である。APIMでは、個人の感情、態度、行動が自分自身の要因のみならず、親密な関係にある他者の要因によっても影響を受けることをモデル化し、家族間の互恵性を検証する。図1-2は、APIMの基本モデルの例を示している。G1からG2への経済的支援頻度と支援満足度の関連性を検証するために、G1とG2それぞれが回答した変数間の4つのパスに主に注目する。本人の独立変数から本人の従属変数への影響をactor effect、他者の独立変数から本人の従属変数への影響をpartner effectと呼ぶ。G1の支援満足度は本人が認識するG2への経済的支援頻度（actor effect）とG2が認識するG1の経済的支援頻度（partner effect）によって規定され、G2の支援満足度は本人が認識するG1の経済的支援頻度（actor effect）とG1が認識するG2への経済的支援頻度（partner effect）によって規定されると想定する。独立変数間を結ぶ双方向の矢印はダイアド内の類似性を表し、従属変数の残差間を結ぶ双方向の矢印はAPIMで説明されない非独立性を示す。この基本モデルでは、4変数の平均値、分散、共分散の数と推定されるパラメータの数が同一のjust identified modelとなり、自由度0およびカイ二乗値

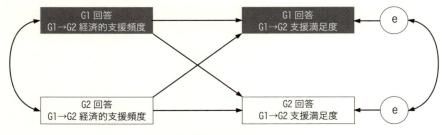

図1-2　APIMの基本モデル例

0となる。

　上記の基本モデル例を三世代親子関係プロジェクトの歩行開始期コーホートデータを用いて分析した結果を詳しく見ると、G1とG2が認識するG1の経済的支援頻度の満足度に対する影響は大きく異なるようである。G1がより頻繁に経済的支援をしていると認識していると、G1の支援満足度は低下する傾向があるのに対して（b=-0.11, p<.05）、G2がG1により頻繁に経済的支援をしてもらっていると認識していると、G2の支援満足度は上昇する傾向がある（b=0.17, p<.01）。つまり、actor effectの影響の方向性がG1とG2で逆になっている。次に、partner effectに着目すると、G1が認識するG2への経済的支援頻度はG2の満足度に有意な影響を与えていないのに対して（b=0.08, p=n.s.）、G2が認識するG1からの経済的支援頻度が高いほど、G1の支援満足度が高い傾向がある（b=0.13, p<.01）。G1とG2の認識する経済的支援頻度には有意な相関があり（r=.25）、ダイアド内の回答が類似しやすいことを示している。また、G1とG2の支援満足度の残差も有意に相関しており（r=.24）、モデルに含まれていない、遺伝、地域環境、経済状況などによってG1とG2の支援満足度に相互依存性があることを示している。支援する側とされる側双方が満足するためには、支援される側が頻度を高く評価する必要があることを示唆する一方で、支援される側の評価にかかわらず、支援する側が頻繁にしていると評価すれば満足度が低下しており、APIMによって親子内の複雑な互恵性を導き出すことができる。

　このように、APIMの最大の特長は、親子間の相互依存性を非常に単純にか

つ視覚的に示すことができる点である。2変数間のみの基本モデルの場合には、構造方程式モデリング（SEM）アプローチが適している。SEMアプローチであれば、ダイアドデータ構造のまま分析に利用することができ、回答者によってactor effectまたはpartner effectの規模に差があるのか、同一回答者のactor effectとpartner effectの規模に差があるのかといったような検定が比較的容易にできる。たとえば、G1の認識する経済的支援頻度とG2の認識する経済的支援頻度のactor effectは影響の方向が逆であったが、仮にこの2つのactor effectの大きさが等しいと仮定したモデルと先ほどの基本モデルのカイ二乗値を比較すると、適合度は有意に悪化するため（$\Delta x^2=12.14, \Delta df=1, p<.001$ [5]）、G1とG2のactor effectの規模に有意差があるといえる。

家族の互恵性を分析する場合、2変数間のみで説明できることはまれであろう。より複雑な拡張モデルを検証するには、マルチレベル・アプローチが適している。この場合、データ構造をペアワイズにする必要がある。先ほどのAPIMの基本モデルであれば、以下の式で表すことができる[6]。

Level-1:
$$支援満足度 = \beta_1(G1) + \beta_2(G2)$$
$$+ \beta_3(G1^* \textit{actor 経済的支援頻度})$$
$$+ \beta_4(G1^* \textit{partner 経済的支援頻度})$$
$$+ \beta_5(G2^* \textit{actor 経済的支援頻度})$$
$$+ \beta_6(G2^* \textit{partner 経済的支援頻度}) + r$$

Level-2:
$$\beta_1 = \gamma_{10}$$
$$\beta_2 = \gamma_{20}$$
$$\beta_3 = \gamma_{30}$$
$$\beta_4 = \gamma_{40}$$
$$\beta_5 = \gamma_{50}$$
$$\beta_6 = \gamma_{60}$$

このとき、G1とG2はダミーコードされており、G1とG2の2つの切片を個別に推定するtwo-intercept modelとなる。G1およびG2の回答した経済的支援頻度をそれぞれの平均値で減じるセンタリングをすることによって、切片の値に意味をもたせることができる。ペアワイズデータ構造では、G1をactorと見なす行にはactor effectにG1が回答した経済的支援頻度を入力し、partner effectにはG2が回答した経済的支援頻度が入力されている。反対に、G2をactorと見なす行にはactor effectにG2が回答した経済的支援頻度を入力し、partner effectにはG1が回答した経済的支援頻度が入力されていることから、β_1がG1の切片（G1回答の支援満足度の平均値）、β_2がG2の切片（G2回答の支援満足度の平均値）となる。β_3からβ_6はそれぞれ、G1のactor effect、G1の支援満足度を規定するpartner effect、G2のactor effect、G2の支援満足度を規定するpartner effectとなり、SEMアプローチと同じパラメータ推定値となる。拡張モデルで関心のある変数がmixed変数の場合は、経済的支援頻度と同様の手続きで、G1とG2のダミーコードとの交互作用をLevel-1のモデルに投入することができる。Between-dyad変数に関心がある場合は、Level-2に投入することにより、それぞれの切片やactor effectならびにpartner effectに対する影響を検証することができる。表1-6は、Between-dyad変数である同居ダミーを投入した分析例の結果である。歩行開始期のG1とG2の同居の有無はどちらの支援満足度にも影響しないものの、G1のactor effectおよびpartner effectが大きく変化する。具体的には、G1とG2が別居している場合、全体の結果と同様に、G1がG2に経済的支援を頻繁にしていると認識していると支援に対するG1の満足度が低下するものの（b=-0.13, p<.05）、同居している場合、頻繁に支援をしていてもG1の満足度は低下せず、僅かながら上昇する（-0.13+0.22）。また、別居している場合は、全体の結果と同様に、G2がG1に経済的支援を頻繁にしてもらっていると認識していると、G1の満足度が上昇するものの（b=0.13, p<.01）、同居している場合、G1の満足度に対する影響がなくなる（-0.13+0.14）。つまり、G1とG2が別居している場合には、経済的支援を頻繁にすることは望ましくないとG1が感じているものの、G2が支援してもらっていることを

認識していれば、不快に感じることなく支援している状況を示す。しかし、同居しているとお互いの役割や期待などが曖昧になりやすく、G1の満足度との関連が薄くなることを示唆している。

このように、APIMはモデルの拡張の容易さからも広く利用されているものの、shared method varianceの影響をもっとも受けやすい分析方法である。Shared method variance（もしくはcommon method variance）とは、共通の方法で収集した変数間に生じるシステマティック誤差で、共分散を過大評価してしまう。APIMでは、partner effectは異なる人物について

表1-6　APIM拡張モデルの結果

	Coefficient	SE
G1 切片	2.06***	0.04
同居ダミー	-0.00	0.07
G2 切片	2.69***	0.04
同居ダミー	-0.22	0.23
G1 actor effect	-0.13*	0.06
同居ダミー	0.22*	0.10
G1 partner effect	0.13**	0.05
同居ダミー	-0.14*	0.05
G2 actor effect	0.17**	0.06
同居ダミー	-0.00	0.48
G2 partner effect	0.06	0.06
同居ダミー	0.15	0.38

*p<.05, **p<.01, ***p<.001

の変数の関連なのに対して、actor effectは同一人物についての変数の関連を示す。したがって、partner effectにくらべてactor effectの方が大きく推定される傾向がある。こうした問題に対して、自記式質問紙調査、観察調査、インタビュー調査など複数の方法でデータを収集したり、同じ変数を複数の回答者に評価してもらうなどの対処法がある。また、APIMはダイアド内の相互依存性を考慮したうえでお互いの影響度合いを検証できるものの、なぜAPIMで用いた変数に類似性があるのか、類似性によってダイアドにどのような影響があるのかといった問いに答えることには適していない。

(2) Common Fate Model

APIMではダイアド内の2者間の感情、態度、行動が相互に影響しあうことをモデル化するのに対して、Common Fate Model（CFM: Kenny, 1996; Kenny & La Voie, 1985; Griffin & Gonzalez, 1995）では、観察されない潜在変数がダイアド内の2者の感情、態度、行動に同時に影響することをモデル化している。つまり、近

隣環境やライフイベント、文化などダイアドメンバーが共有する外的要因および親密性や凝集性といったダイアドの関係性は、それぞれのダイアドメンバーの観察変数の値を類似させるとの仮定に基づく。図1-3はCFMの基本モデルの例を示したものである。G1とG3の親密度ならびにG1とG2の連絡頻度の2つの潜在変数は対応するG1とG2の観察変数の値を規定する[7]。それぞれのダイアドメンバーは共有する視点から物事を見るため、注目する構成概念をある程度正確に測定できるものの、独自の視点を含んでいることをモデル内に明確に示す。その上で、ダイアドレベルで推定される潜在変数間の関連と個人レベルのシステマティックな分散を分離してパラメータ推定する。CFMでは、ダイアドメンバーが同一の変数を測定している必要がある。APIMでactor effectならびにpartner effectがすべて同じ方向に有意で、独立変数および従属変数間の相関が正に有意だった場合には、CFMの推定結果の方が信頼性が高い（Ledermann & Kenny, 2012）。一般的に、潜在変数から観察変数への因子負荷量をすべて1に固定することによって、統計的に識別できるようにする。その結果、CFMの基本モデルの自由度は1となる。

三世代親子関係プロジェクトの歩行開始期コーホートデータを用いた分析結果はCFMがデータに非常に良く適合していることを示している（x^2=0.99, df=1,

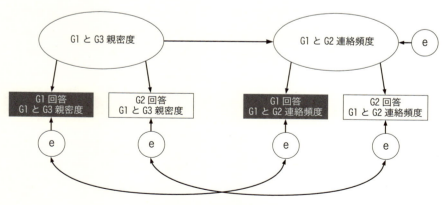

図1-3　CFMの分析モデル例

p=n.s., CFI=1.00, RMSEA=0.00)。2つの潜在変数の因子負荷量の標準化係数は十分に高い数値である。各潜在変数によって説明されるそれぞれの観察変数の分散の割合は、それぞれの因子負荷量の二乗によって算出でき、G1回答のG1とG3の親密度の共通性は.36（$.60^2$）、G2回答のG1とG3の親密度の共通性は.33（$.57^2$）、G1回答のG1とG2の連絡頻度の共通性は.63（$.79^2$）、G2回答のG1とG2の連絡頻度の共通性は.55（$.74^2$）、となる。このとき、同一潜在変数内の因子負荷量の積は2変数の相関係数に等しいので、G1とG3の親密度のG1回答とG2回答の相関係数は.34（.60×.57）、G1とG2の連絡頻度のG1回答とG2回答の相関係数は.59（.79×.74）となる。一般的に、この相関係数が弱いとき（$r<.2$）、共有の潜在変数の存在を仮定することは難しい（Ledermann & Kenny, 2012）。それぞれの共通性の値を1から減じたものが観察変数の分散のうちダイアドレベルの潜在変数で説明されなかった個人レベルの誤差の割合を示す。この誤差間の相関は個人レベルでシステマティックな変動があるか否かを検証できるが、今回の結果ではいずれも有意でない。誤差間の相関が0としてモデルを再計算すると、適合度は有意に悪化しておらず（$\Delta x^2=0.61, \Delta df=2, p=n.s.$）、「G1とG3の親密度」と「G1とG2の連絡頻度」の共分散のすべてはダイアドレベルで生じているpure CFMであることを表す。APIMのフレームワークで考えると、actor effectとpartner effectの4つパスすべての規模が等しい状態であることを意味する。つまり、G1とG3の親密度が高いほど、G1とG2の連絡頻度が高くなっており、回答者の個人的な認識の差は結果に影響していない。

　CFMのもっとも顕著な特長は、ダイアドメンバーから収集した観察変数を利用することによってダイアドレベルの構成概念をより正確に推定することを試みていることにある。潜在変数によって説明できるダイアドメンバーが共有する分散と各ダイアドメンバー独自の分散に分離して検証することによって、単なる測定誤差以上の意味をもたせることにつながっている。こうしたCFMの基本姿勢は、家族システム理論と非常に親和性が高い。家族システム理論では、家族内の個人が複雑に影響しあいながら発達していくなかで、家族の規範、役割、目的などに対する個人的見解と集団的見解を黙示的もしくは明示的に交

渉しているとみなしている (Cox & Paley, 1997; Fingerman & Bermann, 2000)。つまり、潜在変数で表されるダイアドメンバーが共有する見解と誤差で表される各個人の見解をモデル内に示し、変数間の関連性を検証することが可能となっている。もし三世代親子が共有する現象について分析する場合には、G1、G2、G3それぞれの回答を利用することによって、比較的容易にモデルを拡張できる。また、2変数間の関連に留まらず、複数の媒介変数の有無を検証することも可能である。

　CFMを分析する際にもっとも注意を要する点は、想定する構成概念がダイアドメンバー間で一致しているかという点である。観察変数を測定する際には、できるだけダイアドレベルの変数となるよう工夫が必要になる。今回の分析例でいえば、G1からG2もしくはG2からG1どちらか一方からの連絡頻度ではなく、お互いにどのくらいの頻度で連絡を取り合っているかどうかをとらえている。多くの場合、設問文の主語や目的語が個人ではなく「私たち」、「あなたたち」、「親子」、「夫婦」といった集団を示す用語を使用することが望ましい。ダイアドレベルの変数であっても、回答の不一致に意味があるような現象を分析する際には、CFMを利用すべきではない。

(3) Dyadic Discrepancy Model [8]

　APIMやCFMでは、ダイアドメンバーの測定値が類似することを前提にモデル化されているが、Dyadic Discrepancy Model (DDM) では、ダイアドメンバーの相互依存性を考慮しつつ、ダイアドメンバーの測定に不一致が生じる要因に焦点をあてる。DDMとは、同じ構成概念を測定しているにもかかわらず、ダイアド内の測定値が一致しない要因をマルチレベル・アプローチを用いて分析するモデルを指す。マルチレベル分析は集団のなかの個人のような階層性のあるサンプルにおける集団内の相互依存性を考慮するために開発された分析方法であり、ダイアドデータは各集団2名ずつの特殊なケースと見なすことができる。DDMの基本モデルは以下のモデル式で示す。

Level-1:
$$Y_{ij} = \beta_{oj} + \beta_{1j}(Reporter) + r_{ij}$$

Level-2:
$$\beta_{oj} = \gamma_{00} + u_{oj}$$
$$\beta_{1j} = \gamma_{10} + u_{1j}$$

ここで従属変数はダイアドメンバーについて2者から複数の項目を用いて測定された同一の構成概念であり、j番目のダイアドに属する個人が測定したi番目の推定値である。Level-1の独立変数はReporterのみであり、ダイアドメンバーAが測定した場合に0.5、ダイアドメンバーBが測定した場合は-0.5とコードされた変数を投入する。切片β_{oj}は独立変数が0のときの値なので、j番目のダイアド内の平均値、傾きβ_{1j}はj番目のダイアドの測定値の乖離度合いを表す。r_{ij}はj番目のダイアドに属する個人が測定したi番目の値とダイアドごとに推定された回帰線からの残差である。γ_{00}は従属変数の母集団平均（true dyadic mean）、γ_{10}はダイアド内の測定者による不一致の度合いの母集団平均（true dyadic discrepancy）の推定値を示す。u_{oj}とu_{1j}は，各ダイアドの従属変数推定値および測定者による乖離度合いとそれぞれの母集団平均からの残差を示している。マルチレベル分析では、この2つの残差の分散が有意かどうかを検証することができ、u_{oj}の分散が有意であれば従属変数がダイアドによって異なり，u_{1j}の分散が有意であればダイアド内の不一致度がダイアドによって異なることを意味する。

　三世代親子関係プロジェクトの歩行開始期コーホートデータを用いて、G1からG2への育児支援頻度を推定したDDMを紹介する。育児支援頻度は、経済的な支援（日常的な生活費、教育費の援助、おもちゃ・絵本の購入、食料品などの差し入れなど）、道具的な支援（家事の手伝い、保育所の送り迎え、予防接種の付添いなどの代替行為の提供）、精神的な支援（育児の悩みを聞いてもらう、家庭内のもめごとへのアドバイスなど）、しつけに関する助言の4つの項目で測定されている。それぞれ

の支援頻度は4点尺度（0：全くない、3：頻繁に）で尋ねており、G1とG2双方の認識を測定している。内的整合性はG1回答でα=.78、G2回答でα=.70である。ここで、Barnett et al.（1993）の手法にならい、G1が回答した育児支援頻度尺度とG2が回答した育児支援頻度尺度を2つずつ作成し、一つのダイアドに4つの従属変数があるようにデータを構築した[9]。2つの育児支援頻度尺度の相関係数はG1回答で.88、G2回答で.89であり、平均値および標準偏差が近似していることからも並列する2つの尺度を適切に作成できていることを示す。この育児支援頻度尺度を用いて、G1回答の場合Reporterの値を0.5、G2回答の場合-0.5としてDDMの基本モデルを推定すると、True dyadic mean（γ_{00}=1.79, p<.001）およびtrue dyadic discrepancy（γ_{10}=-0.25, p<.001）は有意にゼロではない。育児支援頻度尺度の範囲は0から3なので、G1からG2への育児支援は平均的にある程度の頻度で行われており、G2の回答にくらべてG1の回答の方が平均的に0.25ポイント低いことを示す。それぞれのランダム効果の分散（τ_{00}=0.30, x^2(185)=4514.61, p<.001, τ_{11}=0.36, x^2(185)=1478.62, p<.001）は有意に

表1-7　ペアワイズデータ構造（pairwise data structure）

ダイアドID	支援頻度	Reporter	G1とG2同居ダミー
1	2.33	0.5	0
1	2.00	0.5	0
1	2.67	-0.5	0
1	2.67	-0.5	0
2	1.33	0.5	1
2	1.33	0.5	1
2	1.67	-0.5	1
2	1.33	-0.5	1
3	2.33	0.5	0
3	2.00	0.5	0
3	2.00	-0.5	0
3	2.33	-0.5	0

ゼロではなく、育児支援頻度および回答者による不一致度にダイアド間によるばらつきがあることを示す。また、ランダム効果の共分散は、-.25であり、支援頻度が高いダイアドほどG2の回答にくらべてG1の回答の方が低い傾向がある。分析をする際には、ペアワイズデータ構造を再編させたものに変換する必要がある。今回の例ではG1とG2が回答した支援頻度尺度を2つずつ作成しているので、各ダイアドに4つの従属変数がある（表1-7）。

　育児支援頻度および回答者による不一致度にダイアドによる有意なばらつきがあったので、Level-2にそれぞれの規定要因を投入することができる。ここでは、G1とG2の居住距離のみを投入したモデルを表1-8に示す。居住距離が歩いて15分未満の近距離別居を参照カテゴリとして、同居、歩いて15分以上で車や電車で1時間未満の中距離別居、車や電車で1時間以上の遠距離別居の影響を推定している。G1からG2への育児支援頻度得点は、近距離別居の場合2.12、同居の場合2.25（2.12+0.13）、中距離別居の場合1.91（2.12-0.21）、遠距離別居の場合1.52（2.12-0.60）となり、近距離別居と同居の間に有意な差はないものの、距離が遠くなるほど頻度が低くなる。近距離別居の場合、G2にくらべてG1の回答が0.51ポイント低い傾向があるが、その他の居住距離の場合、係数がすべてプラスであり、G1とG2の回答の不一致が非常に小さくなり、G1とG2の回答がほぼ同程度となる（育児支援頻度得点の差は同居の場合0.07、中距離別居の場合0.28、遠距離別居の場合0.14）。同居と近居の育児支援頻度に大きな差がな

表1-8　DDM分析例の結果

	Coefficient for mean predictors	SE	Coefficient for slope predictors	SE
定数	2.12***	0.09	-0.51***	0.11
居住距離（ref: 近距離別居）				
同居	0.13	0.19	0.44*	0.18
中距離別居	-0.21*	0.11	0.23†	0.14
遠距離別居	-0.60*	0.11	0.37**	0.13

†p<.10, *p<.05, **p<.01, ***p<.001

いにもかかわらず、近居の回答の不一致が大きい理由は、近居の場合、お互いの役割や期待などが曖昧になりやすいことを示唆している。

　DDMの際立った特長は、ダイアドメンバーによって測定された本来一致するはずの値の規定要因を検証しつつ、ダイアドメンバー間の測定の不一致の規定要因も検証できる点にある。APIMやCFMなど多くのダイアドデータの分析において、2者間の測定が類似することが前提としてあるが、測定値が一致しないことは単純に測定誤差とは限らない。何らかの要因によって同じ現象のとらえ方が異なっていることや各ダイアドメンバーの前では実際に異なる現象が起きている可能性もある。これまでダイアドデータの分析で見落とされがちであった測定の不一致に着目する点においては、DDMの今後の発展性が期待できる。しかしながら、DDMでは2者間までしか測定の不一致の要因を検討することができない。また、従属変数には複数の項目が必要であり、双方が測定した尺度をどのように算出すべきか確立されていない点については精査されるべき課題である。

　以上のように、APIM、CFM、DDMには、それぞれに異なる特徴があり、いずれかの分析方法が優れているという訳ではない。この3つの分析モデル以外にも多くの分析方法が提案されている。たとえば、Galovan, Holmes, & Proulx（2017）では、APIMとCFMの特徴をあわせもつハイブリットモデルを提唱し、複数の回答者によって測定された個人レベル変数とダイアドレベル変数の関連性を検証する分析方法が示されている。Dyer & Day（2015）では、factor fixture modeling（FFM）を利用して、観察変数の応答パターンに潜在的異質性を見出すことで、どのような家族の回答が一致しやすいのか、一致しにくいのかといった問いを検証する分析方法が示されている。それぞれの分析方法の特徴を理解し、目的に応じて適切な分析方法を選ぶことができることが重要である。また、同じ方法で同じ概念を測定しているにもかかわらず回答が一致しない要因には、世代によって概念が示すものが異なる可能性があり、三世代親子システムにおける測定の等価性（Bingenheimer, Raudenbush, Leventhal, & Brooks-Gunn, 2005; Lubke, Dolan, Kelderman, & Mellenbergh, 2003; Meredith, 1993）は検討に値する

重要な課題である。

　三世代親子が複雑に影響しあいながら、それぞれが発達していくことに鑑みると、同一概念を複数の視点から測定することが肝要であり、ダイアドデータを適切に扱う方法を身につける必要がある。方法論的な追究を継続することにより、三世代親子システムにおける複雑な発達プロセスに対する理解を深化させることにつながる。

注

1) ICC には6種類の係数が存在するが、ダイアドデータの場合、2人の決まった評価者が測定しているので ICC (3, 1) を報告している。ICC の種類については Shrout & Fleiss (1979) を参照されたい。
2) 経済的支援は、G1 から G2 への支援の場合、「日常的な生活費、教育費の援助、おもちゃ・絵本の購入（教材や文房具の購入）、食料品などの差し入れなど」、G2 から G1 への支援の場合、「生活費、物品の購入など」と定義している。道具的支援は、G1 から G2 への支援の場合、「家事の手伝い、保育所の送り迎え（学校行事への出席）、予防接種の付添い（子どもの通院の付添い）など」、G2 から G1 への支援の場合、「家事の手伝い、通院の付添い、買い物をするときの車の運転など」と定義している。精神的支援は、G1 から G2 への支援の場合、「育児の悩みを聞く、家庭内のもめごとへのアドバイスなど」、G2 から G1 への支援の場合、「話を聞く、体調の不安などに共感する、家庭内のもめごとへのアドバイスなど」と定義している。助言は「子どものしつけに関しての助言」と定義している。それぞれ「頻繁に」、「ときどき」、「あまりない」、「全くない」の4件法で測定している。
3) 満足度は、「とても満足している」、「ある程度満足している」、「少し不満である」、「かなり不満である」の4件法で測定している。
4) 多くの統計パッケージでデータ構造の変換が可能である。SPSS ユーザーは varstocases もしくは casestovars コマンド、STATA ユーザーは reshape コマンドで、比較的容易にデータを再構築できる。データの構造変換に特化した R のプログラム (RDDD) も公開されている (Ledermann & Kenny, 2015)。
5) カイ二乗値の検定には、Excel の chidist 関数が便利である。今回の例でいえば =chidist (12.14, 1) と入力すれば .00049... となる。
6) G1 と G2 をエフェクトコードした (i.e., -1 と 1) 1つの変数で示し、actor effect と partner effect との交互作用を投入する interaction model でも同様のパラメータ推定が可能である。

7) 分析例で用いた「G1 と G3 の親密度」は対象となる G3 がどの程度 G1 になついているかどうかを 4 点尺度で尋ねたもの。「G1 と G2 の連絡頻度」は「あなたは、どのくらいの頻度で、あなたのご両親（あなたのお子さんご夫婦）と電話やメール（インターネット）を使って連絡を取り合っていらっしゃいますか」との設問に対して、「ほぼ毎日」から「全くしていない」まで 6 点尺度で尋ねたもの。
8) これまで多くの分野で同様の分析が行われているものの、個別の呼称はない。DDM とは筆者の個人的な名称であり、広く認知されているものではない。
9) Barnett et al., (1993) では、24 項目を標準偏差の近似する項目ごとにマッチングさせ、12 組のペアを作成したうえで、ランダムに振り分けている。今回の分析例で用いた育児支援頻度尺度は、4 項目のみのため、そのうち 3 つをランダムに選択し、平均値を算出した。

文献

Barnett, R. C., Marshall, N. L., Raudenbush, S. W., & Brennan, R. T. (1993). Gender and the relationship between job experiences and psychological distress: A study of dual-earner couples. *Journal of Personality and Social Psychology*, **64**, 794-806.

Bingenheimer, J. B., Raudenbush, S. W., Leventhal, T., & Brooks-Gunn, J. (2005). Measurement equivalence and differential item functioning in family psychology, *Journal of Family Psychology*, **19**, 441-455.

Bowen, M. (1978). *Family therapy in clinical practice*. New York: Jason Aronson.

Cox, M. J., & Paley, B. (1997). Families as systems. *Annual Review of Psychology*, **48(1)**, 243-267.

Dyer, W. J., & Day, R. D. (2015). Investigating family shared realities with factor mixture modeling. *Journal of Marriage and Family*, **77(1)**, 191-208.

Fingerman, K. L., & Bermann, E. (2000). Applications of family systems theory to the study of adulthood. *The International Journal of Aging and Human Development*, **51(1)**, 5-29.

Fleiss, J. L., Cohen, J. (1973). The equivalence of weighted kappa and the intraclass correlation coefficient as measure of reliability. *Educational and Psychological Measurement*, **33(3)**, 613-619.

Galovan, A. M., Holmes, E. K., & Proulx, C. M. (2017). Theoretical and methodological issues in relationship research: considering the common fate model. *Journal of Social and Personal Relationships*, **34(1)**, 44-68.

Griffin, D., & Gonzalez, R. (1995). Correlational analysis of dyad-level data in the exchangeable case. *Psychological Bulletin*, **118(3)**, 430-439.

Kenny, D. A. (1996). Models of non-independence in dyadic research. *Journal of Social and*

Personal Relationships, **13(2)**, 279-294.

Kenny, D. A., Kashy, D. A., & Cook, W. L. (2006). *Dyadic Data Analysis*. New York: Guilford Press.

Kenny, D. A., & La Voie, L. (1985). Separating individual and group effects. *Journal of Personality and Social Psychology*, **48(2)**, 339-348.

Landis, J. R., & Koch, G. G. (1977). The measurement of observer agreement for categorical data. *Biometrics*, **33(1)**, 159-174.

Ledermann, T., & Kenny, D. A. (2012). The common fate model for dyadic data: variations of a theoretically important but underutilized model. *Journal of Family Psychology*, **26(1)**, 140-148.

Ledermann, T., & Kenny, D. A. (2015). A toolbox with programs to restructure and describe dyadic data. *Journal of Social and Personal Relationships*, **32(8)**, 997-1011.

Lubke, G. H., Dolan, C. V., Kelderman, H., Mellenbergh, G. J. (2003). On the relationship between sources of within- and between-group differences and measurement invariance in the common factor model. *Intelligence*, **31**, 543-566.

Maguire, M. C. (1999). Treating the dyad as the unit of analysis: A primer on three analytic approaches. *Journal of Marriage and the Family*, **61(1)**, 213-223.

Meredith, W. (1993). Measurement invariance, factor analysis and factorial invariance. *Psychometrika*, **58**, 525-543.

Shrout, P. E., & Fleiss, J. L. (1979). Intraclass correlations: uses in assessing rater reliability. *Psychological Bulletin*, **86(2)**, 420-428.

Thompson, L., & Walker, A. J. (1982). The dyad as the unit of analysis: Conceptual and methodological issues. *Journal of Marriage and the Family*, **44(4)**, 889-900.

第2章　現代社会における三世代関係

1. はじめに

　最近、祖父母世代をターゲットにした三世代関係にまつわる書籍がたくさん刊行されているようだ。また、「祖父母手帳」を発行する自治体が増えているという（朝日 Digital, 2017）。それらは、祖父母世代が、孫や孫の親（自分たちの子ども）との関わり方に困っているという社会状況を表していると同時に、子どもを育てている親にとっても、自分たちの子育てに自分たちの親（子どもにとっての祖父母）がどの程度、そしてどのように関与・協力するとよいのかを量りかねているという社会状況も表していると考えられるのではないだろうか。

　人は、協同繁殖 cooperative breeding する種である（Hrdy, 2003）。とくに、子ども世代が繁殖を開始すると、その親（とくに母親の母親）が、子ども世代の繁殖を助けること（親以外による子育て alloparenting とか親以外による母親的行動 allomothering と呼ばれる）が広く観察される。この章ではそれを「親の親による育児への関与・協力」と呼ぶことにするが、それは、進化適応環境（更新世を生きた人にとっての環境）において適応的な繁殖システムであった（Hrdy, 2003）だけでなく、その後も長い期間適応的な繁殖システムであったと考えられる。それは、人類の歴史の中で早い時期から社会制度になっていたのである。民俗学的資料は、長い間農村における子育てが祖父母に分担されていたこと、そして子育てにおける祖父母の役割や評価枠組みが地域社会で、あるいは親世代と祖父母世代で共有されていたことを示唆している（例：宮本, 1984；大藤, 1977, 1982）。そして、さまざまに姿を変えてはいるものの、それは現代日本においても適応的な繁殖システムでありつづけている（例：根ヶ山・柏木, 2010）。

冒頭の解釈が妥当であるとすれば、親の親による育児への関与・協力という、人類の歴史の中で長い期間適応的であった仕組みに、変化が起こっていると考えてよさそうだ。ただし、変化は現代になって急にはじまったわけではない。例えば、松田道雄の「日本式育児法（初版1964年刊行、改訂版は1973年に刊行）」は、1964年に毎日新聞に連載されたコラムをまとめたものであるが、最初の回は次の文ではじまる。松田の理解では、その変化はすでに戦後間もなくからはじまっていた。

　　戦後日本の、家族のかたちはおおきく変わりました。若い夫婦の別居が多くなりました。
　　結婚すると親の戸籍から別になる、という民法の精神的影響もあります。戦災のあと、住宅の復興がいちばんおくれていて、大家族を入れるだけの部屋のゆとりがないことも原因です。
　　けれども、若い女性が自由な空気のなかでそだって、おばあちゃんと同居するのを好まないムードが広がったことも、否定できません。（改訂版14ページ）

　こんなデータもある。松島（2012）によると、幼稚園・保育所は戦後急速に普及したらしい。1950年に幼稚園2,100、保育所2,971だったものが、1980年には、それぞれ14,893と22,036に増加した。30年で幼稚園が7.1倍、保育所が7.4倍に増えたのである。幼稚園・保育所に通う子どもの割合は、1957年には合わせて38％だったが、1976年には合わせて90％に増加している。この変化は、子育て機能が、戦後急速に、祖父母を含む家庭から、より専門的な保育へと移管していったことを示唆している。
　とはいえ、親の親による育児への関与・協力が完全に意味を失ってしまっているとしたら、おそらく冒頭で紹介したようなことにはならないに違いない。親の親による育児への関与・協力は、現代においても、子どもを育てている世代にとってセンシティブでクリティカルな問題であるといえるだろう。そして、

現代における親の親による育児への関与・協力の問題は、三世代関係を考えるための核心の1つとなる。

　本章では、現代における三世代関係の状況について、2つの可能性を論じる。1つの可能性は、世代間の関係についてのパラダイム（自分や自分と他者、環境、状況の意味づけやそれらの関係についての枠組み）内でさまざまな変化が起こっているというものである。子どもを産み育てるプロセスは、非常に保守的な性質（この章では再生産性と呼ぶことにする）と新規性という拮抗的な性質をもつ。最近の発達科学の考え方によれば、子どもの発達は、環境（親はその主要なエージェント）との関わりで、新しい・親のものとは違う何かを子どもが創発、組織していくようなプロセスである（Overton, 2015）。子どもを産み育てるプロセスは、必然的に葛藤や対立、矛盾をはらみながら、それらを解消・止揚して進む弁証論的プロセスだといえる。したがって、多かれ少なかれ、世代間の関係は、親にとっても子どもにとっても悩みの種であり、何とかなるものであれば何とかしたいと思うようなものとなる。そう考えれば、冒頭に紹介したことは、世代間の関係のパラダイム内での調整が働いている結果なのかもしれない。

　もう1つの可能性は、現代の社会経済的状況が、世代間の関係のパラダイムを根本から崩しつつあるというものである。科学技術の急速な発展やそれと連動して進行する経済システムの急激な変動は、三世代関係の基盤であった親の親による育児への関与・協力の進化論的適応価や社会制度としての有効性を損ねてしまう可能性が高い。なぜなら、第一に、社会状況の変動は高い専門性を要求する。子どもの発達やそれに関わる環境について次々に生み出される研究知見は、おばあちゃんの知恵を、古くさいという理由で若い世代から遠ざけるだけでなく、誤まっているという理由で廃棄することを求めるかもしれない。第二に、社会状況の変動は、多くのことを主観化・個性化・個別化させる。消費財やその一部であるサービスを提供する企業・人々は、ほんの少し前まで、消費者・顧客をマスとしてしかとらえていなかったのに対し、現代では、AIや計算性能の劇的向上で、一人ひとりのニーズや特殊事情に細かく応じることが可能になり、実際にそのようになりつつある。現代では、平均とかモデルケ

ースは意味をもちにくくなった。かつては、平均やモデルからの逸脱は、それだけで病理（したがって、治療や矯正、隔離、あるいは保護や福祉の対象）とされたが、今では、経済活動においても、家庭や学校においても、そして医療の場でも、さまざまな特性・個人のすべてを一そろいのスペクトルととらえるように変化してきている。第三に、高い専門性や主観化・個性化・個別化への強い方向づけは、子どもを産み育てるプロセスがもつ再生産性と鋭く対立する。上述のように、子どもを産む育てるプロセスは、再生産性と新規性の２つのモーメントのバランスが大きく崩れ、もはや弁証論的には作用し合えなくなってしまっているのかもしれない。もしそうだとすれば、更新世にはじまり、その後の人類の歴史の中で適応的でありつづけてきた繁殖システムとしての三世代関係に明日はないかもしれない。

2．子どもを産み育てるプロセスの再生産性と新規性

（1）再生産性

　子どもを産み育てることは、基本的には再生産であると理解される。再生産性は、子どもと関わるときの親や教師の指示的で評価的行動の基盤の１つとなる。

　もちろん、正確には、再生産性は崩れている。育児の方法や内容は、時代とともに変化してきているし、一組の親だけを見ても、安定しているわけではない。われわれの育児の方法や内容は、松田（1973）が指摘するように、この70年間で大きく変化してきた。科学的知識の変化や増加はその一因と考えられるし、社会状況の変動もその理由の一つと考えられる。

　しかし、親子関係の基本パラダイムは、実はそれほど大きく変化してきていないように見える。少なくとも近現代においては、親は、あるべき子どもの姿（将来像）にもとづいて子どもに目標を提示してきたといってよい。目標の中身は、それぞれの時代を反映して変化したかもしれないが、いつの時代も、目標

を決めることはさほどむずかしいことではなかった。どの時代にあっても、「よさ」はかなり明確であった。それらを身につけるための条件や身につけさせるための方法は、子どもや親、地域や時代などによって異なっていたが、それらを身につけた個人（モデル的な人物）がどのような資質や行動様式を持つかは明確だったのである。そこに、心理学は、もしかすると大いに貢献したかもしれない。知能テストは、モデル的人間の資質を測る道具（Gould, 1981/1989）だし、DSM（American Psychiatric Association, 2014）は（厳密には心理学ではないが）病理的ではない状態を示している。自制、自律・自立、アイデンティティ、高い動機づけ、社交性などは、ある個人がモデル的人物に育ったかどうかの判断基準となる。

(2) あなたの人生の物語

子育ての再生産性を理解しやすくするために、ここで時間を少し巻き戻してみよう。

古典的な時代では、われわれの発達は、規則的であると考えられていた。そのような理解は、ある程度実態を反映しているといってよい。われわれの発達は進化の産物であり、発達（あるいは発生）があらかじめ決まった遺伝プログラムに沿って進むという理解は大枠で正しい。ただし、そのような発達の理解は、環境の安定性を前提にしている。そして古典的時代とは、子どもが進行形的に活動する世界が、したがって、子どもが成長するとともに参入することになる世界が、世代が変わっても大きく変化しないような時代を意味している。古典的時代においては、ある世代の経験は、つづく世代にとって有意味な情報を提供する。年長者は年少者より多くの経験を積み、その世界で流通しているさまざまなことについてより習熟している。年長者は、年少者を導くことができると、双方から信じられていたのである。

Wickler（1971/1976）は、あるヒヒの仲間で観察される長老の有効性について、次のような例を紹介している。「ふだんはリーダーによって統率されていた群れが、突然のスコールでリーダーが知っている道をふさがれてしまったような

予期しない事態に直面したとき、年老いた個体が先頭に出てきて、群れの他のヒヒが知らない逃げ道や回り道をとって進むことがある」という。Wicklerによれば、経験のある年よりは、「賢者の顧問」としてとっておかれている。Wicklerは、さらに類似のことが多くの「未開民族」でも見られるとしている。

　古典的な時代、「家業」は、親（親方）から子（弟子）へ伝承された。宮本少年は、父親から「百姓仕事」を習った。父親は、さまざまなたとえ（「土の性を知らぬようでは百姓は勤まらん。」とか「どんなにつまらんと思うものでも、その値打ちが本当に見えんと百姓はできん。」）を使って、宮本少年に百姓仕事を教えた。宮本(1984)は「家郷の訓」に次のように書いている。

　　そして私はこのような態度が父一人のものでないことも旅をして知った。かつてたびたび訪れて話を聞いた大阪府南河内郡の古老左近熊田翁などもこのことを言っていた。…島根県の山中の田中梅治翁にも同様のことをきいた。（105ページ）

　古典的な時代には、子どもの仕事は、ある程度年齢と関連づけられ、順序化されていた。宮本少年の場合、「山に行くことや草ひきの技は祖父や母によって次第にならされて来、根気よくすることが教え込まれ」、父親から「仕事のショシャ（所作）」を先ずもって教えられた（宮本, 1984）。Lave & Wenger (1991/1993) は、正統的周辺参加という概念を提案したが、それは古典的時代の典型的な発達の進行を表すものと理解できる。BarkerとWrightのミッドウェストにおける生態学的研究（Barker & Wright, 1954）やWhiting夫妻の比較研究（Whiting & Whiting, 1974）も、子どもの位置・役割や、侵入できる集落の活動の範囲が年齢である程度決まっていたことを示す。

　古典的な時代では、親も子どもも、そして祖父母も、子どもの発達についてのより長期的な時間展望をもつことができた。そのような時代では、人々にとって、そして子どもにとっても、なすべきことやなすべきでないこと、将来なるはずの自分やなるべきではない自分の姿は、自明とまではいわないにしても、

かなりはっきりしていたので、人々は、人生の早い時期から、人生の物語をもつことができたし、それをあなたの人生の物語として次世代に伝達することができた。Levinson（1986/1992）や Erikson ほか（1986/1997）が提示した生涯発達の図式は、そのような人生の物語でもあった。人々は、自分が生きる社会で一人前であるための条件やキャラクターについてある程度語ることができた（Bellah ほか, 1985/1991; Mauss, 1938/1995; Riesman, 1950/1964 を参照のこと）。

（3）新規性

　一方で、子どもを産み育てることには新規性も重要な役割を担う。いくつかの例外はあるものの、人は違いを生み出すことに動機づけられているようだ。食用植物や家畜動物の品種改良は絶え間なく行われてきたし、道具の改良も進められてきた。それらは、人口の集積状況を変え、ときにはパンデミックを引き起こした。それらは、生産形態や産業構造を変え、新たな信仰を生み出し、新たな政治体制を生み出した。そして、それらは新たな人生の物語やキャラクターを生み出してきた。それらは、子どもを育て教えるときの目標＝評価スケジュールに影響を及ぼさずにはいない。

　科学の発展も、子どもについての理解を更新し、親の役割を明らかにしつづけてきた。Zukerman & Keder（2015）は、今では当然のこととなっている入院している子どもへの情動的ケアの必要性がアメリカで広く認識されるようになった契機を、Robertson, J. による 1952 年の「2 歳児病院に行く」という映画であったと述べている。その映画は、Bowlby のアタッチメント理論が医療に適用されたものだった。

　Wickler（1971/1976）によれば、新規性は人に限らないかもしれない。新規性は、新しさに対する若い個体、子どもの優位性からも生み出される。Wickler は、「十戒の生物学―モラルについての行動学的考察」で次のように述べている。

　　…伝承が可能になるためには二つのことが重要である。新しい経験を蓄積

することと、すでになされた経験を保持することとである。経験は、その経験をなした者のもとに自動的に集積する。そして彼は、時とともに経験を積む。だから年をとればとるほど経験が豊かになるだろうし、それを保持することも多いにちがいない。そこで、年を取った動物と若い動物が共同生活をしているところでは、任務の分離が起こる。年をくったものは経験の保持に、「偏見にとらわれない」若者は新たな経験の集積にあたるだろう。つまりこうした任務分離の特徴として、若者は物好きな実験を専門とし、これに対して年よりは経験の保持と固執を専門として分化するのだろう。だから地位があがればますます学習できなくなる。そもそもこうした社会では経験の収集と保持がともに行われる場合、このようなことは生物学的には避け得ないものでもある。（168ページ）

(4) 時代性

われわれの行動は、時代性を常に帯びている。ベビーブーム世代には、学校・学級には多くの子どもがいた（学校基本調査によれば、私が小学校に入学した頃の1クラスの子どもの数の平均は、およそ40人ちょっとであった）が、少子化の現代では、学校は統廃合され、クラスは小規模化した（学校基本調査によると、平成29年の1クラスの子どもの数の平均は23.6人）。学校の規模やクラスの大きさは、子どもの社会的経験に影響をもつ。携帯電話は、日本では、1985年にはじまる。その時点で、携帯電話をもつ小学生はいなかったに違いないが、現代では半数以上の小学生が携帯電話・スマートフォンをもっている（国立教育政策研究所, 2017）。この30年の間に、携帯電話・スマートフォンは、人々の交流手段を変えた。世界との関わりのパラダイムを変えたといってもよい。30年前の小学生は、現代の小学生と同じ世界を生きているわけではない。

時間は、世代によって異なるスケールで流れる。子どもは、親や祖父母が思い描くようなものではない。祖母が孫の好物だと思っているニシンパイは、孫にとって、とうの昔に嫌いになっていた（あるいはそもそも初めから好きではなかった）ものである。祖父母は、多くの経験を結晶化させているが、結晶化してい

るがゆえに、それは柔軟性を欠く。孫の変わり身は早い。親も、祖父母ほどではないにしても、しばしば子どもの変わり身の早さに戸惑う。

(5) 新人類か宇宙人か

かつて、日本には新人類がいた。もちろん、ホモサピエンスという意味ではない。1980年代、それまでの常識が通用しない行動をする人々を新人類と呼んでいたのである。新人類は、1986年の新語・流行語大賞の金賞を受賞している。より最近になって、宇宙人といういい方も意味を成すようになっている。第93代の内閣総理大臣は、弟に「宇宙人」だと揶揄されたエピソードをもっていた。2017年のサラリーマン川柳のグランプリは、「ゆとりでしょ？　そう言うあなたはバブルでしょ？」であった。

世代が違う人々は、異なる世界の住人だといってもよい。異なった世代の人々がともに行動しているとき、そこには必ずしも共通の枠組みは存在していない。もちろん、多くの場合、そこに居合わせている人々は、互いに異なる世界の住人だと思っていないかもしれない。しかし、実際、異なる世界の住人だという事実を確認する機会は偏在している。少なくとも本書で取り上げられる二世代、ないし三世代の年齢設定は、関係者の考え、思惑、価値などの食い違いが先鋭化する時期に狙いを定めている。

(6) 親子は異なる世界の住人

当たり前のことだが、親子は、世代がまったく違う。上述の議論が妥当であるとすれば、親子は、親子であったとしても特別ではない。親子は異なる世界の住人である。そのことを、思春期の親子で例証してみよう。

親は、なぜ子どものすること、例えば耳に穴をあけることや夜に出歩くことを子どもに思いとどまらせようとするのだろうか？　親は、なぜ子どもに、満足を遅延させ、おそらくさほどおもしろいと思えないことをつづけるよう求めるのだろうか？　一方で、なぜ子どもは親の求めに反して、耳に穴をあけ、夜出歩くことを選んでしまうのだろうか？

そこには、Wicklerが示唆した、新しさに対する世代間の志向性の違いだけでなく、親と子が異なった利益－リスク評価システムをもっていることが関わっているように思われる。

　多くの場合、親は、子どもが今してしまうことが将来引き起こすネガティブな結果をリスクと考えるし、今しておくことが将来引き起こすポジティブな結果を利益と考える。そのため親は、今あることをしてしまうことによる、あるいは今あることをしないことによる将来の利益の損失を回避しようとする。それに対して子どもは、今することやしないことによってもたらされるポジティブな結果を失うことをリスクとみなす。子どもにとって、仮に勉強に打ち込むことで仲間からの評価が下がってしまうとすれば、今勉強することが将来に利益につながるとわかっていたとしても、親の求めに反して耳に穴をあけることや夜出歩くことを選んでしまう。

　行動経済学の知見によれば、われわれには、将来を割り引いて評価する傾向がある（Motterlini, 2008）。将来は不定であるが、今の報酬や損失は明確だから、ずっと後の利益より、今もらえる報酬を選択したり、今避けられそうな損失を最小化しようとしたりする。思春期の子どもでは、おそらく現在志向バイアスが強く働き、将来のために今準備をしておきなさいという親の言い分は子どもには響かない。

(7) 時間選好の世代差

　親子で時間選好に差が生まれるのにはいくつか理由が考えられる。ここで問題になっている人生ゲームでは、直接のプレイヤーは子どもであって、親ではない。一般に、当事者よりも、第三者のほうが情勢や利害得失などを正しく、あるいは広い視野で判断できる。親にわかることが子どもにわかるという保証はない。

　親と子どもは異なった報酬体系をもっている。子どもにとって仲間からの評判は、おそらく何事にも代えられないほど価値あるものである。それに対して、親にとっては今の子どもの成功はもとより、将来の子どもの成功はもっと重要

な意味をもつ。親子は、それぞれ利益を確保し、リスクを小さくしようと試みるとしても、何が利益でリスクなのかについて同じ物差しをもっていない。

　親子は、異なった時間軸で生きている。われわれは、大変な苦労を必要とすることでも、それを後で振り返ったとき、その時点でポジティブな結果を手にしているとすれば、それをしてよかったとか、もしまたの機会があれば、次もそうしてよいと考えがちである。親が、自分の親から満足の遅延を求められ、遊びたい気持ちをつらい思いで抑え、ときには友人の許容的な親と違うことを呪いながらも、何とか大きく道を踏み外すことなくむずかしい年頃を乗り越えた結果、今いくらかなりともハッピーな結果を享受しているとすれば、親はそのような経験を相対的にはポジティブに評価する可能性が高い。

　逆のことも想定可能だ。われわれは、失敗は他人のせいにする傾向をもつ。自分の親は、自分のわがままを結局許してしまった。そのせいで、今自分は苦労している。親としては、あのとき、自分の反抗や言い分に負けず、ある意味力ずくでも自分を引き留めるべきだったのだ。自分はその轍を踏みたくない。ある選択の直後では、選択そのものの失敗を後悔するが、何年も時間が経つと、できるのにしなかったことへの後悔（あるいは、できたはずなのにしてくれなかったことへの恨み）が強くなる。

　最近の知見によれば、意思や自己制御機能に関わる脳の部位の成熟には時間がかかる。思春期の子どもは、それらの成熟がまだ不十分である。それに対して衝動や快感を追求する、あるいは苦痛を回避することに関わる脳の部位は、思春期でもすでに発達している。

　いずれにしても、親の言い分は、結局子どもには理解されない。親子は、働いている脳の仕組みが違うし、できごとを評価するための時間軸や視点が違っている。異なった価値やリスクの軸をもっている。

3. 二世代間、三世代間関係パラダイムの危機

(1) 親子関係の傾き

　親子関係は、傾きのある関係である。ここで傾きとは、親と子どもの間の知識や技術の量、能力、さらには権力（評価したり懲罰を与えたりする力）の差を意味している。

　傾きは、多くの場合時間に依存して決まる。個々人の能力や条件に依存して決まるという側面は否定できない（例えば、子どものメッシは、大人のあなたよりはるかにすぐれたドリブル技術をもち、シュート力をもつに違いない）が、人口の多くでは、大人は、より長く生き、より多くの経験知や技術、能力をもつ。これがおそらく、社会制度としての親の力の源泉となる。大人は大人であるというだけで、子どものコーチになれるし、評価者になれる。

　もっとも、子どもにとって社会制度はどうでもよいことかもしれない。それでも、時間的に先行するということは特別な意味をもつ。先にきたものは後からきたものに勝る。だれかがあるものを食べているとすれば、その食べるという行為はそれを知らない観察者にも食べるという行為をアフォードする。同様の現象は、発達のごく初期から観察できる。赤ちゃんは、気がついた（何らかの意識をもった）ときにはすでにそこに特定のだれかがいて、その先にいただれかのさまざまな行為によって赤ちゃん自身の行為がアフォードされる。例えばKaye & Fogel (1980) の分析によれば、6週の赤ちゃんの表情は、母親からの働きかけに対する反応として表れる。生まれた子どもが何らかの意識をもったときには、すでに先にいたものと後から生まれた赤ちゃんとの間に傾きが発生しているといってよいのである。

(2) 傾きの変化

　時間の経過は、親子関係の傾きを変える。まず、親の権力の源泉であった知

識や技術、能力の優位性は、子どもが成長するとともに弱まっていく。逆転してしまうこともめずらしくはない。親は、自分と子どもとの力の差を埋め、さらには自分を超えていくことを目指して子どもにさまざまな資源を投資しているといってもよい。

子どもに子どもができたとき、親子関係は2重になると同時に、それまでと異なったものへと変化する。親子は、それまでと異なった役割を担い、期待し合うようになる。親（第一世代の親）は、新たに親となった子ども（第二世代の親）の子どもの祖父母になった。第一世代の親は、子どもにとって親でありながら、第二世代の親の育児の分担者・協力者となったのである。第二世代の育児の成否が、部分的にせよ第一世代の親の関与・協力に依存するという意味で、子ども（孫）の誕生は、すでに縮小・消滅、あるいは逆転していたかもしれない親子関係に、新たな傾きを発生させたとみることができる。第二世代の親が子どもと「よい」関係を発達させるためには、第一世代（祖父母）の物心の支援が重要となる。

ただし、事態はそれほど単純ではない。なぜなら、第一世代の親から第二世代の親に提供される資源やサポートは、しばしば彼らが思っているより劣化しているかもしれないからである。もし第一世代の親が提供しようとする資源やサポートが、彼らの子どもが期待する、あるいは必要とするレベルにない場合、彼らの子どもは自分たちの親からの申し出を断るかもしれないし、彼らを子どもから遠ざけてしまうかもしれない。そこでは、第一世代の親の行動や彼らが提供しようとしている資源に対して第二世代の親が検閲することになるのだから、親子の傾きは、この節の初めに見たものとは違った意味で逆転してしまったことになる。この問題については、あとで改めて議論する。

(3) 祖父母と孫の関係

子どもにとって親はモデルであり、権威であり、安心の基地になる。では、祖父母と孫の関係はどのような性質をもつのだろうか。実は、祖父母と孫の関係についての研究はあまり多くない。ただ、たった一人の孫との関係について

の自分の経験にもとづくと、祖父母と孫の関係に明確な傾きはない。もしかすると、孫はわれわれを仲間か家来のように（それこそ「じいや」とか「ばあや」のように）思っているのかもしれない。とすれば、彼の方がわれわれよりパワーをもっていることにもなる。

祖父母と孫の関係について、いくつか古いデータに当たってみると、一応私の経験を裏づけているように思う。例えば Eisenberg（1988）や Creasey & Loblewski（1991）のデータによれば、青年期にある祖父母と孫の関係は、制約的ではないし、達成志向的でもない。また、前原ほか（2000）は、高校生の孫を対象に、孫が考える祖父母機能を、伝統文化伝承機能、安全基地機能、人生観・死生観促進機能としている。これら3つの機能はいずれも、孫に提供はされるが、それを孫がどのように受け入れ、実践するかについて評価するようなものではない。

（4）第一世代の親としての経験は役に立つか？

人のような成長の遅い種では、したがって一人の子どもを育てるのに多くの資源を必要とする種では、親以外による子育てが見られる。この本のテーマに対応させると、第一世代の親は、第二世代の親が子どもを育てるのに必要な資源を提供する（親の親による育児への関与・協力）。子どもを育てるために必要な資源とは、子どもが成長するために必要な栄養であったり、親がそれを調達する間子どもの面倒を見ることであったり、親の相談相手になったり相談相手を紹介することであったりする。また、子どもが生まれる前からの親としての知識の提供も含まれる。

時間は、子どもを育てるために必要な資源を変質させる。現代の日本社会では、それは少なくとも2つの側面に見られる。第一に、親が子どもにするべきことは、「科学的」でなければならない。第二に、資源の価値は、社会経済的に規定されている。

(5) 育児の科学化

　親は、おそらくどの時代でも、できるかぎり「よい」育て方をしたいと願っていたに違いない。ただ、例えば昭和の初期から戦後にかけて子どもを産み育てた女性たちの多くは、その当時のいわば官製の育児書を利用することはなかったと思われる（横山，1986）。横山のインタビューに対して、6人の子どもを産み育てたある女性は、「昔の者だってね、町の、都会の方のずっと頭の進んでいる裕福な方は、それこそいい勉強なすったでしょうけど、ともかくね、田舎は一歩も二歩も遅れてね、読書はできないし。でもよくやってきたと、自分でね。」と述べている。横山の調査対象になった女性たちは、例外なく、少女時代の子どもと関わる経験（それは、親以外による母親的行動の例となる：それが母親の母親だけに限定されていたわけではないことがわかる）や子育てをしている女性の姿を見た体験を通して子どもとの関わり方を学んだと述べている。そこでは、松田（1973）が主張するような実践知が市場価値をもっていた。第一世代の親による第二世代の育児への関与・協力は、第一世代の親のイニシアティブに任されていた。祖母は、自分が孫の世話をするとき、娘や息子の妻から渡されるメモなど気にする必要はなかったのである。もっとも、「年よりっ子（ばばっ子）は三文安い」とか「じいさま育ちは人間が甘い」といわれてもいて（大藤，1982）、祖父母では、「世間」で必要とされるレベルのしつけを子どもにすることがむずかしいということは認識されていたようではあるが。

　発達心理学や発達精神病理学は、多くの科学的知識を、子どもの発達に関わる多くの領域で活動する人々に提供してきた。1970年代からはじまった「赤ちゃん研究の革命」は、赤ちゃんの秘められた能力を次々と明らかにしていった。貧困や虐待、災害といった、子どもの発達にとって過酷な状況下で子どもの発達がどのように傷つき、そして守られているのかが明らかにされるにつれて、親がしなければならないことやしてはいけないことのリストに多くのことが書き加えられてきた。それらは、祖父母が子どもと直接関わるときにしたがわなければならないことでもある。また、子育てをしている親に祖父母が提供

すべき資源もまた明らかにされてきた。

　現代では、育児は経験知に任されるべきではないと考えられている。経験知で済まされてきたことを、科学的に解明することが求められているといってもよいだろう。その背景には、できるかぎり「よい」育て方をしたいと願う親たちがいるし、育児を科学化することによる社会経済的メリットも大きい。また、育児を科学化しようとする科学者たちも表れてきている（例：山邉・多賀，2016）。

　科学は、基本性質として革新性をもつから、育児に関わる科学も、日々更新される。そして、古いものは価値を失う。最近では、子どもの発達やそれに関わる親の役割について、単に行動観察だけでなく、遺伝子や脳の画像、分子レベルの研究から次々と新しい知見が生産され、子育てへの応用が数多く試みられている。現代において、松田（1973）が主張した「おばあちゃんの効用（知恵）」は、ほぼ完全に市場価値を失ったといえよう。

　しかし、社会状況は、祖父母が育児の場から単純に退場することを許してはいない（氏家，2011）。保育施設の不足は、現在子どもを育てている親が二人とも働こうと思えば、自分たちの親の「手」を借りなければならないという状況を2つの世代の親に突きつけている。

　ここで、少しばかり厄介な問題が表面化してくる。第一世代の親の経験知は、今子どもを育てている第二世代の親にとってもはや有効性をもたない。もし第二世代の親が自分たちの親の手を借りるとすれば、自分たちの親には身につけてもらわなければならない知識や技術があり、留意してもらわなければならないことがある。一方で、第一世代の親も、自分たちの経験知がそのまま通用しないということを理解している。

　では、第一世代の親は、求められる新しいやり方をどのように習得するのだろうか？　社会政策として、新たに親になった男女に対しては、公的にさまざまな情報提供や講習会、研修機会が準備されている。多くの書物も刊行されている。しかし、祖父母に対しては、少なくとも公的な情報・機会提供は十分に行われていないのが実情だろう。仮に祖父母が自分たちの経験知を更新しなければならないと感じているとしても、その機会は少ない。また、第二世代の親

にしてみても、自分たちの親の手を借りるということはジレンマ（Hrdy, 2003）となる。2つの世代の親は、いわば時代が求める新たな関係のパターンを模索しているといえるかもしれない。このような状況が、この章の冒頭で紹介した出版物や自治体の動きの背景にあるのだろう。

（6）経済原理にもとづく資源の変容

　長い期間、親の親（とくに母親）に育児への関与・協力は適応的であった。例えば、いくつかの証拠は、それがあると生まれた子どもの生存率が上がることを示してきた（Jamison et al., 2002; Sear et al., 2002; Voland & Beise, 2002）。しかし、それらのデータは自然経済的な時代・社会から得られたものである。現代の多くの社会は市場経済化されており、子どもが育つのに必要な資源はすべてお金で購入される。現代の親は、お金さえあれば良質の保育を購入できるし、子どもの発達に役立つさまざまな経験をさせることができる。良質の環境に住むことができるし、子どもに高等教育を受けさせることもできる。

　朝日新聞は、2017年7月11日のニューヨークタイムズに掲載されたデイビッド・ブルックスのコラムの抄訳を7月22日に転載した（ブルックス，2017）。そのコラムによると、アメリカの競争率の高い上位200の大学に通う学生の70％が所得分布の上位25％の出身であるという。高学歴層は、いわゆる金持ちということになるが、2つの構造的障壁と1つの社会的障壁を設けて、自分たちの特権的な地位を子どもに引き継ごうとしている。その1つは、建築規制だという。高学歴層が住む地域に、貧しくて教育レベルの低い人々が家を建てることはむずかしいらしい。2つ目は、大学入試だという。アメリカの入試の仕組みは、金持ちに圧倒的に有利になっているというのである。そして3つ目は、インフォーマルな社会的障壁だという。ブルックスは次のように書いている。

　　機会に恵まれた地域で居心地よく暮らすには、正しいバレエ・エクササイズをし、正しいだっこひもを使い、ポッドキャスト、屋台、お茶、ワイ

ン、ピラティスに至るまで、正しい好みをもつ必要がある。当然、(現代作家)デイビッド・フォスター・ウォーレスや、子育て、ジェンダーなどについても、正しい態度が求められる。

　高学歴層が張り巡らす複雑な網は、自分たちを残して他の人々をゆすり落とす揺りかごのようだ。(高級食品スーパー)ホールフーズ・マーケットであなたと共に心地よく買い物をする客の80％が大卒である理由は、値段ではなく、文化的規範のせいなのだ。

　子どもを大学まで進ませようと思えば、親は子ども1人につきおよそ3,000万円前後支払えなければならない（ベネッセの教育情報サイトによれば、子ども1人が大学卒業までにかかる養育費と教育費の合計はおよそ3,000万前後となる。教育費は幼稚園から大学までを想定している。なお、この金額には親元から離れて大学に通う場合の住居費は含まれていない）。

　子どもの教育費の負担が大きい第二世代の家計にとって、第一世代の資産は重要な意味をもつ（北村, 2015a）。2015年に制度化された教育資金贈与信託の受託件数と金額は急激に増加する傾向にある。信託協会によれば、伸び率は鈍化してきているものの、2017年3月までの累計受託件数は178,983で、金額は1兆円を超えている。

　第一生命の調査（北村, 2015a）によれば、子どもや孫への財政的支援を行った祖父母は調査対象（1,000人）の82.6％に及ぶ。注目すべきは、自身の老後資金の見通しとして「かなり足りない」と回答した祖父母でも、その75.7％が財政的支援を行っているという点である。支援の多くは、孫に対する直接的な支援（孫へのプレゼントやお祝いや孫との外食の費用など）であり、金額的にそれほど多くはないものと思われる。しかし、第一世代にとって、財政的支援が第二世代の育児に対する支援の中核になりつつあると考えられるかもしれない。第一生命の調査結果は（北村, 2015b）その傍証になるかもしれない。親の親による育児への関与・協力の中身として、財政的支援の他に、孫の面倒を見ることや相談に乗ることが考えられるが、孫の面倒をみた経験のある祖父母は、調査対

象（1,000人）の66.4％であり、財政的支援の経験のある祖父母より明らかに少ない。さらに、相談に乗った経験のある祖父母は46.5％であるにすぎない。そして、興味深いことに、自分たちに頼らず親自身が子育てを行うべきだと考える祖父母は79.9％に上る。

（7）現代における人生の物語

　すでにみてきたように、古典的時代には、どの世代も、基本的には同じスケジュールで成長すると信じることができた。したがって、経験量は知識や権威と比例していた。人々の発達は、少なくとも表向きは、標準的なスケジュールにしたがっていた。子どもは親の家業を引き継ぎ、拡大し、親は子どもに資源と期待をかけた。祖父母は、長老として、親子の進む発達のレールの番人たりえた。たとえば、宮本少年は、祖父母にさまざまなことを教えられた（宮本, 1984）。

　しかし現代では、時間は各世代に均等ではない。若者の時間は素早く進む（社会の時間の進みにリアルタイムで適応している）が、親は、親に独自な経験フィールドでは短時間で多くのことを処理できるかもしれないが、それは社会で進んでいることのごく一部を構成するにすぎない。祖父母になれば、ほとんど時間は止まっているように見える。今や、親の経験や祖父母の経験にもとづいた知識やスキルは、子どもと同時性をもたない。たとえば、聖徳太子は歴史上の人物ではないらしいし、冥王星は惑星の地位を失った。ニホニウムの発見で注目された周期律表は、50年前とは比べ物にならない。かつては二流の役者が大統領になったが、いまやオータナティブファクトという「嘘」を連発する人物がホワイトハウスの住人だ。

　現代でも、子どもは生まれて7年目に小学校に入学する。そして、おそらくそのままどこかの高校に入学する（2016年度の高校進学率は98％におよぶ）。高校卒業後、進路はいくつかに分かれるが、いずれ何らかの職に就き、やがて経済的にも社会的にも自立していく。Levinson流にいうと、一家を構える。そして、人生の秋も終盤に差しかかる頃孫を授かり、やがて人生の終焉を迎える。

しかし、新たな技術は、社会のあり方を大きく変えようとしている。例えば、今年生まれた子どもが大学を終える頃、AIが多くの職場から労働者を駆逐してしまっているかもしれない。おそらく、いま大学を卒業する子どもたちであっても、数世代前の人々（例えば彼らの祖父母）が歩んだようなライフサイクルを想像することは、すでに見果てぬ夢にすぎないかもしれない。

AIが多くの人々を労働市場から追い出したとき、社会がどうなってしまうのかをきちんと予測することはまだだれにもできていない。一部の資産家が、さらに濡れ手で粟のように富を独占し、圧倒的多数の貧しいものたちが富の配分にあずかれない流動性の低いグローバルな社会がつづいているのか、それがさらに先鋭化し、映画のように、富むものと貧しいものたちが隔絶された社会になってしまっているのか、さらにはどこかの時点で見えざる手が働いて、うまく富が配分されるようになっているのか、まだだれにも見通せてはいない。

現代の親は、ごく一部の非常に恵まれた階層を除けば、あるいはその階層の親たちの企みによって、子どもの将来の成功を、古典的な時代の親のように思い描くことができなくなってしまっている（ブルックス, 2017）。とすれば、幼い子どもたちの反抗を、親はどのように扱えばよいのだろうか？ 親は、子どもにどのような人生の物語を語って聞かせればよいのだろうか？ 特別な才能に恵まれず、そして十分な富をもたない階層の親たちにとって、子どもに自己制御を求め、読み書きを教えることにどんな意味があるのだろうか？

（8）教育はさいごの切り札

社会状況が今後どのようなものになるにせよ、あるいは社会の流動性がますます小さくなり、ブルックスが指摘するように、資産をもたない家庭の子どもたちの将来に影を落としているからこそ、教育は、現代の親にとっての蜘蛛の糸となる。学校での成功は、狭い道ではあるかもしれないが、他の人生の物語に比べるとまだ可能性を信じることができる。もしそうだとすれば、親が子どもに自己制御を求め、読み書きを教えることは理にかなっている。そして、子どもから、どうしてそんなことをしなければならないのかと問われれば、これ

はリスク管理なのだと答えることもできることだろう。

　教育に対する親の期待には、それなりに長い歴史がある。文部省（1962）によれば、日本の教育政策は、明治のはじめに、欧米から導入した軍事、行政、財政上の近代的諸制度の一環として導入されたもので、いわゆる富国強兵、殖産興業、文明開化を実現するための1つの方策であった。教育は、子ども本人の生活水準を上げ、先進国に追いつき追い越すための国策の一環であった。それは、社会の流動性を高めるだけでなく、国際社会の流動性を高めるための方策だと信じられていたのである。文部省のその資料によれば、東京大学の在学者の出身階層は、1878年には、士族が73.9％を占め、平民は25.5％に過ぎなかった。それが、学制が公布されて10年後の1882年には、士族が49.1％、平民が50.8％に変わっていた。当時の東京大学の学生や卒業生は特権的存在であったから、教育の社会的流動性を高める働きには目覚ましいものがあった。ブルックスの指摘が正しければ、教育が明治の頃にもっていたような社会的流動性を高める働きを、もはや現代社会で期待することはできない。

4．主観性と個別性の時代／社会の多様な住人たち

（1）ユニバーサルデザインの時代

　現代社会では、ユニバーサルデザインがふつうに求められるようになった。ユニバーサルデザインとは、できるだけ多くの人が利用可能であるようなデザインのことらしい。ユニバーサルとは、いわゆる普遍性を意味するが、この考え方は、伝統的な科学の枠組みで理解されてきたものと少し違っている。科学の枠組みでは、普遍性は特殊の対極に位置づけられ、主観性や個別性を捨象した見方や知識を意味する。心理学のある公式が普遍的だとすれば、それはいつでも、どこでも、だれに対しても当てはまることを意味する。それに対して、ユニバーサルデザインは、多様性のすべてをカバーすることで普遍性を担保しようとするもののように私には思える。多様性のすべてを包含することができ

れば、それはスケルトンキーになる。

　DSMの第5版（American Psychiatric Association, 2014）で、自閉症スペクトラム障害（ASD）という用語が採用された。それまでアスペルガー症候群、高機能自閉症、早期幼児自閉症、小児自閉症、カナー型自閉症などの診断カテゴリーでとらえられていたものを、ひとつながりのものとしてとらえようというのである。Neurodiversityという考え方もある。われわれの脳の仕組みや働きには大きな多様性があり、ある特定の働き方を異常とか正常とみなすことは意味がない。それらの違いは相対的なものでしかない。遺伝学的研究は、例えば、ASDの人々が示す社会行動の特徴と関わる遺伝的変異や多型が自閉症スペクトラム障害の人々にのみ見られるものではなく、一般人口に広く分散していること、そしてその1つの極がASDやその他の神経精神医学的診断につながるということが示されている（Robinson et al., 2016）。発達障害ということばに対して、定型発達障害ということばさえ生み出されている。視点をASDの人々におけば、いわゆる定型発達の人々の行動はおかしなものになる。

　発達科学の最近の知見によれば、子どもは、一人ひとりきわめて個性的である。それは、遺伝的基盤をもつ（例えば、いくつかの遺伝子の遺伝多型が、個体と環境との相互交渉や経験からの影響の受けやすさや認知プロセスの個人差と関わっていることがわかってきている）。遺伝子同士の交互作用や遺伝子と環境との複雑な交互作用も知られている。子どもに対する親の行動の影響は、子どもの個性で緩衝される。子どものしつけは、親や祖父母の経験則に単純にもとづくわけにはいかない。子どもの個性を知り、それに合わせて、親のしつけをカスタマイズしなければならない。Chess & Thomas（1980/1981）が提唱した個体と環境の適合のよさモデルは、最近の研究知見にもとづいて提唱される子育てのモデルに比べるとかなり生ぬるい。Chess & Thomasでは、子どもの個性（彼らのことばでは気質）は、大まかに3つに分類されただけであるが、最近の子どもの個性は、はるかに微細である。現代の親は、子どもの遺伝多型まで調べる必要に迫られはじめている。実際、子どもの遺伝多型を調べるビジネスさえあるというような状況なのだ。

学校教育でも、子ども一人ひとりの学び方や特徴に合わせて指導を行うことが求められる。ユニバーサルデザインで運営される学校では、子どもが適応しなければならない教育方法や評価基準は1つには決まらないから、従来の親がもっていた社会的標準はそれほど重要ではなくなってしまうかもしれない。例えば、自己制御機能に弱みがあるとしても、教師はそれを子どもの特徴としてとらえ、そのような特徴をもつ子どもにもっとも適切な指導方法をとらなければならない。自己制御機能に弱みがあるという理由でその子どもを問題児だとみなすことはできない。

　現状で、家庭や学校がユニバーサルにデザインされているわけではないし、Neurodiversityの考え方が十分に浸透しているわけではないかもしれない。また、そのような動きとは無関係に、ブルックスの指摘した通りの社会状況がより明確になっているのかもしれない。これは、親や祖父母世代をとてもむずかしい状況に置いている。片方は多様性を、他方は単一性を求めさせるのだから。

(2)"トリセツ"が意味するもの

　最近「トリセツ」ということばを時折耳にする。トリセツとは取扱説明書の略語であるらしい。それは、人にも適用される。西野カナは、2015年にトリセツというタイトルの曲を出した。その詞は、女性から男性に渡される自分の取扱説明書であり、それにしたがって「正しく」扱うことを求める内容になっている。

　トリセツは、関係を考えるとき、ある意味画期的な意味をもつ。通常、取扱説明書は、デザイナーや設計者が作成するものである。そこには、正しい使い方が記されている。教科書は、一種の取扱説明書とみなせる。それは、ある知識の理解の仕方や現象の見方を解説する知の取扱説明書である。そこには、知の体現者としての教師や師匠、大人がいて、自発的に、あるいは強制されてその知の神髄を会得しようとしている子どもや若者がいる。さまざまな技術や知識を習得したとき、子どもや若者は熟練の階段を昇っていく。免許は皆伝され、奥義が開示・会得される。大学を卒業するとそれを証する紙切れがありがたそ

うに渡される。専門性を究めれば、Ph.D. の学位が授与される。

　子どもと大人の関係は、熟達者と新参者・初心者、教師と生徒という傾きのある関係のパラダイムで成り立つと考えることが多い。発達の考え方も、そのパラダイムにしたがっている。親は子どもを育てるが、それはさまざまな技能や規範などの伝達を意味する。しつけは、望ましい状態を作ることだと理解できる。そこで重視される子どもの個性や発達段階への関心は、いかに子どもの参加 participation を動機づけるかにおもに関わっている。

　トリセツは、そのような関係の傾きを前提としていない。もっとも、それはパートナー関係だからだということもできる。しかし、親子関係や教師と子どもの関係、最近では教授と学生の関係も、傾きが小さくなりつつある。いわば、双方にトリセツが必要とされるようになっているのである。例えば、学生は、一方的に自らの予定や個人的好み（私って、〇〇だから）、認知的特性への合理的配慮を求める権利を有する。学生は、自らの理解や評価・感情を主張し、ときに教員を訴えることができる。学生からの"クレーム"には真摯に、素早く対応しなければならない。大学といえども、あるいは高い授業料をとっている大学だからこそ、ユーザーフレンドリーでなければならない。

　トリセツは、あくまでも個人の取扱説明書だから、いわばいったもの勝ちである。「その真偽は？」という考え方は通用しない。彼らはルールブックである。彼らの行動を説明し、予測するためには、彼らが書いたトリセツにしたがうしか道はないのである。

　ここで、大人と子どもの関係に、一種のパラダイムシフトが起こったことになる。傾きが逆転したのだ。かつては、もっぱら取扱説明書は大人が提供してきた。ところが、今やトリセツは子どもが提供できることになったのである。親は、文字通り子どもの特徴に合わせて行動しなければならない。子どもの学び方に特徴があるとすれば、それにもとづいて子どもに学ばせなければならない。

（3）新しいことはいいことだ

　iPhone には、紙の取扱説明書はない。若い人たちは、まったく困った様子を見せない。私の6歳になる孫は、私よりはるかによく iPhone を使いこなしているように見える。彼のすることを見ると、正解を前提にしていないことがよくわかる。彼は、iPhone を適当に使っているうちに、いろいろな情報や機能を発見してしまう。ただ、その芸当は孫一人のことではないらしい。iPhone ユーザーは、あちこちで同じようなことをしている。いわば、ユーザーというかなり大きな集団内で、プロも素人も、寄ってたかっていろいろな情報や機能を探し出しているのだ。そして、それらは、特殊なトリセツとして、ユーザーという大きな集団に共有される。iPhone は、特殊なトリセツのプラットフォームだとみることができる。

　そこでは、新たな知が集合的に生み出されている。そこには学問の世界のような権威はいない。単にそのように流通していること、あるいはそのように信じられることが重要であり、妥当性についてのストイックな態度はない。みんながやっていて、おもしろそうだから真似るのであって、そうすることが自らにとっても社会にとっても有意味だから（そう認証されるから）そうするわけではない。

　これが時代精神というものだろう。このようなとき、子どもは、時代の最先端を走る。もっとも、いつの時代も、子どもは時代の最先端を走っていた。子どもの発達は基本的に再生産ではあるが、同時に何らかの変異が生まれるが故に、進化が起こる。子どもは真似の才をもつが、そのまま真似ているわけではなく、真似たいように、真似られるように、真似ている。子どもはビデオレコーダーではない。真似ることに誤差（新しさ）が生まれ、そしておそらく誤差を楽しむ（個人内だけでなく、個人間作用としても）。ただ、それでも、再生産は可能だった。その社会・文化に共通する（古典的な意味での普遍的な）技能や知識、作法があったのだから（Goffman の分析を参照）。

　しかし、今やそのようなものは存在しなくてもよくなった。WWW の世界は、

おそらくそのような世界なのだ。かつては、知識（経験）は重要な標準であった。しかしユビキタス社会では、人々は個々の知識やスキルをさほど意識する必要はなくなった。経験の多くはAIにとって代わられるかもしれない。Siriに語りかければ、答えが返ってくる。

大人にとって、そして特に年よりにとって事態は深刻だ。ユビキタス社会に適応するために、古くなった技能や知識を捨てなければならない。われわれは、次々と売り出される新機能を搭載したiPhoneについていけない。子どもに教えてもらわなければ、下手をすると電話一つかけられなくなってしまった。このような時代では、大人はもはや教師の座を明け渡さざるを得ない。まして、祖父母世代の出る幕はない。

（4）個別性の時代の最初の住人

実は、個別性の時代の最初の住人は、おそらく思春期の子どもの祖父母世代だと思われる。世代でひとくくりにして議論することは心理学的にふさわしくないことを承知で、この本で取り扱う第一世代と第二世代の時代状況を簡単に整理しておこう。思春期を15歳とすると、その子ども（第三世代）が生まれたのは2002年、そのときの親（第二世代）の平均年齢は28歳〜30歳くらいなので、親の親（第一世代：子どもの祖父母）は1970年の初め頃に子ども（第二世代）を産み育てていたことになる（第二世代は団塊ジュニアと呼ばれることが多い）。そして、第一世代が生まれたのは、1940年の中頃となる（一部は団塊の世代）。

この世代は、戦後の自由な空気の中で子ども時代を過ごした。高度成長期は、1954年からのおよそ20年間だから、この世代は、まさに松田が指摘した戦後日本の家族の形が大きく変わっていく中で成長したことになる。彼らの親は、「自由な空気のなかでそだって、おばあちゃんと同居するのを好まないムード」の中で第一世代を育てたのである。

そして、第一世代が子どもを儲けた1970年代の初めは、日本社会に重要な変化が起こりはじめていた。一方で大量消費化が進み、一方で個々人が固定的な行動規範から離れ、自らの生活スタイルに合わせて日常生活をカスタマイズ

しはじめた。例えば、ファミレスはその時代にはじまったが、それは夫婦と子どもだけの生活を送るこの世代の親たちの生活スタイルに合致したものだったと思われる。ファストフード店やコンビニもこの時期に生まれている。それらは、個々人のスケジュールで買い物を可能にした。総合スーパーであったダイエーは、その時期に三越の売上を抜いた。食品だけでなく、さまざまな店舗を取り込んだ総合スーパーは、若い夫婦が子どもを連れて楽しむ場を提供した。

この世代からおよそ10年遅れて、よちよち歩き世代の親の親による子育てがはじまる。彼らは1950年代の中頃に生まれた世代である。いわゆる新人類世代より少し早い世代だが、かなりの程度重複すると思われる。彼らは、社会の大きな問題に関心をもたず、もっぱら自分の楽しいことをしようとする傾向が強かったことから、シラケ・マンガ世代とも呼ばれる。彼らは、川上源太郎の1975年のベストセラーである「親の顔が見たい」といわれた世代に当たる。この本は、当時ある女子大に勤めていた川上が、女子学生の行儀の悪さを告発したものである。それまでの常識や形式にとらわれない若者が増えていたことが伺える。また、彼らが自分たちの子どもを産み育てはじめた1980年代の前半には、すでに新人類ということばがマスコミで取り上げられるようになっていた。新しい世代が子育てを開始したのである。

よちよち歩き世代の親は、新人類ジュニアだといってよいかもしれない。そして、1980年代の中頃は、人々はより明確に個人主義的に行動するようになっていた。1970年代にアメリカで話題になったミーイズムは日本にも上陸し、さらに子育てより自分たちの快適な生活を優先しようとするDINKsも、この頃日本でも話題にされるようになった。

祖父母世代は、古典的時代の祖父母の役割を重要なものだと見なしていない。それが自分たちに喜びをもたらしてくれるとすれば、もちろん祖父母の役割を果たすが、自分たちの生活を縛るものであるとすれば、そこに強いストレスを感じる。河村都の「子や孫にしばられない生き方」(2017) という本は、とても象徴的であると思われる。

また、そのような世代の親に育てられた子どもたちも、自分たちの子育てを

自分の親たちに押し付けようと考えているわけではないかもしれない。しかし、保育所や学童保育所の収容人数は十分ではなく、日常的に自分の親に頼らざるを得ないというのが実情ではないかと思われる。もちろん、もし自分の親に子育てを分担してもらうとすれば、当然その質保証は必要となるだろうが。

5．現代社会における三世代関係

（1）現代社会における三世代関係

　ここまでの議論の1つの帰結は、現代社会において三世代関係のパラダイムが根本から崩れてきているのではないかというものである（図2-1）。古典的な時代には、親子関係や三世代関係の中核は再生産性であった。もちろん、いつでも同じことが繰り返されたわけではないが、時代とともに起こる変化は、いわば再生産性の枠内に収まるものであったといってよい。なぜなら、時代とともにさまざまな変化が起こったとしても、親子関係は、親子の経験の差（傾き）とライフサイクルについての物語を基盤として成立していたからである。

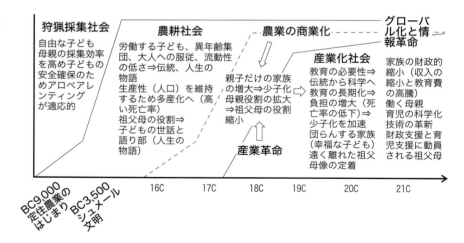

図2-1　人類史における三世代関係の意味の変遷

しかし、決して非常に新しいことではないが、主観性や個別性、多様性が重要視されるようになり、新しさがより高い価値をもつようになると、親子の経験の差は逆転してしまうし、親は子どもに人生の物語を示すことができなくなってしまう。ともすると、関係のキャスティングボートは、親から子どもに移る。

　問題はそれだけではない。6つの世代は、それぞれ異なった歴史的社会的状況（景気の動向や経済政策の違い、クラスサイズや指導要領、教科書の違い、スマートフォンやユビキタス化された技術への適応度、親子が互いに期待し拒絶するものなど）の中で幼少期を過ごしてきたし過ごしている。さまざまなできごとの意味は、それが発達のどの時期に起こったかによって異なる。親子は、異なった世界の住人だといった方がよいのかもしれない。

　傾きを失い、子ども一人ひとりの個別性に応じて子どもとの関わり方を調整しなければならない親は、子どもに対する関わりのことばをもたない。もちろん、子どもの安全を確保し、子どものウェルビーイングを保つために必要な親としての行動はかなり狭い幅で決まっている。しかし親は、子どもの「わがまま」や「行儀の悪さ」、あるいは「非行」を抑える強い根拠を失ってしまうかもしれない。

　第一世代と第二世代の関係でも、お互いの要求や条件を制御するような規範は失われている。それは、第一世代が育った時代にすでに失われはじめていたものである。親の親による育児への関与・協力を、相変わらず祖父母の義務だと感じたり孫と関わることを単純に楽しみだと感じたりしている人々がいるとはいえ、現代ではそれほど単純な構造になっていない。第一世代と第二世代は、いってみれば、自分の損失を最小化し、相手からの資源の提供を最大化しようと試みるゲームをしているようもみえる。極端な場合、親子はゼロサムゲームのプレイヤーのようにふるまってしまうかもしれない。条件に合わないことを理由に第一世代が孫への関与を拒否してもおかしくない（河村，2017）し、第二世代が第一世代の孫への関与を拒否してもおかしくはない。この2つの世代の関係は、双方がそれぞれ自分のトリセツを相手に示し、それにしたがうことを求め合っているようなものなのかもしれない。相手のトリセツにしたがわされ

てしまうと、その個人に多くのストレスがかかる。ネット上に、第一世代と第二世代の大変さについての書き込みがあふれているのも理由がないわけではない。

　祖父母と孫の関係も、古典的時代のそれと異なったものにならざるを得ないかもしれない。祖父母と孫の関係はもともと傾きを前提としていない。古典的時代において、祖父母と孫の関係は葛藤的ではないし、互いに功利的なゲームの相手だと認識されることはなかった。しかし、第一生命の調査によれば（北村，2015b）、調査対象の約80％は、「子育ては、祖父母に頼らず、親自身で行うべきだ」と考えている。この章で見てきたような変化が起こっているとすれば、祖父母にとって孫との関わりもまた、ゼロサムゲーム的になってしまっているのかもしれない。適当な距離をとり、小さな負担で楽しみが得られるのであれば孫に関わることをいとわないが、より大きな負担を求められれば、子どものためにやむを得ず手助けするが、それは必ずしも本意ではない。

（2）新しい世代間関係のパラダイムとは

　再生産性を基軸とした世代間関係のパラダイムは、現代社会では通用しにくくなった。それに代わる新たな世代間関係のパラダイムはまだ明確ではない。しかし、やがて人々は、主観性や個別性、多様性を基軸としながら、世代間における非ゼロサムゲームのやり方を見つけ出すにちがいない。

　この章のさいごに、いくつか可能性を示しておきたいと思う。1つ目の可能性は、相手の特性や要求をとことん受け入れた関係を作ることである。TVでも紹介されたレディガガの母親の子育て方法はその一例となる。母親は、娘のわがままや奇妙な行動のすべてを受け入れ、抑制しなかったという。それでも子どもは育つ。ただし、レディガガの母親は、娘に決して譲らない守るべき線を示していたという。おそらく、傾きの軸と個別性や多様性の軸のバランスが問題なのだろう。いかに個別性や多様性が重視されるといっても、傾きの軸がゼロになることはない。それでは、子どもは育たないし、育てられない。ただ、どの親にとっても意味をもつような普遍的な規範・人生の物語はもう紡げない。

親は、まさに子どもとの非ゼロサムゲームを通して、何が子どもとのディールで重要なのかを見つけ出していくしかないのかもしれない。

2つ目の可能性は、Arnett の Emerging Adulthood（2004）というアイディアに含まれている。Arnett によれば、この数十年間で、10代の終わりから20代に、それ以前には認められなかった新たな発達段階である emerging adulthood が生まれたという。その時期に、親子は、それまでの緊張関係から、仲間のような親密な関係 companionship へと変化する。もちろん、それは他の仲間や恋人・配偶者のような親密な他者との関係とはまったく異なった履歴をもつ関係である。それは新たな世代間関係のモデルを具体に示しているわけではないが、社会経済的状況の急速な変化の中で、人々はそれぞれ独自に新たな親子関係のモードを作り出してきたという事実は十分注目に値する。われわれは、ともするとゼロサムゲーム的になりがちな時期において、非ゼロサムゲーム的な関係を構築できるのである。

3つ目の可能性は、個別性や多様性をとりわけ重視するユニバーサルデザインや Neuro diversity や Autism Right Movement に見て取ることができる。それらが社会的マジョリティにどこまで受け入れられているかは措いておくとして、それらは、それぞれ特殊性をもった人々（非定型が特殊なら、定型もまた特殊である）が互いに敬意を払いながら関わる道筋を切り開いてきている。それらの考え方や動きは、家庭の中で起こっている世代間の関係を変える潜在的インパクトを秘めていると考えることができるだろう。

いずれにしても、まだ答えはない。しかし、それほど悲観することはない。われわれやわれわれの関係、われわれの社会は、十分に複雑なシステムだから、ジュラシックパークを評して複雑系の研究者であるマルコム博士が主張した次のセリフは、われわれにもおそらく当てはまる。マルコム博士曰く、「進化の歴史とは、生物が障壁の外へ出ようとする行為のくりかえしにほかならない。生物は必ずその障壁を打ち破る。そして、新しいテリトリーへ進出していく。それはつらい過程だろう。危険すらともなう過程だろう。だが、生物は必ず道を見つけ出す」（Crichton, 1990/1993）。

三世代関係は、社会的な発明物でもある。われわれが作り出した制度であるとすれば、そこには見えざる手が働くと期待することもできる。あるいは、われわれの手で書き換えることが可能に違いない。

文献

American Psychiatric Association. (2014). *DSM-5 精神疾患の分類と診断の手引き*（高橋三郎・大野　裕, 監訳）. 医学書院. (American Psychiatric Association. (2013). *Diagnostic and Statistical Manual of Mental Disorders (5th ed.)*. Washington, D.C.: American Psychiatric Association Publishing.)

Arnett, J. J. (2004). *Emerging adulthood: The winding road from the late teens through the twenties*. Oxford：Oxford University Press.

朝日新聞 Digital．(2017). 母子手帳ならぬ「祖父母手帳」孫育てを後押し. <http://www.asahi.com/articles/ASK5C66FWK5C CUBQU00H.html>（2017年5月12日）

Barker, R.G., & Wright, H.F. (1954). *Midwest and its children: The psychological ecology of an American town*. New York：Row, Peterson & Company.

Bellah, R.N., Madsen, R., Sullivan, W.M., Swidler, A., & Tipton, S.M. (1991). *心の習慣：アメリカ個人主義のゆくえ*（島薗　進・中村圭司, 訳）. みすず書房. (Bellah, R.N., Madsen, R., Sullivan, W.M., Swidler, A., & Tipton, S.M. (1985). *Habits of the Heart: Individualism and Commitment in American Life*. California：University of California Press.)

ベネッセ教育情報サイト. (2015). 【保存版】子育てにかかる費用のすべてを解説します. <http://benesse.jp/kosodate/201509/20150910-2.html>（2018年3月20日）

デイビッド・ブルックス（2017). 高学歴層が築く見えない壁. 朝日新聞, 7月22日の紙面.

Chess, S., & Thomas, A. (1981). *子供の気質と心理的発達*（林　雅次, 監訳）. 星和書店. (Thomas, A., & Chess, S. (1980). *The dynamics of psychological development*. New York: Brunner/Mazel.)

Creasey, G.L., & Loblewski, P.J. (1991). Adolescent grandchildren's relationships with maternal and paternal grandmothers and grandfathers. *Journal of Adolescence*, **14**, 373-387.

Crichton, M. (1993). *ジュラシックパーク*（酒井明伸, 訳）. 早川書房. (Crichton, M. (1990). *Jurassic Park*. New York: Ballantine Books.)

Eisenberg, A.R. (1988). Grandchildren's perspectives on relationships with grandparents: The influence of gender across generations. *Sex Role*, **19**, 205-217.

Erikson, E.H., Erikson, J.M., & Kivnick, H.Q. (1997). *老年期：生き生きしたかかわりあい*. (朝長正徳・朝長梨枝子, 訳). みすず書房. (Erikson, E.H., Erikson, J.M., & Kivnick, H.Q. (1986). *Vital involvement in old age*. New York: W.W.Norton.)

Goffman, E. (1980). *集まりの構造：新しい日常行動論を求めて*（丸木恵佑・本名信行, 訳）. 誠信書房.（Goffman, E. (1963). *Behavior in Public Places: Notes on the Social Organization of Gatherings*. New York：Free Press of Glencoe.）

Gould, S.J. (1989). *人間の測りまちがい：差別の科学史*（鈴木善次・森脇靖子, 訳）. 河出書房新社.（Gould, S.J. (1981). *The Mismeasure of Man*. New York: W. W. Norton.）

Hrdy, S.B. (2003). Evolutionary context of human development: The cooperative breeding model. In C.S. Carter., L. Ahnert., K.E. Grossmann., S.B. Hrdy., M.E. Lamb., S.W. Porges., & N. Sachter. (Eds.), *Attachment and bonding: A new synthesis* (pp.9-32). Cambridge, MA: MIT Press.

Jamison, C.S., Cornell, L.L., Jamison, P.L., & Nakazato, H. (2002). Are all grandmothers equal? A review and preliminary test of the "grandmother hypothesis" in Tokugawa, Japan. *American Journal of Physical Antholopology*, **119**, 67-76.

川上源太郎.（1975）. *親の顔が見たい*. ごま書房.

河村　都.（2017）. *子や孫にしばられない生き方*. 産業編集センター.

Kaye, K., & Fogel, A. (1980). The temporal structure of face-to-face communication between mothers and infants. *Developmental Psychology*, **16**, 454-464.

北村安樹子.（2015a）. 孫の教育・将来に対する祖父母の意識：孫がいる 55 ～ 74 歳男女へのアンケート調査より. *Life Design Report*, **Winter 2015.1**, 21-32.

北村安樹子.（2015b）. 祖父母による孫育て支援の実態と意識：祖父母にとっての孫育ての意味. *Life Design Report*, **Summer 2015.7**, 15-24.

国立教育政策研究所.（2017）. 平成 29 年度全国学力・学習状況調査の報告書・集計結果について. <http://www.nier.go.jp/17chousakekkahoukoku/>（2018 年 3 月 20 日）

Lave, J., & Wenger, E. (1993). *状況に埋め込まれた学習：正統的周辺参加*（佐伯　胖, 訳）. 産業図書.（Lave, J., & Wenger, E. (1991). *Situated Learning: Legitimate Peripheral Participation*. Cambridge：Cambridge University Press.）

Levinson, D.J. (1992). *ライフサイクルの心理学*（南　博, 訳）. 講談社学術文庫.（Levinson, D.J. (1986). *The Seasons of a Man's Life: The Groundbreaking 10-Year Study That Was the Basis for Passages!* New York：Ballantine Books.）

前原武子・金城育子・稲谷ふみ枝.（2000）. 続柄の違う祖父母と孫の関係. *教育心理学研究*, **48**, 120-128.

Mauss, M. (1995). *人間精神の一カテゴリー*（中島道男, 訳）. Carrithers, M., Collins, S., & Lukes, S. (Eds.). *人というカテゴリー*（厚東洋輔・中島道男・中村牧子, 訳）. 紀伊國屋書店.（Carrithers, M., Collins, S., & Lukes, S. (Eds.). (1985). *The Category of the Person: Anthropology, Philosophy, History*. Cambridge：Cambridge University Press.）

松島のり子.（2012）. 戦後日本における幼稚園・保育所の普及と統計にみる地域差：都道

府県別経年変化・市町村別設置状況に着目して. *PROCEEDINGS*, **20**, 161-171.
松田道雄. (1973). *日本式育児法改訂版*. 講談社現代新書.
宮本常一. (1984). *家郷の訓*. 岩波文庫.
文部省調査局. (1962). *日本の教育と成長：教育の展開と経済の発達*. 帝国地方行政学会.
Motterlini, M. (2008). *経済は感情で動く：はじめての行動経済学*（泉　典子, 訳). 紀伊國屋書店.（Motterlini, M. (2006). *Economia emotiva : Che cosa si nasconde dietro i nostri conti quotidiani*. Italiano: Rizzoli.）
根ヶ山光一・柏木惠子. (2010). *人の子育ての進化と文化：アロマザリングの役割を考える*. 有斐閣.
大藤ゆき. (1977). *児やらい*. 岩崎美術社.
大藤ゆき. (1982). *子どもの民俗学：一人前に育てる*. 草土文化.
Overton, W.F. (2015). Processes, relations, and relational-developmental-systems. In W.F. Overton & P.C.M. Molenaar (Eds.), *Handbook of child psychology and developmental science : Vol.1* (pp.9-62). Hoboken, NJ：Wiley.
Riesman, D. (1964). *孤独な群衆*（加藤秀俊, 訳). みすず書房.（Riesman, D. (1950). *The Lonely Crowd: A Study of the Changing American Character*. New Haven: Yale University Press.）
Robinson, E.B., Pourcain, B.S., Anttila, V., Kosmicki, J.A., Bulik-Sullivan, B., Grove, J., Maller, J., Samocha, K.E., Sanders, S.J., Ripke, S., Martin, J., Hollegaard, M.V., Werge, T., Hougaard, D.M., iPSYCH-SSI-Broad Autism Group., Neale, B. M., Evans, D.M., Skuse, D., Mortensen, P.B., Børglum, A.D., Ronald, A., Smith, G.D., & Daly, M.J. (2016). Genetic risk for autism spectrum disorders and neuropsychiatric variation in the general population. *Nature Genetics*, **48**, 552-555.
Sear, R., Steel, F., McGregor, I., & Mace, R. (2002). The effects of kin on child mortality in rural Gambia. *Demography*, **39**, 43-63.
氏家達夫. (2011). 祖父母性と次世代の親子関係の支援. 氏家達夫・高濱裕子（編著), *親子関係の生涯発達心理学*（pp. 110-130). 風間書房.
Voland, E., & Beise, J. (2002). Opposite effects of maternal and paternal grandmothers on infant survival in historical Krummhoern. *Behavioral and Ecological Sociobiology*, **52**, 435-443.
Whiting, B.B., & Whiting, J.W.M. (1974). *Children of six cultures: A psycho-cultural analysis*. Cambridge, MA：Harvard University Press.
Wickler, W. (1976). *十戒の生物学：モラルについての行動学的考察*（日高敏隆・大羽沙良明, 訳). 平凡社.（Wickler, W. (1971). *Die Biologie der zehn Gebote*. München：Piper.）
山邉昭則・多賀厳太郎. (2016). *あらゆる学問は保育につながる：発達保育実践政策学の挑戦*. 東京大学出版会.
横山浩司. (1986). *子育ての社会史*. 勁草書房.

Zuckerman, B., & Keder, R.D. (2015). Children in medical settings. In M.H. Bornstein & T. Leventhal (Eds.), *Handbook of child psychology and developmental science：Vol. 4* (pp.574-615). Hoboken, NJ：Wiley.

第3章　世代間援助の発達的変化

1．世代間援助の分析枠組み

　この章では、世代間関係の中でも祖父母世代と父母世代の間の具体的な「援助行動」について扱う。世代間関係の実証研究を整理する枠組みとしては、Bengtsonの世代間連帯理論（intergenerational solidarity theory）が有名であるが、これに従うならば、援助行動は世代間関係の基本的な6つの側面のうちの「機能的連帯」にあたる（Bengtson & Roberts, 1991）。機能的連帯は、世代間の実質的な資源のやり取りの量や頻度をとらえる重要な側面であり、交流頻度や規範意識といった条件が援助行動をどの程度制約するのか、あるいは逆に援助行動が世代間の愛情や共感の生成にどのように影響しているのか、といったことが基本的な関心枠組みとなる。

　本書で扱っている三世代の関係という視点でいえば、孫を育てている親世代を祖父母世代がどのように援助すれば、（孫を含めた）世代間の愛情や共感が醸成されるのか、あるいは各種の援助の発生には親世代や孫のニーズや祖父母世代の資源的余裕がどのように絡んでくるのか、といった関心が中心的な分析課題となる。もちろん、逆に孫や親世代が祖父母世代をサポートする援助行動もあり、三世代間の援助行動に向けられる関心は非常に多様に考えられる。

　また、援助行動の具体的な内容も多様であり、どのような援助行動を扱うかによって見えてくるものも違ってくる。本書の調査では、「経済的援助」「道具的援助」「精神的援助」の3つに分けて、その頻度をそれぞれ尋ねている。世代間援助をこの3つに分ける視点は非常に一般的なものである[1]。金銭や物品をやり取りする経済的援助に対して、家事や育児の手伝いを意味する道具的援助は、言わ

ば時間の消費を資源とする援助行動であり、その原理がまったく異なってくる。加えて、助言や傾聴により相手を内面から支える精神的援助は、費やされた時間と単純に比例しない面が大きいという意味で、道具的援助とは区別される。

　本章の分析にあたっては、とくに世代間援助の発達的変化に注目する。つまり、孫が歩行開始期の場合と思春期の場合での援助行動の違いであり、このような差異を積極的にとらえようとする調査は非常に珍しい。結果を先取りすると、平均的年数で見ればわずか10年ほどの違いに過ぎないが、この間に世代間援助の様子は大きく変化することがわかった。孫の発達段階という具体的なライフステージでコーホートを分けたことが、世代間援助の発達的変化を際立てて把握しやすくしたものと思われ、世代間の援助関係にとって孫の存在の重要性を示す貴重な知見が得られた。

　調査データの構成がやや複雑なので、本章で用いるデータについてあらかじめ整理しておく。一連の調査では三世代の各視点からのデータが収集されているが、本章では世代間援助の発達的変化をとらえるために、基本的に父母世代（G2）による回答データを用いる。父母世代の回答は、歩行開始期と思春期のそれぞれにおいて一定程度大きな標本サイズが確保できており、祖父母世代の4人（夫方の祖父母、妻方の祖父母）それぞれとの援助行動を直接的に比較可能なためである。祖父母世代（G1）からの回答データは補足的に使用し、孫世代（G3）の回答データは使用しない。

　また、父母世代（G2）の回答データは実際的に女性による回答に偏っているために、分析対象は女性の回答データに限定した。したがって、回答者の実母・実父はすべて妻方の祖父母を意味し、義母・義父は夫方の祖父母を意味する。

2. 世代間援助の発生率

（1）女性を中心とする援助関係

　まず単純に、世代間の援助がどの程度おこなわれているのか、援助行動の発

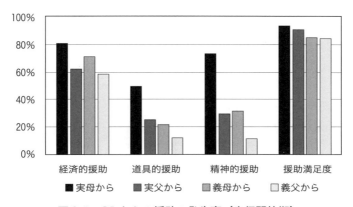

図 3-1　G1 からの援助の発生率（歩行開始期）

注：4 点尺度で援助が「頻繁に」「ときどき」ある割合、「とても」「ある程度」満足している割合を示している。図 3-2 〜 3-4 でも同様。

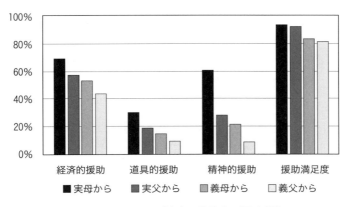

図 3-2　G1 からの援助の発生率（思春期）

生率を確認しておこう。図 3-1 は、孫（G3）が歩行開始期のコーホートについて、父母世代（G2）が祖父母世代（G1）から受けている援助について整理している。先に述べたとおり、父母世代は女性に分析サンプルを限定しているので、子育て中の母親が自身の親（実母・実父）や夫の親（義母・義父）から受けている援助を示しており、経済的援助・道具的援助・精神的援助のそれぞれについて、

2. 世代間援助の発生率

「ときどき」以上の頻度で援助を受けている割合を図示している。また、合わせてそれらの援助に対して「ある程度」以上満足している割合を右端に併記している。

図3-2は、同様に祖父母世代からの援助について、孫が思春期のコーホートについて結果を示したものである。また、図3-3～3-4は逆方向の援助（父母世代から祖父母世代への援助）について、歩行開始期・思春期コーホートそれぞれの結果を整理している。

祖父母世代からの援助（図3-1～3-2）から順に結果を確認すると、歩行開始期（図3-1）と思春期（図3-2）のいずれも、基本的な構造は同じである。大まかに経済的援助、精神的援助、道具的援助の順に発生率が高い。4人の親の中では実母からの援助がもっとも頻繁であり、3種類の援助いずれについてもこの傾向があるが、とくに精神的援助では他の親の約2倍の割合で実母から援助を受けている。また、義父母の間でも、義父よりは義母から援助を受ける割合の方が高く、（少なくともG2の女性の認識としては）女性同士での援助のやり取りが活発であることがわかる。満足度については、どの親からの援助についても80～90%程度の回答者が満足しており、援助の割合が低い親についてもおおむね満足している様子がうかがえる。

歩行開始期（図3-1）と思春期（図3-2）の間で大きな構造的な違いはないが、いずれの援助についても思春期の方が10%前後、援助率が低いことが読み取れる。また、これらの援助率の集計は相手の親が存命のケースを分母にしているが、実際には歩行開始期から思春期にかけて死亡している親は増加するので（後出の表3-5～3-6のとおり）、祖父母世代からの援助の実数はより低下しているといえる。全体的な低下の中でも、とくに道具的援助の減少が顕著である。もともとの援助の発生率があまり高くないのでわかりにくいが、比で言えば、実母からの援助の発生率は歩行開始期に比べて約4割も減っている。孫の成長にともなって道具的援助のニーズが下がっていることが推察される。

(2) 経済的には祖父母世代からの援助が優勢

次に、逆向きの父母世代から祖父母世代への援助(図3-3〜3-4)について確認しよう。まず、祖父母世代からの援助(図3-1〜3-2)に比べて、経済的援助の発生率は顕著に低いことがわかる。一方、精神的援助の発生率は、父母世代からの援助の方が多い傾向がある。道具的援助の発生率には大きな差はない。大雑把に言えば、祖父母世代から経済的援助を受けているのに対して、精神的

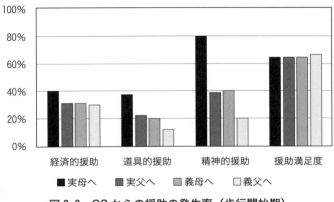

図3-3　G2からの援助の発生率(歩行開始期)

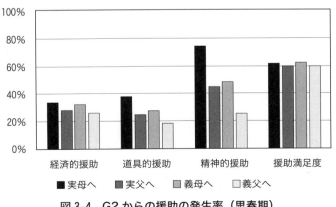

図3-4　G2からの援助の発生率(思春期)

には祖父母世代を支えている面の方が多いということになる。ただし、この結果は父母世代（G2）の女性の認識であり、祖父母世代（G1）の認識は異なる。この点は後の5節で検討する。

　また、祖父母世代からの援助（図3-1〜3-2）では歩行開始期と比べて思春期に援助率が下がる傾向が読み取れたが、父母世代からの援助（図3-3〜3-4）については歩行開始期と思春期の間の差はほとんど見られない。つまり、歩行開始期から思春期にかけて、祖父母世代からの援助はやや減少するが、父母世代からの援助が増えるようなことはなく、援助の勢力が逆転するようなことは起きていないということである。

　援助の向きが変わっても女性を中心とする援助の構造は同様である。4人の親の中では実母への援助率がもっとも高く、義父より義母への援助率が高い傾向も同様である。また、その傾向が精神的援助について顕著であることも図3-1〜3-2と同じである。

　ただし、1点大きく異なるのは援助の満足度であり、祖父母世代への援助については、約60％の回答者しか満足を示していない。つまり、自身が行っている祖父母世代への援助行動について、自己評価が比較的低いということができる。これは援助が不十分であるという実態を反映しているというよりは、自身による援助の評価を遠慮がちに回答しているという可能性が考えられる。この調査では祖父母世代（G1）からの評価も同時に尋ねられているので、この点はやはり後の5節で改めて検討する。

（3）孫のしつけへの助言はほぼ受容

　また、この調査では三世代間の関係を調べているので、より直接的に、「孫のしつけに関する助言を祖父母世代から受けているかどうか」、またその助言を「どの程度聞き入れているか」といったことについても尋ねている。図3-5〜3-6は2つのコーホートについてその結果を整理したものである。

　しつけの助言は、自身の母から受けることがもっとも多く約60％にのぼり、他の援助行動と同様の傾向である。助言の聞き入れについては、一見すると助

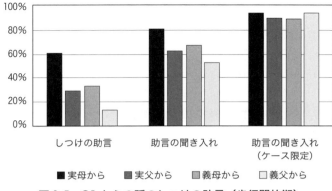

図 3-5　G1 からの孫のしつけの助言（歩行開始期）

注：4点尺度でしつけの助言が「頻繁に」「ときどき」ある割合、助言を「大いに」「ある程度」聞き入れている割合を示している。右端の「ケース限定」は、しつけの助言が「頻繁に」「ときどき」あるケースに限定した場合の聞き入れ率。

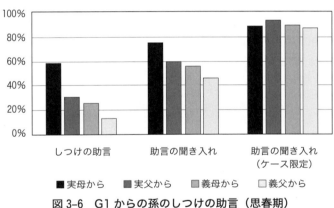

図 3-6　G1 からの孫のしつけの助言（思春期）

言をくれた相手によって受容率が違うように見えるが、これは調査設計上の表面的な違いのようである。つまり、そもそも助言をあまり受けていない場合には「助言を受容しているか」という質問に答えにくいので、多くの回答者は「聞き入れていない」と答えており、そのために見かけ上の受容率が下がっている。試みに助言が（ときどき以上）あったケースに限って集計すると、右端の

グラフのようにどの親からの助言も 80 〜 90％が聞き入れられていた。相手にかかわらず祖父母世代からの助言はおおむね聞き入れられているようである。この傾向は、孫の発達段階が進んでも大きくは変わらない。孫のしつけへの助言は変わらず受容され続けている[2]。

3. 各種の援助頻度と満足度の相関

（1）経済的援助の受領が満足度にもっとも影響

　前節では 3 つの援助行動（経済的援助、道具的援助、精神的援助）の発生率と援助の満足度について、基本的な分布を確認した。次にこれらの関係性について概観する。3 つの援助はそれぞれ独立に発生するわけではなく、当然、同時に発生しやすい。また頻繁な援助があるほど満足度が高いといった関係も当然予想される。結果を先取りすると、これらの予想は実際にそのとおりなのであるが、この調査での注目点はそのような基本的な構造が孫世代の発達段階（歩行開始期、思春期）によってどのように変化するのかということである。この点にとくに注目しながら、3 つの援助頻度と満足度の 4 変数の間で相関を読み取る。ここでは単純にそれぞれを 4 点満点の量的指標とみなして一般的な相関係数を示す。

　表 3-1 は、歩行開始期コーホートにおける祖父母世代からの援助について 4 変数の相関関係を整理したものである。表では援助の相手（実母・実父・義母・義父）ごとに結果を併記しているが、おおむね結果は似通っている。3 種類の援助行動の間には比較的強い相関があり、予想どおり 3 つの援助は同時的に起こることが多い傾向がわかる。ただし、細かく見ると道具的援助と精神的援助の間の相関が比較的強く、経済的援助との相関は相対的には弱い。つまり、祖父母世代からの経済的援助は、他の種類の援助とはやや独立して起こりやすいことがわかる。

　3 つの援助行動の頻度は、満足度とはどのように結びついているのか。いず

表 3-1　G1 からの援助間の相関係数（歩行開始期）

		経済的援助	道具的援助	精神的援助	援助満足度
経済的援助	実母から		.348***	.380***	.394***
	実父から		.260***	.357***	.347***
	義母から		.381***	.395***	.447***
	義父から		.321***	.358***	.436***
道具的援助	実母から			.412***	.336***
	実父から			.455***	.312***
	義母から			.544***	.311***
	義父から			.516***	.269***
精神的援助	実母から				.391***
	実父から				.287***
	義母から				.354***
	義父から				.256***

*p<.05, **p<.01, ***p<.001

表 3-2　G1 からの援助間の相関係数（思春期）

		経済的援助	道具的援助	精神的援助	援助満足度
経済的援助	実母から		.341***	.370***	.355***
	実父から		.306***	.369***	.308***
	義母から		.373***	.430***	.394***
	義父から		.341***	.325***	.432***
道具的援助	実母から			.422***	.154***
	実父から			.435***	.191***
	義母から			.518***	.181***
	義父から			.435***	.197***
精神的援助	実母から				.299***
	実父から				.281***
	義母から				.301***
	義父から				.249***

*p<.05, **p<.01, ***p<.001

れの援助も満足度との間にある程度強い相関があるが、相対的には経済的援助との関係がもっとも強く、満足度をもっとも規定する援助の種類は経済的援助であることがわかる。前の節で見たように、経済的援助は3つの援助の中でも

3．各種の援助頻度と満足度の相関

っとも発生率が高く、また先ほど見たように他の援助から独立している。これらのことも合わせて考えると、孫を育てる父母世代にとって、祖父母世代からの経済的な支援はとくに重視される傾向がうかがえる。ただし、「実母からの」援助に限っていえば、精神的援助と満足度の相関も同様に大きい。子どもが幼い歩行開始期において実母からの精神的な支援はまた特別な意味を持っていることがわかる。

　表3-2は同様の相関を思春期コーホートについて調べた結果である。3つの援助行動の相関が強いが、その中でも道具的援助と精神的援助の相関が相対的に大きく、経済的援助にはやや独立性が見られる。この傾向は歩行開始期と同じである。また、満足度との関係では経済的援助の影響力がもっとも強いことも同様である。

　思春期コーホートにおける違いは、いずれの援助行動についても満足度との相関が低下するという傾向である。とくに道具的援助の影響力の低下が目立つ。つまり、孫が成長した段階では、祖父母世代からの道具的援助に対する評価が下がっているといことである。前節で見たように、道具的援助は単純な発生率も思春期コーホートで低下している（図3-1～3-2）。孫の成長によって祖父母世代からの道具的援助のニーズが低下している様子が追認される。また、実母からの援助についてのみ精神的援助と満足度の相関が強い傾向は思春期コーホートでは観察されない。実母からの精神的な支援が重視される傾向は、ある程度孫が幼い段階に限られるようである。これらの結果として、思春期コーホートでは経済的援助と満足度の関係が大きく変わることなく維持されていることが強調される。

（2）祖父母世代を援助することは満足に結びつきにくい

　では、逆に祖父母世代に対する父母世代からの援助については、どのようになっているのか。3つの援助行動と満足度の相関を整理したものが表3-3～3-4である。3つの援助行動の間に比較的強い相関があることは、表3-1～3-2と同様であるが、その中で比較的独立性が強い援助の種類が異なる。祖父母世代

表 3-3　G2 からの援助間の相関係数（歩行開始期）

		経済的援助	道具的援助	精神的援助	援助満足度
経済的援助	実母へ		.386***	.280***	.180***
	実父へ		.508***	.328***	.147**
	義母へ		.356***	.281***	.101*
	義父へ		.405***	.326***	.070
道具的援助	実母へ			.382***	.168***
	実父へ			.489***	.130**
	義母へ			.513***	.077
	義父へ			.482***	.035
精神的援助	実母へ				.051
	実父へ				.022
	義母へ				-.028
	義父へ				.045

*p<.05, **p<.01, ***p<.001

表 3-4　G2 からの援助間の相関係数（思春期）

		経済的援助	道具的援助	精神的援助	援助満足度
経済的援助	実母へ		.366***	.318***	.235***
	実父へ		.418***	.370***	.242***
	義母へ		.380***	.293***	.183***
	義父へ		.299***	.233***	.096
道具的援助	実母へ			.464***	.140**
	実父へ			.516***	.186***
	義母へ			.545***	.160***
	義父へ			.401***	.093
精神的援助	実母へ				.101*
	実父へ				.242***
	義母へ				.158***
	義父へ				.135**

*p<.05, **p<.01, ***p<.001

からの援助では経済的援助の独立性が強かったが、祖父母世代への援助では、独立性が強い（他の援助との相関が一番弱い）のは精神的援助である。つまり、経済的援助と道具的援助がワンセットで行われやすく、精神的援助はやや次元が

異なる傾向にあるということである。

　一方、援助行動と満足度の相関については、その影響力が全体的に強くない。統計的に有意な相関を観察できない部分すらある。ただし、歩行開始期（表3-3）に比べると思春期（表3-4）ではやや満足度との相関が強くなり、大部分について統計的には有意な相関が見られるようになる。つまり、孫が幼い段階では祖父母世代への援助は満足に結びつきにくいが、孫がある程度育った（祖父母世代が年老いた）段階になると、祖父母世代を援助できているという状況をより肯定的にとらえるようになる、ということである。また、3つの援助の中では、経済的援助と満足度の相関が相対的に高い。祖父母世代の福祉が高まることによる満足か、社会的規範に沿った行動が取れていることへの満足かはわからないが、年老いた親を（とくに経済的に）援助することに一定の価値づけをしている様子はうかがえる。

4．祖父母世代からの援助頻度を規定する要因

（1）分析対象

　世代間関係においては、双方向の援助がそれぞれ重要であるが、この調査研究においては孫世代との関わりという意味で、祖父母世代から得られる援助により強い関心を向けるべきである。また実際的にも、すでに見たように（とくに経済面で）祖父母世代からの援助頻度の方が高く、満足度との結びつきも明確なため、詳細に分析する意義がある。そこで、この節では「祖父母世代からの援助」に限ってその援助頻度の規定要因を分析する。3種類の援助のそれぞれについて分析するとともに、歩行開始期コーホートと思春期コーホートの間での差異にとくに注目する。

　また、祖父母世代の4人（実母・実父・義母・義父）それぞれとのやり取りが調査されているデータの特質を有効に活用するために、各ダイアド関係を分析対象としてマルチレベルのモデルを適用するダイアドデータ分析を行うことにす

表 3-5　使用変数の記述統計（歩行開始期）

分析対象	実母	実父	義母	義父
生存率	93.4%	82.4%	86.6%	76.6%
観察ダイアド数	552	487	512	453
従属変数	実母	実父	義母	義父
経済的援助	3.08	2.68	2.81	2.57
道具的援助	2.38	1.78	1.71	1.45
精神的援助	2.98	1.98	2.02	1.54
G1 水準独立変数	実母	実父	義母	義父
G1 年齢	62.28	64.44	63.36	65.72
G1 居住距離				
同居	4.5%	3.9%	2.9%	2.0%
近居（30分未満）	32.2%	32.0%	29.3%	27.2%
別居（30分以上）	63.2%	64.1%	67.8%	70.9%
G1 有職ダミー	.43	.62	.38	.55
G1 主観収入	3.02	3.19	3.15	3.21
G1 健康状態	3.22	3.19	3.22	3.12

G2 水準独立変数	
G2 妻：年齢	34.27
G2 妻：大卒ダミー	.51
G2 妻：就労時間	
無職	25.0%
短時間（35時間未満）	32.5%
通常（35～60時間未満）	39.5%
長時間（60時間以上）	3.0%
G2 夫：年齢	35.64
G2 夫：大卒ダミー	.65
G2 夫：就労時間	
無職	1.4%
短時間（35時間未満）	5.4%
通常（35～60時間未満）	59.3%
長時間（60時間以上）	33.8%
G2 子ども数	1.71
G2 主観収入	3.12

表 3-6　使用変数の記述統計（思春期）

分析対象	実母	実父	義母	義父
生存率	86.4%	66.7%	79.4%	57.6%
観察ダイアド数	532	411	489	355
従属変数	実母	実父	義母	義父
経済的援助	2.77	2.52	2.41	2.26
道具的援助	1.88	1.62	1.50	1.38
精神的援助	2.60	1.94	1.77	1.46
G1 水準独立変数	実母	実父	義母	義父
G1 年齢	71.27	73.33	72.78	74.39
G1 居住距離				
同居	7.3%	5.1%	9.0%	6.5%
近居（30分未満）	32.1%	30.7%	31.7%	29.0%
別居（30分以上）	60.5%	64.2%	59.3%	64.5%
G1 有職ダミー	.18	.26	.19	.29
G1 主観収入	2.95	3.07	3.01	3.13
G1 健康状態	2.95	2.88	2.86	2.80

G2 水準独立変数	
G2 妻：年齢	43.48
G2 妻：大卒ダミー	.23
G2 妻：就労時間	
無職	23.3%
短時間（35時間未満）	53.2%
通常（35～60時間未満）	20.3%
長時間（60時間以上）	3.2%
G2 夫：年齢	45.12
G2 夫：大卒ダミー	.55
G2 夫：就労時間	
無職	2.4%
短時間（35時間未満）	9.3%
通常（35～60時間未満）	58.8%
長時間（60時間以上）	29.5%
G2 子ども数	2.16
G2 主観収入	3.10

る[3)]。この分析モデルを用いることには、祖父母世代の一部が亡くなっているサンプルも適切に分析に含めることができること、複数のダイアドを並列することで祖父母世代の要因（資源要因）と父母世代の要因（ニーズ要因）を統計的に峻別しやすいこと、といった利点がある。

　表3-5～3-6は、歩行開始期コーホートと思春期コーホートのそれぞれについて、分析に用いる変数の記述統計を整理している。従属変数は祖父母世代からの3種類の援助の頻度で、単純に4点満点の得点として用いている。独立変数は祖父母世代（G1水準）の変数と父母世代（G2水準）の変数に分かれる。それぞれマルチレベル・モデリングの第1水準、第2水準にあたり、G2水準の独立変数の値は4人の祖父母いずれとの関係においても共通となる。

　簡単に歩行開始期（表3-5）と思春期（表3-6）の違いを読み取っておこう。この間におよそ10年の世代差があるので、回答女性（妻）の平均年齢は34.3歳から43.5歳に上昇し、祖父母世代も60代前半から70代前半に加齢する。祖父母世代の死亡率も高くなり、2～4割程度が亡くなっているようになる。祖父母世代の資源要因（G1水準の独立変数）として年齢以外に4つの変数を投入した。思春期コーホートでは有職率が下がり健康状態がやや悪くなる。居住距離については、思春期コーホートの方がやや同居率が高くなっているが差は大きくない。主観収入の低下もやや見られるものの、こちらも差は大きくない。父母世代のニーズ要因（G2水準の独立変数）としては、妻と夫それぞれの年齢・学歴・労働時間とともに、子ども数と主観収入を投入した。思春期コーホートの方が平均子ども数が多くなる。また、発達的変化ではなく世代間の違いとしてより若いコーホート（歩行開始期コーホート）で大卒率が高いことや女性の労働時間が長い傾向にあることには注意が必要である。

（2）歩行開始期の援助は祖父母世代の資源的余裕から生じる

　表3-7が歩行開始期の分析結果で、表3-8が思春期の分析結果である。まず歩行開始期（表3-7）の結果を整理し、その上で思春期コーホートに見られる変化（表3-8）を読み取ることにしよう。

表 3-7 援助頻度の規定要因（歩行開始期）

	経済的援助	道具的援助	精神的援助
固定効果			
切片	2.172 ***	1.392 ***	2.027 ***
G1 続柄（ref.= 義父）			
実母	.547 ***	.809 ***	1.383 ***
実父	.099 *	.261 ***	.399 ***
義母	.255 ***	.190 ***	.423 ***
G1 年齢	.003	-.003	-.012 **
G1 居住距離（ref.= 別居）			
同居	.515 ***	1.578 ***	.487 ***
近居（30 分未満）	.238 ***	.848 ***	.253 ***
G1 有職ダミー	.029	-.184 ***	-.043
G1 主観収入	.234 ***	-.013	.073 **
G1 健康状態	.051	.121 ***	.099 **
G2 妻：年齢	-.011	-.004	-.002
G2 妻：大卒ダミー	.035	.018	-.097
G2 妻：就労時間（ref.= 通常）			
無職	.068	-.263 ***	-.105
短時間（35 時間未満）	-.008	-.169 *	-.104
長時間（60 時間以上）	-.359 *	.005	-.016
G2 夫：年齢	-.005	-.016 *	-.005
G2 夫：大卒ダミー	-.004	.086	.055
G2 夫：就労時間（ref.= 通常）			
無職	-.162	-.454	-.217
短時間（35 時間未満）	-.021	-.027	-.133
長時間（60 時間以上）	.004	-.077	.011
G2 子ども数	-.055	.064	-.041
G2 主観収入	-.056	.145 ***	.038
ランダム効果分散			
G1 水準	.414	.475	.480
G2 水準	.212	.271	.269
ICC	.339	.364	.360
モデル適合			
パラメータ数	24	24	24
-2LL	4591.601	4903.34	4917.997
観察ダイアド数	2004	2005	2005
個別家族数	591	591	591

*p<.05, **p<.01, ***p<.001

表 3-8 援助頻度の規定要因（思春期）

	経済的援助	道具的援助	精神的援助
固定効果			
切片	1.644 ***	2.268 ***	1.877 ***
G1 続柄（ref.= 義父）			
実母	.563 ***	.422 ***	1.086 ***
実父	.291 ***	.239 ***	.465 ***
義母	.188 ***	.075	.291 ***
G1 年齢	.001	-.014 **	-.013 **
G1 居住距離（ref.= 別居）			
同居	.219 **	1.122 ***	.294 ***
近居（30 分未満）	.227 ***	.562 ***	.253 ***
G1 有職ダミー	.029	-.038	-.084
G1 主観収入	.259 ***	.036	.093 ***
G1 健康状態	.139 ***	.125 ***	.134 ***
G2 妻：年齢	-.002	-.011	-.024 *
G2 妻：大卒ダミー	-.029	.094	.082
G2 妻：就労時間（ref.= 通常）			
無職	.105	-.208 **	.200 *
短時間（35 時間未満）	.061	-.227 **	.145 *
長時間（60 時間以上）	.065	.018	.139
G2 夫：年齢	-.009	-.001	.016 *
G2 夫：大卒ダミー	.075	.029	-.040
G2 夫：就労時間（ref.= 通常）			
無職	.283	.097	.301
短時間（35 時間未満）	.066	.139	.198 *
長時間（60 時間以上）	.095	.091	.052
G2 子ども数	.074	.035	.105 **
G2 主観収入	-.179 ***	-.021	-.089 *
ランダム効果分散			
G1 水準	.408	.337	.419
G2 水準	.333	.246	.289
ICC	.450	.421	.408
モデル適合			
パラメータ数	24	24	24
-2LL	4291.161	3901.245	4269.593
観察ダイアド数	1794	1790	1792
個別家族数	617	616	617

*p<.05, **p<.01, ***p<.001

表3-7から3種類の援助に共通してわかることは、やはり実母からの援助が甚大なことである。どの種類の援助についても、およそ「実母＞実父≒義母＞義父」という順に援助が多い。このことは単純集計（図3-1）でも示されていたことではあるが、他の変数を統制してもこの効果がまったく衰えないことが確認された。とくに精神的援助における効果（1.383）は3種のうちで最大で、4段階しかない得点でのこの差は極めて大きい。次に、同居や近居の場合に援助が多くなることも、3種の援助に共通して確認できる。道具的援助にとって単純な距離が重要であることは当然であるが、本質的に距離とは関係がないはずの経済的援助や電話等の利用が可能な精神的援助においても、同居・近居の効果が一定程度確認される。

　次に援助の種類ごとの特徴を読み取る。経済的援助はG1の収入による影響が大きく、援助を受ける側のニーズ要因は認められない。G2の妻（回答女性）が長時間労働の場合にマイナスの効果が見られるが、G2の収入の効果は有意でないことは注目に値する。もし長時間労働により高い収入を得ていることが経済的援助の否定（不要）につながっているのならば、収入の効果もそれなりに現れると考えられるが、そうはなっていない。この点はおそらく因果が逆で、祖父母世代からの経済的援助が得られない場合に、女性が無理な（給与の低い）長時間労働を強いられているケースがあるということであろう。

　次に、道具的援助に関してはG1の資源要因とG2のニーズ要因の双方が認められる。G1が無職で健康状態がよい場合に、道具的援助の頻度は高くなる。また、G2の妻が無職やパート（短時間労働）よりもフルタイムで働いている場合に、道具的援助のニーズが高まっていることが確認できる。G2の収入が高い場合の効果も妻の就労の間接的効果を示しているものと考えられる。夫が高齢の場合に援助を受けることが少なくなる効果が認められるが、これは絶対量としてそれほど大きな効果ではない。高齢の夫ほど家事は妻だけで行うものという規範がある、といった解釈がありえるが、その意味はこの結果だけでは明確に読み取れない。

　最後に、精神的援助についてはG1側の資源要因のみが認められ、G2のニ

ーズ要因は認められない。G1 が経済的に余裕があり健康である場合に、精神的援助が多くなるという結果である。ただし、効果の絶対量はそれほど大きくなく、同居・近居といった状況的要因の方が強力である。歩行開始期の精神的援助が、何らかの差し迫ったニーズを満たしている様子はうかがえない。

（3）思春期の援助は実際的なニーズ要因が強まる

思春期コーホート（表 3-8）の場合には、援助頻度の構造はどのように変化しているのであろうか。援助の単純な頻度は歩行開始期に比べて減少することが確認されていた（図 3-1、3-2）。結果を先取りすると、その中でもあえて援助が行われる場合は、歩行開始期よりも差し迫ったニーズを感じさせる構造に変化する。

まず経済的援助については、歩行開始期には認められなかった G2 の収入の効果が有意に現れる。つまり、G2 の収入が低いというニーズによって、祖父母世代からの経済的援助がなされる。また、歩行開始期と同様に供給側の G1 の収入が高いことが必要なことに加えて、G1 の健康状態がよい（祖父母世代自身の経済的負担が小さいことにつながると考えられる）ことも求められるようになる。また、本質的に意味がないはずの同居・近居の効果が弱くなっていることも合わせて考えると、思春期コーホートの経済的援助は、歩行開始期に比べて明らかに実質的な必要性に対応して行われていると考えられる。

次に道具的援助については、ほぼ歩行開始期と同様の状況が読み取れる。つまり、妻がフルタイムで働く場合に、健康状態のよい祖父母世代から援助がなされる傾向が維持される。歩行開始期に有意であった G1 の有職ダミーの効果がなくなっているが、これは高齢になった祖父母世代にとっての「有職」が負担の軽い仕事を指すことが多くなることと関係している可能性がある。また、実母からの援助が多いという突出した効果は、歩行開始期に比べて思春期ではある程度弱くなる（0.809 から 0.422 に変化）。実母だけに限らずに、可能な祖父母がニーズに応じて道具的援助を提供する様子がうかがえる。

精神的援助については、歩行開始期と比べて思春期コーホートの様子は激変

する。歩行開始期の精神的援助は、G2のニーズ要因とはまったく関連していなかったが、思春期には各種のニーズ要因の効果が確認される。G2の収入が低いこと、子ども数が多いこと、夫が短時間労働や無職であること（無職であることはまれなので統計的には有意になっていないが効果の推定値は大きい）、といった状況が、祖父母世代からの援助を増やす要因として働いており、明らかに何らかの困難に対応する精神的援助が想像される。また、妻がフルタイムの場合に比べて無職やパート（短時間労働）の場合にも援助が増えることが認められる。確実な解釈ではないが、家庭から離れた人間関係をあまり持っていないことが、思春期の子どもを育てる際には精神的援助のニーズを高めている可能性がある。夫婦の年齢の効果は強いものではないが有意で、年齢差が離れると夫が相談相手になりにくく祖父母に頼るという解釈が可能である。いずれにしても、歩行開始期に比べて思春期コーホートの精神的援助は、実質的に必要とされて提供される部分が大きくなっている様子がうかがえる。

5. 父母世代と祖父母世代の認識の違い

（1）祖父母世代は援助の頻度を簡単に高く評定しない

　ここまでの分析はすべて、父母世代（G2）の女性の視点からのデータを用いたものであった。しかし、世代間関係には直接関わる当事者だけでも6つの視点（G2の夫婦およびG1の4人）があり、視点が異なれば援助行動の見え方も違ってくる。この調査では同じ世代間関係について、G1とG2の双方の視点から回答データを集めているので、その違いを直接検討することができる。ただし、先にも述べたとおり、G2の回答はほぼ女性によるものであり、またG1の回答も多くが妻方の母親（G2女性の実母）によるもので占められている。6つの視点の中では限定的ではあるものの、G2女性とその実母による回答にデータを絞ったうえで、父母世代と祖父母世代での世代間援助のとらえ方の違いをこの節では概観することにする。

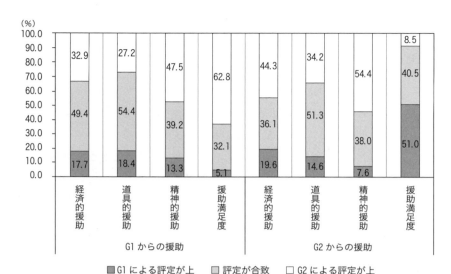

図 3-7　G1 と G2 による評定の不一致（歩行開始期）

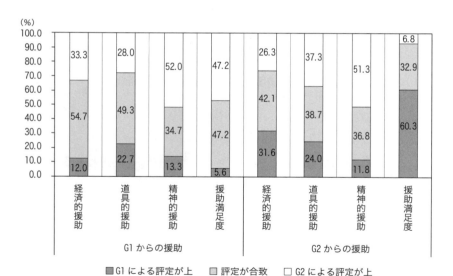

図 3-8　G1 と G2 による評定の不一致（思春期）

図3-7〜3-8は、父母世代（G2）と祖父母世代（G1）で同じ援助行動に対する認識の違いを整理したものである。図3-7は歩行開始期、図3-8は思春期コーホートのものであるが、認識の違いの基本的な構造は似通っている。3つの援助行動（経済的援助、道具的援助、精神的援助）について、2つの世代でその頻度の認識が完全に一致する割合は、4〜5割程度に留まり回答に齟齬がある。4つの選択肢しかない質問であることを考えれば、この一致率はかなり低いと言ってよい。全体的に下の世代（G2）の方が援助の頻度を多く回答する傾向があり、この傾向はG1からの援助かG2からの援助かという援助の方向性にかかわらず成り立っている。G2の方が援助頻度を多く回答する傾向は、精神的援助についてとくに顕著である。経済的援助や道具的援助については、そのバランスが拮抗している場合もあり、思春期コーホートのG2からの経済的援助に限っては、例外的にG1の方が援助頻度を多めに回答している。

　また、図3-7〜3-8の右端のグラフでは、それぞれの援助に対する満足度について、G2とG1の一致度を調べている。これはそれぞれの立場での満足度を尋ねているので、結果が異なっていて当然ではあるが、同じ状況に対する双方の評価の違いを端的に知ることができる。どの場合についても、援助を提供している側よりも援助を受けている側の満足度の方が高い傾向が明らかに読み取れる。つまり祖父母世代からの援助は父母世代が高く評価し、父母世代からの援助は祖父母世代が高く評価する。先に、父母世代による回答データだけをもとにして、援助の方向性による援助満足度の違い（図3-1〜3-4）を確認していたが、祖父母世代の回答データも含めて考えると違った側面が見えてくる。援助の満足度については、ある程度規範的に望ましい回答をする（相手からの援助には満足を示す）バイアスが加わっているものと予想される。

（2）交流的な援助評価からシビアな援助評価への変化

　祖父母世代（G1）の立場からは、3つの援助行動および満足度の間にはどのような関連が見られるのか。父母世代（G2）の表3-1〜3-4と同じように、祖父母世代（G1）の回答について4変数の相関係数を整理すると、表3-9〜3-10

表 3-9　G1 の評定による援助間の相関係数（歩行開始期）

		経済的援助	道具的援助	精神的援助	援助満足度
G1 からの援助	経済的援助		.326***	.257**	-.141
	道具的援助			.242**	-.052
	精神的援助				-.119
G2 からの援助	経済的援助		.498***	.328***	.051
	道具的援助			.402***	.045
	精神的援助				.045

*p<.05, **p<.01, ***p<.001

表 3-10　G1 の評定による援助間の相関係数（思春期）

		経済的援助	道具的援助	精神的援助	援助満足度
G1 からの援助	経済的援助		.075	.158	-.145
	道具的援助			.275*	-.132
	精神的援助				-.018
G2 からの援助	経済的援助		.199	.220	.275*
	道具的援助			.443***	.252*
	精神的援助				.172

*p<.05, **p<.01, ***p<.001

のようになる（表3-9が表3-1・表3-3に対応し、表3-10が表3-2・表3-4に対応する）。一見してわかるように、その認識は父母世代とは大きく異なる。

　まず、歩行開始期コーホートの3つの援助行動は相互に相関を持つ（同時に発生しやすい）が、援助の頻度は満足度にはまったく影響しない（表3-9）。先に見た父母世代（G2）による評定では、少なくとも自身が受け取るG1からの援助については援助が多いほど満足度が上がる明確な相関が見られたのに対して（表3-1）、祖父母世代（G1）による評定は全く様相が異なる。この結果から考えると、祖父母世代にとって歩行開始期の援助のやり取りは、援助の量を評価するような対象ではなく、交流の一貫のようなものと認識されているのではないかと予想される。

　思春期コーホート（表3-10）については、また歩行開始期とは大きく様子が違ってくる。まず道具的援助と精神的援助の頻度は比較的強く相関するが、経

済的援助はこれらとは有意な相関を示さない独立した行動となっている。これはG1からの援助、G2からの援助、どちらについても言える。経済的援助が独立している傾向は父母世代（G2）の視点からも同様に見られたが（表3-2、表3-4）、祖父母世代（G1）ではそれがより明確である。また、歩行開始期には援助の頻度と満足度の相関がまったく見られなかったが、思春期コーホートでは、父母世代（G2）から受け取る経済的援助・道具的援助についてのみ、相関が見られる。これらの結果は、思春期コーホートにおける援助行動が実質的なニーズに応じてなされていることを表していると考えられる。つまり、父母世代にとっても祖父母世代にとっても経済的援助はそう気軽にできるものではなくなり、祖父母世代は実際的に必要性が高まる経済的援助や道具的援助が得られることに満足を覚えるようになる。このようなシビアな視点は、父母世代よりも祖父母世代においてより明確である。

6. 考察：それぞれの世代から見る世代間援助の発達的変化

（1）世代間援助の基本構造

　以上の分析からわかったことをまとめ、世代間関係や孫の子育てに関する示唆について考察しよう。一連の分析から世代間援助の基本構造として大きく2つのことが確認できた。第一に、少なくとも親世代（G2）の女性の視点から見る限り、世代間援助のやり取りは圧倒的に実母との頻度が高く、その重要性が確認された。世代間の援助関係を維持するうえで女性が果たす役割が大きいことは先行研究でも確認されており（岩井・保田, 2008；嶋﨑, 2009；大和, 2017など）、今回の結果は驚くべきものではない。一般的に、女性は親族関係維持（kin-keeping）の役割を担うと考えられている。しかしながら、概念的に区別される経済的・道具的・精神的援助のすべてについて直接的な比較を行った分析は珍しく、示唆に富んだ結果が得られた。

　世代間援助における女性役割の重要性は、ある程度、道具的援助（家事・育

児）の機会が女性に偏っていることに起因すると予想される。しかしながら、今回の分析では健康状態や就業状況など道具的援助の機会に影響するような変数を統制しても実母との関係の効果が強く維持された。また、3つの援助行動の中で実母との関係の重要性がもっとも際立ったのは道具的援助ではなく精神的援助についてであった。これらのことから、世代間援助における女性の重要性は、道具的援助の機会を1つの理由としながらも、それに伴う内面的なやり取りが果たす意味が大きいものと考えられる。どのような仕組みで3つの援助行動に女性の役割が広がるのか、男性の役割を強化することにはどのような意味があるのか、そしてそのことが孫の生育に何らかの影響を及ぼすのか、今後、実証研究を積み重ねる必要がある。

　世代間援助の基本構造として、第二に確認されたことは、3つの援助行動の中で経済的援助が特別な重要性を持っているということである。単純な比較はできないものの、祖父母世代からの3つの援助行動の中でもっとも頻度が多く回答されていたのは経済的援助であった。また、経済的援助の頻度は満足度との相関がもっとも強く、他の2つの援助の頻度との相関が比較的弱いという意味で独立性の強い援助として認知されていた。

　育児中の人々が祖父母世代からの経済的援助にある程度依存しているこの現状は、楽観的に受け止めることはできない。社会全体で育児を支える基盤がいまだ弱く、血縁からの支援に頼っていることを表しているからである。また、法制度の面でも、贈与税の非課税措置の拡大、三世代同居の住宅支援など、2000年代後半ごろからこのような成人親子の結びつきを強化しようとする向きが見られる（大和, 2017）。

　祖父母世代からの経済的援助が大きいことは、社会階層論的な研究とも関係してくる。社会階層論では親世代が子世代の階層に及ぼす影響を伝統的な研究対象としてきたが、近年は祖父母世代から孫世代への三世代間の関係を指摘する研究もなされている（荒牧, 2012）。今回の分析結果は、直接的な経済的援助によって祖父母が孫世代の階層的格差に関与している可能性を示唆している。

(2) 歩行開始期と思春期のコーホート比較

　孫の歩行開始期と思春期のコーホート比較によって、世代間援助の発達的変化についてわかったことは、次のようにまとめられる。第一に、この間に世代間援助の勢力は祖父母世代から父母世代へと着実に移行している。勢力の移行は、祖父母世代への援助の増加ではなく、主に祖父母世代から受ける援助が減少することによって起こる。この結果は全国調査による先行研究の結果とも合致する（保田，2004）。今回の分析ではとくに道具的援助を受けるニーズが下がることの影響が大きいことが確認された。また、思春期コーホートにおいては、祖父母世代への援助頻度が父母世代の満足を多少規定するようになることがわかった。これは、世代間の勢力の移行がスムーズに進んでいることに父母世代が満足を覚えることを示唆している。

　これらの分析で、年数にすれば10年ほどのわずかな間に世代間援助の移行がこれだけはっきりと認められたことの意義は大きい。世代間関係の研究では2つの世代がそれなりに自律的に活動できるこの時期の関係を「中期親子関係」と呼び、やや曖昧に扱ってきた（春日井，1997；保田，2017）。つまり、下の世代が未成年で明らかに依存的な前期親子関係、および上の世代が弱り依存的になる後期親子関係のどちらとも異なる移行的な期間として扱ってきた。今回の分析では、その移行のステップが孫世代の成長と大きく関わっている可能性を示唆している。多様な関係性が認められる中期の親子について孫世代の側面からどこまで整理できるのか、今後さらに検討が必要であろう。加えて、勢力の移行が進むといっても、思春期コーホートですらまだ祖父母世代からの援助の方がやや優勢であることにも注意が必要である。孫が成人することで（父母世代の子育てが完了することで）さらに勢力の移行が進むのか、それとも更なる勢力の移行には孫世代は関係しないのか。後期親子関係へと向かう移行要因をより明確にする研究も求められる。

　世代間援助の発達的変化について明らかになった第二のポイントは、援助行動の意味合いの変化である。歩行開始期の援助行動は、どちらかというと世代

間の交流的意味合いが読み取れ、切迫した必要性によることは少ないと考えられた。これに対して、思春期での援助行動はよりシビアなニーズに対応したものであることが認められた。歩行開始期には祖父母世代からの援助がより頻繁に見られるが、援助頻度の規定要因は主に祖父母世代の資源的余裕であり、父母世代のニーズ要因の影響は小さかった。これに対して、思春期コーホートではニーズ要因の影響力がより明確であった。一方で、祖父母世代が父母世代から受ける援助についても、歩行開始期コーホートでは援助頻度が満足度と結びつくことはなくおおらかにとらえられていたものが、思春期コーホートではある程度満足度と結びつくようになり、祖父母世代の実際的なニーズに対応している様子がうかがえる。

　一般的に考えるならば、孫がより幼い時期の父母世代へのサポートの方が注目をあびるわけであるが、今回の分析はある意味でそれに反する結果を示唆している。しかしながら、具体的な状況を考えると、思春期コーホートでの世代間援助の方がより深刻であることは想像に難くない。この時期の父母世代は教育費がかかる時期であるとともに、仕事の責任も重くなることが多い。それに対して、祖父母世代は多くの場合は退職して経済的基盤が弱っているとともに、健康状態も悪化している可能性が高まる。このような状況において祖父母世代からの援助を受けている人々は、何らかの形で生活に問題を抱えている可能性がある。いわゆる子育て支援という面からは、若い世代へのサポートの方が目を引きがちであるが、より上の世代に対する社会的サポートのあり方についても考えを巡らせるべきであることを、この分析結果は示唆している。

(3) 両世代の回答から見える規範的バイアス

　本書の調査では、同じ援助行動について祖父母世代と父母世代の両方から回答を得ている。別サンプルの比較により世代間の認識の違いを間接的に調べることは多くのデータで可能であるが（大和，2017など）、直接的に双方向的な分析が可能なデータは貴重である。簡単な比較分析の結果、双方の認識に比較的大きなずれがあることが確認された。すでにそのずれの要因についての精緻な

分析などもなされているが（佐々木ほか，2017）、今回行われた分析の意義を一言でまとめるならば、それは規範的バイアスの存在が予想される結果が確認されたことである。つまり、純粋な意味での援助の頻度や満足度の認識だけではなく、その状況が社会規範に照らし合わせて好まれるものかどうかという判断が上乗せされたうえでの回答がなされていると考えられる。これは、自身が与えている援助よりも受け取っている援助の方が援助の頻度や満足を高く回答しやすい傾向から読み取れる。

また、どちらかといえば、祖父母世代の方がそういった規範的バイアスに縛られずに実際的な状況を回答していると予想される結果が得られた。これは、祖父母世代の方が全般的に援助行動の頻度を少なめに回答する傾向や、援助と満足を容易に結びつけないという結果からの解釈である。より客観的なデータ検証が必要であるが、現実的な状況を把握したい場合には父母世代よりも祖父母世代を対象に調査をした方が妥当に思える。ただし、近年、子世代への非干渉をよしとする新しい祖父母のスタイルが広まっているという指摘もある（安藤，2017）。その意味では、祖父母の回答も別の規範的バイアスを反映した結果なのかもしれない。いずれにしても、誰を情報源とするかによって世代間関係の見え方が大きく異なってくることは間違いない。世代間関係の実証的研究の難しさが改めて確認された。

（4）今後の課題

世代間援助の研究（あるいはより広い世代間関係の研究全般）にとって、ここで扱われた分析が示唆に富んだ結果をもたらしたことは間違いない。しかしながら、いくつかの方法論的な問題には注意が必要である。ここでは、大きく以下の3点を指摘しておこう。

第一に、この調査では世代間関係の発達的変化を直接的な意味では扱えていない。つまり、同一対象者の追跡データではなく異なるコーホートの横断的比較によって疑似的に発達的変化をとらえている。本来は、パネルデータによる検証が望まれる。

第二に、各世代での回答者が基本的に女性に偏っているため、妻とその実母のペアでしか双方向的な視点の分析ができていない。当然ながら、男性の視点からはまた違った結果が予想され、実際に男女別の分析では自分の親を優先的に援助する傾向などが確認されている（田渕, 2009）。世代間での認識の違いだけでなく、同世代の中での夫婦の認識の違いも重要であり、男性回答のデータ収集は大きな課題である。また、実際にそのような理想的なデータがそろったとしても、適切な分析を行うことは容易ではない。ダイアドデータの分析方法は基本的に Kenny et al.（2006）が整理しているが、世代間同居がある程度一般的な日本的事情（同居者と別居者の援助行動を同じ指標で測定することは難しい）やステップファミリーの増加などによって実際的な扱いは複雑になる。データ収集面だけでなく分析技法の面でもまだ課題は多い。

　第三に、今回の調査はかなり限定的な標本枠組みから得られたデータであり、その一般化にはある程度慎重でなければならない。地域的な限定を別にしても、家族および世代間関係について相対的には問題の少ない人々が回答しているケースが多いものと予想される。単純により代表性の高いデータが必要とされることはもちろんのこと、逆にまったく異なる状況が予想される対象（異なる地域の調査や、シングルマザーなど困難が予想される人々の調査）を有意抽出しての積極的な比較分析も望まれる。

　また、本書で扱っている調査データだけに限っても、世代間の援助行動に関して重要な分析側面がいくつも残されている。とくに祖父母世代と父母世代の間の世代間援助が孫との関わり方や発達にどのように影響するのかを分析することは、本調査の特徴を活かした重要な分析課題である。さらに言えば、その影響が孫への直接的な資源の移行によってなされるのか、三世代間の愛情や価値の共有を媒介してなされるのか、世代間連帯理論（Bengtson & Roberts, 1991）を三世代に適用した理論枠組みによる整理が求められる。この調査データは本質的に豊富な情報を含んでいるので、適切な分析によってまだまだ新しい知見を提供してくれるであろう。

注

1) 道具的援助が実践的援助や世話的援助と呼ばれたり、精神的援助が情緒的援助と呼ばれるなど、多少呼称が異なることはあるが、世代間の援助を3つに分けて考える基本的な意味合いは同じである。
2) ただし、そもそも回答者は自分の助けになる意見のみを「助言」と認識しており、助けにならない(聞き入れていない)ものは助言と考えていない、という可能性がある。「祖父母は孫のしつけについて、どのくらい意見を出してきますか」「その意見をどのくらい聞き入れていますか」といったワーディングでは結果が違ってくる可能性がある。
3) ダイアドデータの分析方法については、Kennyらが総合的に整理している(Kenny et al., 2006; Kenny & Kashy, 2011)。その用語法に従えば、ここで扱っているデータは父母世代(G2)の女性1人から見た複数の祖父母とのダイアド関係を並列する「一対多のデザイン(one-with-many design)」である。祖父母世代(G1)からの回答データも合わせると双方向な(reciprocal)モデルも構成できるが、祖父母世代のデータは限られているのでここでは一方向的な(one-sided)モデルとして分析を行っている。

文献

安藤 究. (2017). *祖父母であること:戦後日本の人口・家族変動のなかで*. 名古屋大学出版会.

荒牧草平. (2012). 孫の教育達成に対する祖父母学歴の効果:父方母方の別と孫の性別・出生順位に着目して. *家族社会学研究*, **24(1)**, 84-94.

Bengtson, V.L., & Roberts, R.E.L. (1991). Intergenerational Solidarity in Aging Families: An Example of Formal Theory Construction. *Journal of Marriage and the Family*, **53**, 856-870.

岩井紀子・保田時男. (2008). 世代間援助における夫側と妻側のバランスについての分析:世代間関係の双系化論に対する実証的アプローチ. *家族社会学研究*, **20(2)**, 34-47.

春日井典子. (1997). *ライフコースと親子関係*. 行路社.

Kenny, D.A., Kashy, D.A., & Cook, W.L. (2006). *Dyadic Data Analysis*. New York: Guilford Press.

Kenny, D.A., & Kashy, D.A. (2011). Dyadic Data Analysis Using Multilevel Modeling. In J.J. Hox, & J.K. Roberts (Eds.), *Handbook of Advanced Multilevel Analysis*(pp.335-370). New York: Routledge.

佐々木尚之・高濱裕子・北村琴美・木村文香. (2017). 歩行開始期の子をもつ親と祖父母のダイアドデータの分析:育児支援頻度および回答不一致の要因. *発達心理学研究*, **28(1)**, 35-45.

嶋﨑尚子. (2009). 成人した子とのつながり:親からみた親子関係. 藤見純子・西野理子

（編），*現代日本人の家族：NFRJ からみたその姿*（pp.154-165）．有斐閣．
田渕六郎．(2009)．結婚した子と実親・義理の親とのつながり：子からみた親子関係．藤見純子・西野理子（編），*現代日本人の家族：NFRJ からみたその姿*（pp.167-185）．有斐閣．
大和礼子．(2017)．*オトナ親子の同居・近居・援助：夫婦の個人化と性別分業の間*．学文社．
保田時男．(2004)．親子のライフステージと世代間の援助関係．渡辺秀樹・稲葉昭英・嶋崎尚子（編），*現代家族の構造と変容：全国家族調査（NFRJ98）による計量分析*（pp.347-365）．東京大学出版会．
保田時男．(2017)．成人した子どもと親との関係．永田夏来・松木洋人（編），*入門 家族社会学*（pp.118-132）．新泉社．

第 4 章　三世代同居・近居の因果効果の推定

1. 背景と問題設定

　三世代同居・近居は祖父母世代（G1）、親世代（G2）、孫世代（G3）それぞれの生活に大きな影響を及ぼすことは想像に難くない。孫の成長を日々間近で見ることは祖父母に生きがいや活力をもたらすこともあれば、親世代にとっては、いざという時に祖父母は欠かすことのできない重要なサポート資源となり、育児の不安や負担の軽減が期待できる。孫世代にとっても、伝統文化や社会におけるルールを学べるだけでなく、心の安全基地の対象が複数身近にいることによって、発達的な危機を迎えた時でも対処しやすくなることもあるだろう。一方で、三世代同居・近居は、それぞれの世代の価値観やライフスタイルの違いから、精神的・身体的負担感の増大に繋がることも容易に想像できる。三世代親子の居住距離によって、それぞれの発達に重大な影響があることが予想されているにもかかわらず、その実態はあまり理解されていない。各種施策の立案のための基礎資料となる国勢調査においても、親族の居住地間の距離や時間は捕捉されていないのが実情である。

　したがって、はじめに官庁統計および既存の公開データなどを用いて三世代の居住状況について整理する。三世代の親子が同居する割合は、どのようなデータを参照しても長期的に下降している。しかしながら、三世代同居の減少は世代間関係の希薄化を意味する訳ではない。核家族化が進行する近年のG2とG3の日常生活において、むしろG1が強固に組み込まれるようになってきたことは序章で述べたとおりである。20～89歳の日本人男女の意識と行動を2000年から継続的に尋ねた日本版総合的社会調査（JGSS）[1]の結果をみても、

三世代同居が一般的に望ましいと回答した者は、いずれの調査年度においても6〜7割であり、三世代の親子が同居すべきという規範は弱まってはいない。

　ただし、自身のこととなると三世代同居を望む者は少ない。2014年に内閣府が20〜79歳の日本人男女を対象に実施した「家族と地域における子育てに関する意識調査」によると、自身の理想的な住まい方として、夫もしくは妻いずれかの親との三世代同居を選択した割合は2割あまりしかおらず、一般的な三世代同居規範を尋ねた場合から大きく減少する。また、男性よりも女性の方が三世代同居を望む割合は低く、男女とも年齢が若いほど三世代同居を望まなくなる。若年男女は同居よりも近居を望む傾向にあり、約半数は夫もしくは妻の親と近くに住まうことを理想としている。つまり、子どもが老親を扶養する日本の伝統的な慣行に対する規範意識は根強く残っているものの、公的年金や介護保険などの社会保障制度が整備されていくにつれて、可能であれば同居を回避したいという本音が窺える。一方で、若年男女は、女性が孤独に子育てをすることを強いられる状況で、祖父母に支援を要請しやすい近居を望んでいるように見受けられる。

　そうとは言え、居住地域の都市規模によって三世代同居・近居の実現性は大きく異なる。図4-1は、JGSS-2015データのうち、20〜49歳の有配偶者と実母との居住状況を性別、都市規模別に示したものである。町村部の既婚男性を除いて、いずれの地域においても、実母との同居率は非常に低く、都市規模による同居率の規則的な変動は認められない。しかし、都市規模が大きくなるほど既婚男女は実母から離れて暮らすようになる。進学や就職を機に都市部に移動した既婚者にとって、地方から両親を呼び寄せることは現実的ではないことに加えて、勤務地までの通勤経路や都市部の住宅費用を考慮すると近居を選択することが難しいケースなどが考えられる。実母との近居の要因を分析すると、男性の場合、自身や配偶者の学歴、働き方、きょうだい構成と実母との近居に有意な関連はなかったものの、女性の場合、未就学児をもつフルタイム就業者ほど実母と近居していた（佐々木, 2015）。図4-2は、平成24年就業構造基本調査データを基に、未就学児をもつ25〜44歳の女性の有業率を都道府県別に示

しているが、大都市圏ほど有業率が低いことが見てとれる。大都市圏では保育所の待機児童が問題になっていることからも、祖父母の支援なしに出産前後の女性が継続して就業することが極めて困難な現状を反映している。

日本的雇用システムにおいて、一旦離職してしまうと専門職でない限り再就職の条件は非常に厳しくなる。とくに高学歴の女性にとっては、離職前の待遇から大きく悪化してしまうことや配偶者の収入が比較的高い傾向があることなどから、ある程度子どもが大きくなっても労働市場から退出したままであるこ

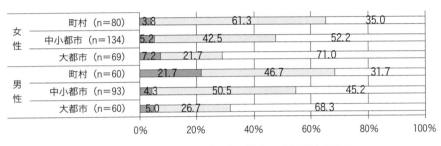

図4-1　性別、都市規模別有配偶者と実母の居住状況

注：通常利用する交通機関での所要時間が30分未満の場合は近居、それ以上かかる場合は遠居としている。

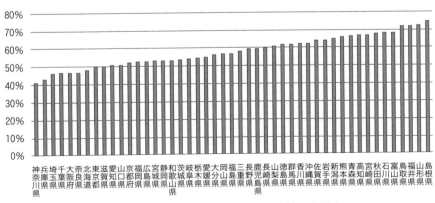

図4-2　都道府県別未就学児をもつ女性の有業率

1．背景と問題設定

とが多い（樋口，2001；脇坂・奥井，2005）。労働市場に再入できたとしても、その多くが本人の希望にかかわらずパートやアルバイトなどの非正規雇用となっており、女性の能力を十分に活かしきれない労働環境が常態化している。こうしたことからも、日本の労働市場における男女格差が先進諸国にくらべて極めて大きいことが明らかになっている（OECD，2017）。日本女性の平均年収は男性の約半額程度であり、フルタイム就業者に限っても女性の賃金は男性の74％に留まっている。また、管理職に占める女性の割合は11％、上場企業における女性取締役の割合は3％と先進国の中でももっとも不平等な状況である。

　このような状況を受けて、三世代同居および近居を推進しようとする動きが目立ってきている。少子化社会対策基本法に基づいて平成27年3月に閣議決定された「少子化社会対策大綱」においても、出産や子育ての負担軽減を図ることを目的に、三世代同居・近居の促進が明記された。この大綱は、総合的かつ長期的な少子化に対処するための施策の指針であり、およそ5年ごとに見直されている。今回の見直しでは、子育て世代の経済的・精神的負担の増大が少子化の要因であるとし、祖父母世代からの家事・育児の支援を促すことで子育て世代の不安や負担を緩和することを目指している。これまでよりも家族の役割を重視し、世代間の助け合いを強調した内容となっている。平成28年6月には、「ニッポン一億総活躍プラン」が公表され、女性のキャリア形成を中核にとらえつつ、多世代の大家族が支えあうライフスタイルを推奨し、三世代同居・近居の環境を整備することによって、「希望出生率1.8」の実現に向けた取り組みを行うとしている。こうした方針は、三世代同居・近居によって、育児不安が解消され女性の就業や出生率の上昇につながるという前提に基づいている。そこで、本章では、三世代同居・近居がG2女性の就業状況、精神的健康、出生にどのように影響しているのかについて、傾向スコアマッチング分析を用いて因果推定を行う。また、歩行開始期と思春期のコーホートを比較することにより、G3の発達段階によって三世代同居・近居の影響がどのように変化するのかを検証する。

2. 三世代同居・近居は親子関係に何をもたらすのか

　本節では、三世代親子が同居、あるいは近隣に住まうことによって、G2の生活にどのような影響を及ぼすのか先行研究の結果を概括する。祖父母世代と親世代の居住距離が近いほど、世代間の支援が頻繁にあることは多くの先行研究で指摘されている（たとえば白波瀬, 2005）。本研究で想定するG1からG2への支援についても、同居および近距離に住んでいるほど、G2の子育てを支援しており（久保・田村, 2011；八重樫・江草・李・小河・渡邊, 2003）、G3の年齢が高くなるほど、支援しなくなる傾向がある（北村, 2008）。三世代親子プロジェクトのデータを用いた研究（佐々木・髙濱・北村・木村, 2017）では、G1とG2の視点を同時にモデルに組み込み、ダイアド内の相互依存性を考慮したうえで支援頻度を推定した。その結果、遠居にくらべて同居もしくは近居していると、G1からG2への支援頻度が高かった。G1とG2の物理的距離が近いことで子育て期のG2はG1からの支援を受けやすくなり、G2女性の就業継続、育児負担感の軽減、第2子以降の出生の上昇につながるのだろうか。

　これまで、G1との同居・近居がG2の就業を促進する効果があるとの見解は多かったものの、研究の蓄積が進むにつれて、三世代同居・近居が必ずしも女性の就業に結びつかないことが確認されている。国立社会保障・人口問題研究所が1998年に実施した「第2回家庭動向調査」データを用いた丸山（2001）は、第1子出産時の就業を継続する割合は、別居の場合19.8％なのに対して、妻方の親と同居の場合40.1％、夫方の親と同居の場合37.4％と明確な差があり、就業を継続できた理由として親の存在をあげた同居者は79.0％と公的な育児支援サービスである育児休業（22.9％）や保育所（21.3％）を大幅に上回る。千年（2016）は同調査の「第2回」および「第5回」データを比較し、近年では、同居よりも近居が女性の就業状況に影響を及ぼすことと、近居による促進効果は非正規就業には期待できないことを指摘した。また、夫の母との同居は、G3の末子年齢が7歳未満の場合、就業を抑制する効果があることを明らかにした。

JGSS-2006 データの 40 歳未満の有配偶女性を対象に分析した福田・久本（2012）では、G1 との同居は夫方、妻方いずれであっても女性の就業を促進する効果が認められなかったものの、夫方の母親との近居は非正規就業の確率を高め、妻方の母親との近居は、とくに G3 の年齢が低い場合に、正規就業の確率を高めていた。ライフサイクルは三世代同居・近居の意味合いを大きく変動させ、G1 との同居は G1 の年齢が若いうちには G2 の就業を促進しているものの、G1 が加齢し支援が必要になってくると、逆に G2 の就業を抑制する（前田，1998）。

　G1 と G2 の居住距離と育児負担感の関連について分析した先行研究を見ても、一貫した結果は得られていない。乳幼児の母親を対象にした八重樫ほか（2003）では、G1 と近くに居住するほど子育て不安は低くなると仮説を立てていたものの、有意な関連は認められなかった。ただし、G2 の子育てに対する G1 の関与が中庸なほど母親の子育て不安が低い傾向があった。日本家族社会学会が実施する「第 3 回全国家族調査（NFRJ08）」データの 50 歳未満の男女を対象にした筒井（2011）では、G1 と近居する G2 にくらべて、同居もしくは遠居する G2 は親との関係が良好でないと感じていた。ただし、回答者の性別と G1 との血縁関係の交互作用を投入することにより、近居と同居の有意差が無くなっていることから、分析に含まれていない、夫方・妻方どちらの G1 と同居もしくは近居しているのかが G2 の認識の決め手になっている可能性を示唆していると述べている。夫方と妻方の G1 との居住距離の影響を比較した小坂・柏木（2005）では、妻方の親との距離が近い場合にくらべて夫方の親との距離が近い場合に、母親が育児に対して否定的な態度を取りやすくなることを明らかにしている。就労を継続する際にも夫方の親からは反対されやすく、育児サポートは妻方の親から行われやすいこと（小坂・柏木，2007）からも、育児の負担を軽減するにあたって、夫方よりも妻方の親との居住距離の影響が大きいことを示している。

　G1 との同居・近居が G2 の出生意欲や出生数にどのような影響を与えているのかについても意見が分かれている。張・七條・駿河（2001）は、財団法人家計経済研究所が 1993 年から継続して実施する「消費生活に関するパネル調

査」の4年分のデータを利用して、親との同居と出産の有無について分析しているものの有意な関連は認められなかった。同調査データの13年分のデータを利用した樋口・松浦・佐藤（2007）では、親と同居もしくは近居している場合、出産を促進する効果があるとの分析結果であった。しかしながら、これらの結果から、出産に対するG1との同居・近居の影響力が近年ほど強まったとはいえない。1992年に国立社会保障・人口問題研究所が実施した「出生動向基本調査」の20〜39歳有配偶女性を対象に分析した津谷（1999）によると、夫もしくは自身の親と同居している場合、出生意欲は高くなるもの子どもの数に有意な関連はなかった。一方で、1996年に総務省が実施した「社会生活基本調査」の個票データを用いた七條・西本（2003）は、妻が20〜39歳の夫婦が、非就業または就業時間の短い母親と同居していると、子どもの数が多かった。父親との同居はG2の子ども数と有意な関連はなく、母親から広範囲にわたり受けられる援助が出産を促す効果があると考察している。2003年に実施された「全国家庭動向調査」のデータのうち、末子年齢が6歳未満の既婚女性を分析対象にした星（2007）では、いずれの親との同居も理想の子ども数を押し上げる有意な効果はなかったものの、別居にくらべて、妻方の親と同居している場合にのみ実際の子どもの数が多かった。

　このように、女性の就業、育児負担感ならびに第2子以降の出生に対する三世代同居・近居の効果は一様ではなく、同居するG1の性別や夫方妻方の別、G1とG2の働き方や健康状態、G1、G2、G3それぞれの発達段階など多くの要因が交絡していることがうかがえる。また、これらさまざまな要因によって三世代同居・近居の選択がなされている可能性が非常に高く、内生性[2]に考慮した分析をする必要がある。

3. 傾向スコアマッチング分析の方法

　観測データやクロスセクションデータにおいて、三世代同居・近居の効果を推定することは容易ではない。上記に整理した先行研究では、G1と同居もし

くは近居することによって、G2 女性の就業、育児負担感、第 2 子以降の出生に影響するとの前提に基づいてモデル設定されているものの、因果関係を実証するものではない。三世代同居・近居を選択するか否かには明らかなセレクションバイアスが存在しているからである。たとえば、伝統的な価値観を持つ人ほど G1 と同居しやすく、より多くの子どもを出産する傾向がある場合に、バイアスを考慮せずに分析すると出産に対する三世代同居の効果を過大評価してしまう。三世代同居するグループとしないグループを実験のようにランダムに割り当てて追跡調査することが可能であれば、バイアスを除去できるものの、そのような研究設計は倫理的にもコスト的にも適当ではない。

　処置のランダムな割り当てが不可能な場合に、セレクションバイアスの影響を軽減する方法として傾向スコア分析が飛躍的に利用される傾向にある。傾向スコアとは、複数の観察された共変量において、処置群に割り当てられる条件確率のことであり、Rosenbaum & Rubin（1983, 1984）によって提唱された。傾向スコアの利用方法としては、層化や重みづけなどの分析方法もあるが、本稿ではマッチング法を用いる。もし仮に、三世代同居が G2 の子ども数に与える因果効果を推定したければ、ある三世代親子が同居した場合の子どもの数と同居しなかった場合の子どもの数を比較すればよい。しかしながら、実際には同居した場合もしくは同居しなかった場合のいずれかのデータしか存在しない。そこで、同居する三世代親子と非常に似た性質をもつ、同居していない三世代親子をマッチングさせ、その 2 群の子ども数を比較することによって、ランダムに割り当てられたような状況を作り出す。似た性質をもつ三世代親子をマッチングさせる際に、すべての共変量の値が同じペアを導き出すことはほぼ不可能である。そこで、共変量を独立変数に、処置変数（この例では三世代同居）を従属変数として、ロジットモデルやプロビットモデルを用いて、それぞれの三世代親子が同居する確率を導き出す。この数値のことを傾向スコアと呼び、この値が同じもしくは近似するペアを処置群（三世代同居しているグループ）と統制群（同居していないグループ）それぞれから選出しマッチングさせる。

　傾向スコアに大きく影響することからも、共変量の選択には注意を要する。

理論や先行研究の結果を基に、処置変数とアウトカムに影響する変数を含めることになる。ただし、処置変数を強く予測し、アウトカムとの関連が弱い変数は、マッチングの成功率を低め、処置群と統制群のバランスを悪化させることから、共変量として選択すべきでないと指摘されている（Austin, Grootendorst, & Anderson, 2007; Brookhart et al., 2006）。本研究では、G1とG2の年齢、G1とG2の主観的健康観、G1とG2の経済状況、G2の性別役割意識、G2の学歴、G2の子どもの数を共変量として投入した。主観的健康観は「とても良い」から「とても良くない」までの4件法で尋ねている。G1が退職している割合が高いので、経済状況はG1とG2で異なる尋ね方をしている。G1に対しては、世間一般にくらべた経済状況を「平均よりかなり低い」から「平均よりかなり高い」までの5件法で尋ね、G2に対しては、世間一般にくらべた世帯収入を「平均よりかなり少ない」から「平均よりかなり多い」までの5件法で尋ねている。性別役割意識については、「夫に充分な収入がある場合には、妻は仕事をもたない方がよい」、「夫は外で働き、妻は家庭を守るべきだ」、「母親が仕事をもつと、小学校へあがる前の子どもによくない影響を与える」の3項目について「賛成」から「反対」まで4件法で尋ね平均値を算出した。数値が高くなるほど柔軟な性別役割意識をもっていることを示し、信頼性係数は歩行開始期で.80、思春期で.80である。

　図4-3および4-4は、G2が回答したG1とG2の居住距離を歩行開始期コーホート（n=690）および思春期コーホート（n=720）に分けて示したものである。いずれのコーホートにおいても、実母との居住距離がもっとも近いものの、同居する割合は非常に少ない。世代間援助の頻度は「歩いて15分未満」と「車や電車で30分未満」を境に大きく減少するため、本研究では「歩いて15分未満」を近居と定義する。三世代同居と近居の効果の差異を検証するにはケース数が不十分なため、処置変数は2つのカテゴリを統合した三世代同居・近居の有無とする。これまでの研究から実母との居住距離の影響がもっとも大きいことが指摘されており、本データにおいて実母以外の親は既に他界しているケースが多いことから、実母との同居・近居の効果に対象を絞って検証する。三世

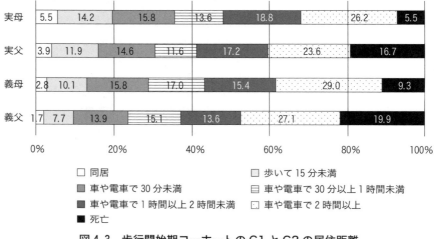

図 4-3 歩行開始期コーホートの G1 と G2 の居住距離

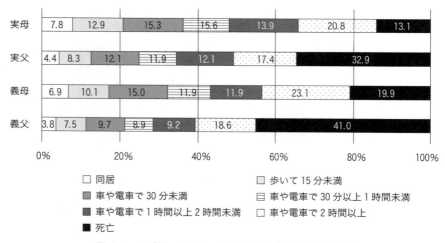

図 4-4 思春期コーホートの G1 と G2 の居住距離

代同居・近居のアウトカムは、それぞれのコーホートで3つずつ検証する。具体的には、G2がフルタイムで共働きできるかどうか、G2のメンタルヘルスが良好かどうか、G2の出生意欲（思春期コーホートの場合はG2の子どもの数）が高まるかどうかを傾向スコアマッチングで推定する。

4. 同居・近居の因果効果の推定

はじめに、マッチングする前の共変量およびアウトカム変数の統計量を確認する。歩行開始期コーホートでは、G1 と G2 が別居しているグループにくらべて、同居・近居しているグループは、G2 の主観的健康観が高く、G2 の経済状況が低く、G2 の大学卒の割合が低く、G2 の子どもの数が多い傾向がある（表 4-1）。思春期コーホートでは、G1 と G2 が別居しているグループにくらべて、同居・近居しているグループは、G1 の年齢が高く、G2 の経済状況が低く、メンタルヘルスが良くない傾向がある（表 4-2）。ただし、これらの結果にはセレクションバイアスが含まれているため、共変量を独立変数としてロジスティック回帰分析を用いて三世代同居・近居する傾向スコアを推定した。このスコアを基に、nearest neighbor 法を用いて、処置群と統制群のペアを１：１でマッチングさせた。

次に、マッチング前後の標準化平均差をくらべることにより、処置群と統制群における共変量が同等になっていることを確認した。標準化平均差がどこまで小さくなればバランスが取れているかを判断できる厳密な基準はない (Austin, 2009)。本研究では 0.1 未満であれば、傾向スコアマッチングの結果、処置群と統制群の共変量のバランスが取れていると見なす。標準化平均差が 0.1 の場合、処置群と統制群の分布の重なりは約 92.3％である。マッチング後のバランスチェックの際にそれぞれの標準化平均差が 0.1 以上であれば、バランスが取れていないとみなし、共変量の交互作用や非線形性を考慮したうえで傾向スコアを再推定した。図 4-5 は処置群と統制群に共変量の差が無くなるまで傾向スコアの推定を繰り返し、処置群と統制群の共変量のバランスを確認できたモデルの標準化平均差の変化を整理したものである。マッチング前には処置群と統制群の共変量の値に大きな差があったものの、マッチング後にはすべて 0.1 以下になっていることがわかる。

同近居の効果の推定には Average treatment effect for the treated（ATT）を算出

表 4-1　歩行開始期コーホートの居住距離別記述統計

	同居・近居 (n=136)		別居 (n=514)		t-test or x^2 test の結果
	M or %	SD	M or %	SD	
G1 年齢	62.4	6.4	62.6	5.4	ns
G2 年齢	33.8	4.9	34.7	4.3	†
G1 主観的健康観	3.2	0.7	3.2	0.7	ns
G2 主観的健康観	3.4	0.6	3.3	0.6	*
G1 経済状況	3.0	0.9	3.0	0.8	ns
G2 経済状況	2.9	1.0	3.1	0.8	*
G2 性別役割意識	3.0	0.8	3.1	0.7	ns
G2 大学卒	38.2%		51.0%		**
G2 子どもの数	1.9	0.7	1.7	0.7	*
G2 共働き	41.7%		41.2%		ns
G2 メンタルヘルス	68.8	18.5	66.0	16.9	†
G2 出生意欲	2.5	1.1	2.7	1.1	ns

†p<.10, *p<.05, **p<.01, ***p<.001

表 4-2　思春期コーホートの居住距離別記述統計

	同居・近居 (n=144)		別居 (n=462)		t-test or x^2 test の結果
	M or %	SD	M or %	SD	
G1 年齢	72.2	5.7	70.9	5.8	*
G2 年齢	44.0	4.4	43.4	4.1	ns
G1 主観的健康観	3.0	0.8	3.0	0.7	ns
G2 主観的健康観	3.1	0.7	3.2	0.6	†
G1 経済状況	3.0	0.9	2.9	0.9	ns
G2 経済状況	2.9	0.9	3.1	0.8	**
G2 性別役割意識	2.8	0.8	2.7	0.7	ns
G2 大学卒	22.1%		21.2%		ns
G2 子どもの数	2.1	0.8	2.1	0.7	ns
G2 共働き	21.5%		15.5%		†
G2 メンタルヘルス	61.5	21.5	65.7	17.6	*

†p<.10, *p<.05, **p<.01, ***p<.001

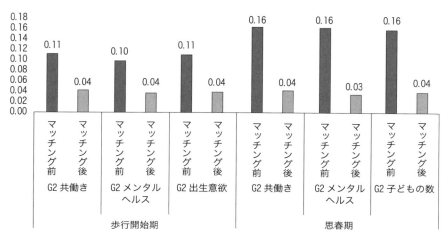

図 4-5　マッチングによる共変量の標準化平均差の変化

した。Average treatment effect（ATE）を推定することも可能であるものの、ATE で導き出される値は、母集団の全ての親子が三世代同居・近居した場合に期待される効果量である。都市部の三世代親子すべてが同居・近居することはさまざまな障害があることから非現実的であると同時に、目指すべき目標という訳ではない。本研究では ATT を推定することによって、母集団のうち三世代同居・近居している親子が、もし仮に別居した場合のアウトカムの推定値との差を比較している。

マッチング後の三世代同居・近居の効果をコーホート別に示したものが表 4-3 である。歩行開始期の結果に着目すると、三世代同居・近居は別居にくらべて、G2 がフルタイムで共働きする確率を 14% 押し上げる有意な効果がある。しかし、G2 のメンタルヘルスと出生意欲については、有意な効果はなかった。G2 の共働きに対する効果は有意であったものの、本研究で用いた共変量以外の観察されていない変数が大きな影響力をもっていないときのみ保持される。そこで、観察されていない変数と処置変数の間の関連がどのくらい強くなった場合に、今回の処置変数の結果が有意でなくなるのかを推定する感度分析（Rosenbaum & Rubin, 1983）を行った。その結果、オッズ比が 2.4 以上の観察され

表 4-3 傾向スコアマッチング分析による三世代同居・近居の効果

		ATT	SE		95%CI	
歩行開始期	G2 共働き	0.14	0.07	*	0.01	0.28
	G2 メンタルヘルス	3.20	2.46	ns	-1.62	8.02
	G2 出生意欲	-0.03	0.12	ns	-0.27	0.22
思春期	G2 共働き	0.12	0.05	*	0.03	0.21
	G2 メンタルヘルス	0.33	2.45	ns	-4.47	5.13
	G2 子どもの数	0.02	0.10	ns	-0.18	0.21

*p<.05, **p<.01, ***p<.001

ていない変数があれば、G2 がフルタイムで共働きすることに対する三世代同居・近居の効果が有意でなくなることが明らかになった。処置群の割り当てに対する傾向スコア分析に投入された共変量の中でオッズ比がもっとも高いものは G2 の主観的健康観の 1.4 であり、歩行開始期の結果は頑健性が高いといえる。

G3 が思春期になってもなお、三世代同居・近居は別居にくらべて、G2 がフルタイムで共働きする確率を 12% 押し上げていたものの、歩行開始期と同様に、G2 のメンタルヘルスや子どもの数には有意な影響は認められなかった。感度分析の結果、処置群の割り当てに対してオッズ比が 3.6 以上の観察されていない変数があれば、思春期の三世代同居・近居の効果が有意でなくなる。このことから、思春期の結果においても頑健性が高いといえる。

5. 三世代同居・近居は有効な少子化対策なのか

本章の目的は、傾向スコアマッチング分析を利用し、セレクションバイアスの影響を軽減したうえで、三世代同居・近居の因果効果の推定を行うことであった。近年、少子化対策として三世代同居・近居を推進する政策が立て続けに公表されてきたものの、エビデンスに乏しい状況で立案されている。G1 と G2 が近くに住まうことによって、育児の負担が軽減され、女性の就業を促し、子どもの数が増加するというストーリー設定で議論が進められているが、これら

の因果関係を実証する知見が蓄積されてきたとは言い難い。マクロレベルのデータを見ると、確かに三世代同居・近居が多い地域での女性の就業率や出生率が高い。しかしながら、マクロレベルで相関関係があったとしても、必ずしもミクロレベルで因果関係があるとは限らないことは周知の通りである。子ども数の多さにともなう育児負担の軽減や母親の就業を維持するために、G2夫婦の戦略として同居や近居を選択するという逆の因果も十分考えられるし、原因と結果の双方に影響する交絡変数の存在も否定できない。先行研究の結果を見ても、三世代同居・近居の影響は状況によってさまざまであり、注意深くデータ分析する必要があることを示している。本章で三世代同居・近居の内生性を考慮した分析を行った結果、三世代同居・近居の促進が有効な少子化対策となる明確な裏付けを得ることはできなかった。歩行開始期コーホートにおける出生意欲や思春期コーホートにおけるG2子ども総数に三世代同居・近居の有意な効果が認められないという結果をもって、少子化に対して三世代同居・近居の効果がないということを結論付けることはできないものの、積極的に推進する根拠があるとも言えない。少なくとも、本研究が対象としている都市部において、祖父母世代と親世代が近くに住まうことで出生率が劇的に上昇することは期待できないだろう。

　それでは、三世代同居・近居は何をもたらすのだろうか。本研究の結果から、G3が歩行開始期もしくは思春期いずれの場合であっても、G2がフルタイムで共働きできる可能性を高める効果があることが明らかになった。これまでの複数の研究（久保・田村，2011；佐々木・高濱・北村・木村，2017；八重樫・江草・李・小河・渡邊，2003）から、G1とG2の居住距離が近いほど、G1からG2への支援が高まることが確認されており、とくに祖母は、日常的な家事代行から緊急時の応援まで、就業する女性にとって唯一無二な存在であることが描写されている（角川，2009；山田・有吉・堀川・石原，2005）。非親族ネットワークのサポートを受けることが困難な都市部においては、子どもが中学生くらいまでであれば、G2女性の就業を促進する効果が見込まれる。本研究のG1の平均年齢は歩行開始期コーホートで62歳、思春期コーホートで71歳と比較的若いため、サポ

ートの供給源として期待されているのかもしれない。しかしながら、前田（1998）で実証されたように、74歳以下のG1にくらべて80歳以上のG1との同居はG2の就業を有意に抑制している。今後、都市部における介護施設不足の顕在化、G2の晩婚化、G1の長寿化が継続すると、G3の育児とG1の介護に同時に直面する「ダブルケア」が大きな課題として表面化することが予想されること（相馬・山下，2013）からも、将来的に三世代同居・近居がG2の就業を促す効果があるかどうかは不透明な状況であることは付け加えたい。

　三世代同居・近居によって、G1から有形・無形のサポートをより頻繁に受けることができるものの、それによって育児の負担が軽減されるわけではないようである。G1とG2の関係性次第で、近くに住まうことがむしろストレッサーともなり得ることは、G1とG2の居住距離と育児負担感の関連について分析した先行研究の結果が一様でないことからも推測できる。傾向スコアマッチングする前のメンタル指標を比較すると、歩行開始期コーホートでは、別居にくらべて、G1と同居・近居するG2の方が良好な傾向がある。思春期コーホートの場合は、逆に、G1と別居するG2の方がメンタルヘルスが良好である。G3の発達段階によって、サポートの供給元が逆転しやすいことに起因すると考えられる。歩行開始期では、G1の近くに住まうことによって、サポートを享受しやすい状況にあるが、思春期コーホートでは、一転して、サポートの供給源として期待されやすい状況にある。したがって、メンタルヘルス指標を単純に比較すると、サポートを受けやすい方が高く、サポートの提供を期待されやすい方が低い。しかしながら、バイアスを除去したのちの因果推定に基づく結果では、いずれのコーホートにおいても有意差はない。これらの結果は、三世代同居・近居が原因となって、精神的健康度が変化するわけではなく、その時の状況によって三世代同居・近居の意味合いが変動することを示唆している。

　三世代親子プロジェクトでは、育児をするうえで負担に思うことについて複数の項目の中からあてはまるものを選択してもらっている。歩行開始期コーホートでは、G1からのサポートに対する需要が高いので、G1とG2の居住距離によって、負担に思うことの回答に大きな差がある。たとえば、「自分の自由

な時間がない」、「仕事が十分にできない」、「子育てによる身体の疲れが大きい」といった項目を選択する割合は、G1とG2の居住距離が長くなるほど高くなる。近くに住まうほどG1からのサポートを期待できることによって、このような負担は軽減される。一方で、「近所に子どもの遊び相手がいない」、「子どもの一時的な預け先がない」といった項目を選択する割合は、同居しているときにもっとも高くなっており、同居には非親族のサポートネットワークを制限する弊害があることを示唆している。歩行開始期コーホートについては、近くに住まうことによってG1からのサポート頻度が増加し、負担が軽減することもあれば増加することもあることから、因果推定によるメンタルヘルス指標の有意差がないと解釈することができる。

　思春期コーホートでは、留守番や食事の準備などG3がある程度自立した行動が可能になり、G1からのサポートに対する需要は低下する。その証拠に、子育てのうえで負担に思うことの回答のG1とG2の居住距離による差がすべての項目で有意でなくなる。全国データを用いた佐々木（2010）によると、子どもの発達が進むにつれて、育児で不安に感じる対象が「世話」や「しつけ」といった実務的な内容から、「教育費」や「学業成績」といった教育に関する内容に変化していく。このことからも、G1の近くに住まうことによる育児の負担を軽減する影響力は、G3が成長すると弱まることを示す。しかしながら、思春期コーホートでは、G2からG1へのサポートに対する需要が高まる時期であり、その状況によってメンタルヘルスも影響を受けると考えられる。たとえば、G1と遠く離れて暮らすG2にとって、G1の健康状態が悪くなった時に、世話をしたくてもできないジレンマや仕事の合間を縫って介護のために頻繁にG1の元へ向かうことから精神的健康度が低くなることもあるだろう。G1とG2の居住距離にかかわらず、G1の健康状況やG2の経済状況などの共変量の状況によってG2のメンタルヘルスが規定されるため、因果推定では有意差がなくなったと考えられる。

　このように、本研究の結果から、少なくとも都市部における三世代同居・近居は、G2の子どもの数を増加させる効果が低いことが明らかになった。少子

化の要因には地域差があり、地域の実情にあった対策を講じる必要がある。都市部で三世代同居・近居が少ない背景には、住宅事情による制約が大きく立ちはだかる。また、地方出身者が G1 を呼び寄せることが仮に可能であったとしても、見ず知らずの土地に G1 を住まわすことが G1 の健康長寿に良い影響があるとは考えにくい。図 5-3 と図 5-4 に示すように、そもそも G1 の存在自体が自明とは限らないことにも留意する必要がある。家族形態が多様化しているなかで、G1 が G2 を支援することを前提とした制度設計は公平性に欠けるだろう。三世代同居・近居が可能になったとしても、就業を継続しやすくはなるが、さらにもう 1 人の子どもを生む動因にはなっていない。この結果は、日本の労働環境の問題点を端的に示すものと考える。女性が第 1 子出産前後でキャリアを継続するためには、男性並みに働くことが求められており、祖父母の支援が無ければそういった働き方が困難になる現状を表している。必ずしも三世代同居・近居が実現できる状況にない人は多いことからも、家族に頼らなくても働きながら複数の子どもの育児ができる環境を作ることが必然である。長時間労働を前提とした働き方は日本の労働生産性を著しく低下させていることに鑑みても、男女の働き方を抜本的に見直し、G1 の支援が受けられなくとも、誰でも働きながら子どもを生み育てることができる体制を早急に整えるべきと考える。

　最後に、本研究の課題として、サンプルサイズが小さかったため、同居と近居を分けられなかったこと、夫方と妻方の母親を分けられなかったこと、共変量が時間的に先行している確証がない点をあげる。今後、三世代同居・近居の効果の理解を深めるにあたり、より慎重に検証していくことが望まれる。

注

1) 日本版 General Social Surveys（JGSS）は、大阪商業大学 JGSS 研究センター（文部科学大臣認定日本版総合的社会調査共同研究拠点）が、東京大学社会科学研究所の協力を受けて実施している研究プロジェクトである。JGSS-2000 〜 2008 は学術フロンティア推進拠点、JGSS-2010 〜 2012 は共同研究拠点の推進事業と大阪商業大学の支援を受けている。

2）推定モデルにおいて、独立変数と誤差項に共通する決定要因がある場合に、内生性が生じ、パラメータ推定値の信頼性に欠ける。本研究では、三世代同居・近居と3つの従属変数に共通する要因の影響を考慮したうえで、三世代同居・近居の効果を推定することによって、内生性の問題を可能な限り軽減する。

文献

Austin, P. C. (2009). Balance diagnostics for comparing the distribution of baseline covariates between treatment groups in propensity-score matched samples. *Statistics in Medicine*, **28(25)**, 3083-3107.

Austin, P. C., Grootendorst, P., & Anderson, G. M. (2007). A comparison of the ability of different propensity score models to balance measured variables between treated and untreated subjects: A Monte Carlo study. *Statistics in Medicine*, **26(4)**, 734-753.

Brookhart, M. A., Schneeweiss, S., Rothman, K. J., Glynn, R. J., Avorn, J., & Stürmer, T. (2006). Variable selection for propensity score models. *American Journal of Epidemiology*, **163(12)**, 1149-1156.

千年よしみ. (2016). 女性の就業と母親との近居. *人口問題研究*, **72(2)**, 120-139.

張　建華・七條達弘・駿河輝和. (2001). 出産と妻の就業の両立性について：「消費生活に関するパネル調査」による実証分析. *季刊家計経済研究*, **51**, 72-78.

福田　順・久本憲夫. (2012). 女性の就労に与える母親の近居・同居の影響. *社会政策*, **4(1)**, 111-122.

樋口美雄. (2001). *雇用と失業の経済学*. 日本経済新聞社.

樋口美雄・松浦寿幸・佐藤一磨. (2007). 地域要因が出産と妻の就業継続に及ぼす影響について. *RIETI Discussion Paper Series*, **07-J-02**, 経済産業研究所.

星　敦士. (2007). サポートネットワークが出生行動と意識に与える影響. *人口問題研究*, **63(4)**, 14-27.

角川志穂. (2009). 子育て支援に向けた祖父母学級導入の検討. *母性衛生*, **50(2)**, 300-309.

北村安樹子. (2008). 子育て世代のワーク・ライフ・バランスと"祖父母力"：祖父母による子育て支援の実態と祖父母の意識. *Life Design Report*, **185**, 16-27.

久保恭子・田村　毅. (2011). 祖母力を活用した育児支援の在り方の検討. *東京学芸大学紀要　総合教育科学系 II*, **62**, 257-261.

小坂千秋・柏木惠子. (2005). 育児期フルタイム就労女性の育児への態度・感情. *発達研究*, **19**, 81-96.

小坂千秋・柏木惠子. (2007). 育児期女性の就労継続・退職を規定する要因. *発達心理学研究*, **18(1)**, 45-54.

前田信彦. (1998). 家族のライフサイクルと女性の就業：同居親の有無とその年齢効果, *日*

本労働研究雑誌, **459**, 25-38.

丸山　桂. (2001). 女性労働者の活用と出産時の就業継続の要因分析. 人口問題研究, **57(2)**, 3-18.

内閣府. (2014). 家族と地域における子育てに関する意識調査.

OECD. (2017). *OECD Employment Outlook 2017*. Paris：OECD Publishing.

Rosenbaum, P. R., & Rubin, D. B. (1983). The central role of the propensity score in observational studies for causal effects. *Biometrika*, **70(1)**, 41-55.

Rosenbaum, P. R., & Rubin, D. B. (1984). Reducing bias in observational studies using subclassification on the propensity score. *Journal of the American Statistical Association*, **79(387)**, 516-524.

佐々木尚之. (2010). 子育ての悩みの類型：JGSS-2009 ライフコース調査による人間発達学的検証. *日本版総合的社会調査共同研究拠点研究論文集*, **10**, 261-272.

佐々木尚之. (2015). 既婚女性の就労継続と三世代近居の関係. *日本政策金融公庫調査月報*, **656**, 20-21.

佐々木尚之・高濱裕子・北村琴美・木村文香. (2017). 歩行開始期の子をもつ親と祖父母のダイアドデータの分析：育児支援頻度および回答不一致の要因. *発達心理学研究*, **28(1)**, 35-45.

七條達弘・西本真弓. (2003). 若い世代の夫婦の子供数に影響を及ぼす要因. *理論と方法*, **18(2)**, 229-236.

白波瀬佐和子. (2005). *少子高齢社会のみえない格差*. 東京大学出版会.

相馬直子・山下順子. (2013). ダブルケア（子育てと介護の同時進行）から考える新たな家族政策：世代間連帯とジェンダー平等に向けて. *調査季報*, **171**, 14-17.

筒井淳也. (2011). 親との関係良好性はどのように決まるか. *社会学評論*, **62(3)**, 301-318.

津谷典子. (1999). 出生率低下と子育て支援政策. *季刊社会保障研究*, **34(4)**, 348-360.

脇坂　明・奥井めぐみ. (2005). なぜ大卒女性は再就職しないのか. 橘木俊詔（編），*現代女性の労働・結婚・子育て　少子化時代の 女性活用政策*（pp.184-207）. ミネルヴァ書房.

八重樫牧子・江草安彦・李　永喜・小河孝則・渡邊貴子. (2003). 祖父母の子育て参加が母親の子育てに与える影響. *川崎医療福祉学会誌*, **13**, 233-245.

山田英津子・有吉弘美・堀川淳子・石原逸子. (2005). 働く母親のソーシャル・サポート・ネットワークの実態. *産業医科大学雑誌*, **27(1)**, 41-62.

第5章　思春期の子どもと祖父母との関係

1. はじめに

　思春期は、身体的にも精神的にも劇的な変化を経験する時期である（笠井, 2015）。第二次性徴があらわれるとともに、認知機能の発達により抽象的な思考が可能になり、他者から見た自分を気にしたり、自分の内面を見つめたりするようになる。思春期を厳密に何歳から何歳までと定義するかの共通見解はないが、概ね10〜12歳ごろから10代後半までの時期を指す。

　思春期は、他者との関係性にも変化が現れる時期である。自立への欲求が高まり、親と距離を置こうとしたり、親からの指示に対して反抗的な態度をとったりするようになる。一般的に「（第二次）反抗期」と呼ばれ、親子間葛藤が高まる時期である。こうした時期に、祖父母の存在が調整・緩衝機能を持つ可能性が指摘されている（氏家, 2011）。また、Eriksonらは、祖父母が孫に示す支持的で受容的な態度を「祖父母生殖性」と呼んでいる（Erikson, Erikson, & Kivnick, 1986/1997）。思春期の子どもにとって、祖父母の支持的・受容的態度や、祖父母とのあたたかな関係が、親子間葛藤の際の避難所となるかもしれない。

　では、現代の日本において、思春期の子どもたちと祖父母の関係はどのようなものなのだろうか。例えば杉井（2006）は、小学5年生、中学2年生、高校2年生、大学生を対象として祖父母との関係を調査し、どの年代の子どもたちも祖父母に対してポジティブなイメージをもっていることを示している。一方、渡辺（2008）は、大学生に祖父母との関係を振り返ってもらったところ、中学生と高校生の頃には関係がやや悪くなるが、大学生になってよい関係に変化することを示す結果を得ている。さらに、田畑・星野・佐藤・坪井・橋本・遠藤

(1996) は「孫－祖父母関係評価尺度」を作成し、思春期の孫と祖父母の関係を検討している。この尺度は、祖父母が孫に果たす機能について孫の立場から、また、孫が祖父母に果たす機能について祖父母の立場から評価するものである。日常の行動的・情緒的かかわりに加えて、人生の展望や世代継承の促進、「そこにいること（BEING）」のよさを視野に入れたものとなっている。孫の認知についての因子分析の結果、「日常的・情緒的援助機能」のほか、「存在受容機能」「時間的展望促進機能」「世代継承性促進機能」として解釈可能な因子が抽出された。

以上のように、思春期には祖父母との関係がやや悪化する場合もあるものの、概ね肯定的なイメージをもっていることが明らかにされている。また、祖父母との関係を通じて、未来の自分や家族の中で代々引き継がれる点について考える可能性が示唆されている。

しかし、日本において、思春期の子どもと祖父母との関係に関する研究はそれほど多くはない。これまでの研究で検討が不十分だと考えられる点としては、以下の点が挙げられる。

第一に、孫－祖父母関係の特徴について、十分に詳細に分析・考察されていない。人の発達における「親子関係」についてはこれまで多くの蓄積がある。しかし、人の子育ては親のみが担うのではなく、さまざまな社会的資源により支えられて行われる。とくに、祖父母は何らかの形で子育てにかかわる場合が多く、アロ・ペアレンティングの中核的な存在である（氏家，2011）。とくに乳幼児期に祖父母が子育てに関わることへの期待が高いものの、祖父母と孫の関係性は子どもが成長してからも継続し、思春期以降の子どもの適応や発達にも寄与する可能性がある（Attar-Schwarts, 2015; Attar-Schwartz, Tan, & Buchanan, 2009; Henderson, Hayslip, Sanders, & Louden, 2009; Ruiz & Silverstein, 2007; Yorgason, Padilla-Walker, & Jackson, 2011）。したがって、祖父母と孫の関係性を、幼少期にとどまらず長期的な視野に立ってより精緻に検討する必要があると考える。

第二に、図 5-1 に模式的に示したように、孫－祖父母関係は、祖父母（G1）－親（G2）－思春期の子ども（G3）という三世代の家族システムに埋め込まれている（Attar-Schwarts, 2015; Ruiz & Silverstein, 2007）。氏家（2011）は、Bronfenbrenner

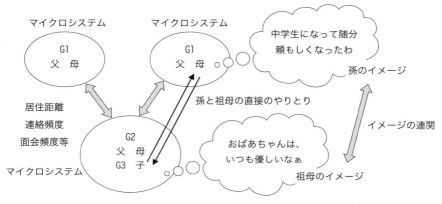

図 5-1 三世代の生態学的システム

氏家（2011）を参考に筆者作成。

が提唱した生態学的システムモデル（Bronfenbrenner, 1979/1996）を参照しながら、三世代の関係システムを記述している。子どもが生まれることで、祖父母と親－子というそれぞれ独立のマイクロシステム間に新たな関係（メゾシステム）が生まれたり、それまでの関係が変化したりする。妊娠や出産を契機に、祖父母と親の連絡はより頻繁になるし、祖父母から親に対する助言や支援が増えたり、共行動が増えたりするだろうというのである。子どもが思春期を迎えるころには、システム間の相互関係はさらに変化するだろう。祖父母から親に対する助言や支援、共行動等は減少し、子どもと祖父母のかかわりも減っていくかもしれない。しかし、思春期以降の孫は、なお祖父母を情緒的に近い存在だと感じ、ソーシャルネットワークの重要な一員だと認識する傾向がある（Attar-Schwartz et al., 2009; Creasey & Koblewski, 1991; Kennedy, 1990; Van Ranst, Verschueren & Macroen, 1995）。一方で、祖父母は孫の成長につれて、孫を頼もしい存在としてとらえるようになっていくかもしれない。そして、こうしたお互いの認識は、親－子世帯と祖父母世帯というマイクロシステム間のかかわりのあり方（例えば、近居かどうか、面会や連絡は頻繁か等）にも影響を受ける可能性がある。しかし、先行研究において、親－子世帯と祖父母世帯間のかかわりのあり方と、思春期の孫－祖父母関係との関連についてはあまり検討されていない。

第三に、孫－祖父母関係は、孫と祖父母が互いに影響を与え合う関係システム（Fogel, 1993; Fogel, Garvey, Hsu, & West-Storming, 2006）としてもとらえることができるだろう。孫－祖父母のかかわりのパターンは、孫と祖父母が相互に影響を与え合うやりとりを通じて組織化され、そうしたやりとりに基づいて互いのイメージが形成されると考えられる。そうであるとすれば、孫－祖父母関係に関する孫と祖父母双方の認知には何らかの関連がある可能性がある。しかし、孫－祖父母関係の認知を検討した田畑ほか（1996）においては、孫の立場と祖父母の立場の回答者が実際の孫と祖父母について回答しているわけではないため、孫－祖父母関係に関する孫の認知と祖父母の認知の相互的な関連性については分析されていない。

　以上に基づき、本章では、孫－祖父母関係を、「祖父母－親－思春期の子どもという三世代の家族システムに埋め込まれ、孫と祖父母が相互に影響し合う関係システム」としてとらえ、孫－祖父母システムのありようをより精緻に検討することを目的とする。思春期を取り上げるのは、先述のように親子関係システムが大きく変容し、葛藤的状況の生じやすい時期に孫－祖父母関係が重要な意味を持つ可能性があるためである。

　具体的には、中学校1・2年生及びその親、親を通じて紹介された祖父母を対象とした質問紙調査のデータを量的に分析し、以下の点について検討した。

（1）孫－祖父母関係に関する思春期の子ども及び祖父母の認知
　①孫－祖父母関係に関する思春期の子どもの認知の特徴
　②孫－祖父母関係に関する祖父母の認知の特徴
（2）孫－祖父母関係の認知と祖父母世帯・親－子世帯のかかわり（居住距離、接触・連絡頻度）との関連
（3）孫－祖父母関係に関する思春期の子どもの認知と祖父母の認知の関連

　なお、祖父母－親－子どもの三世代の中には、2つの親子関係（思春期の子どもと親の関係、親と祖父母の関係）が存在する。そのことによる混乱を防ぐため、本章では、祖父母世代（G1）を「祖父母」、思春期の子どもの親世代（G2）を「親」、思春期の子ども世代（G3）を「思春期の子ども」あるいは「孫」と呼ぶ

こととする。

2. 調査の概要

第1章でも述べたように、調査対象の「思春期の子ども」は、関東圏及び大阪府内の中学校（全7校）の1年生1321名及び2年生1084名（合計2405名）である。質問票は学校において配布され、親用質問票は、子どもを通じて家庭に配布された。さらに、祖父母用質問票は親を通じて紹介された祖父母に郵送された。回答した親は722名（平均年齢43.8歳、SD4.2）、祖父母は103名（平均年齢72.7歳、SD6.2）であった。

本章では、質問票の内容のうち以下の項目を分析に用いる。
・思春期の子ども：祖父母との関係（孫-祖父母関係評価尺度〔孫版〕）
・祖父母：孫との関係（孫-祖父母関係評価尺度〔祖父母版〕）、居住距離、連絡頻度、面会頻度

3. 分析の結果

(1) 孫-祖父母関係に関する思春期の子ども及び祖父母の認知

本調査では、孫-祖父母関係評価尺度〔孫版〕および〔祖父母版〕（田畑ほか、1996）を用いて、孫-祖父母関係に関する思春期の子ども及び祖父母の認知を調査した。まず、思春期の子ども、祖父母それぞれについて因子分析を実施し、その構造を把握した。その上で、因子間の差異について分散分析を行い、孫-祖父母関係のどの側面がより強く実感されているのかを検討した。なお、〔孫版〕、〔祖父母版〕のいずれも「はい」「どちらでもない」「いいえ」の3件法である。

1) 思春期の子どもからみた祖父母との関係

思春期の子ども（中学1、2年生）は、祖父母との関係をどのようにとらえて

表5-1 もっともよく接する祖父母

	度数	比率（%）
父方祖父	183	7.6
父方祖母	538	22.4
母方祖父	257	10.7
母方祖母	1112	46.2
無効回答	315	13.1
合計	2405	100.0

いるのだろうか。ただし、本調査では、祖父母全般ではなく「もっともよく接する祖父母」を想定してもらい、その人との関係について回答を求めている。表5-1に示したように、母方祖母を選択した場合が半数近くを占め、次いで父方祖母を選択した場合が多く2割程度であった。このように、祖父より祖母とのかかわりが多い傾向がみられた。

孫-祖父母関係評価尺度〔孫版〕（26項目）の構造を捉えるため、探索的因子分析（主因子法、プロマックス回転）を実施した。因子数は、スクリープロットと解釈可能性を考慮しつつ、田畑ほか（1996）にならい4に指定した。因子分析の結果について田畑ほか（1996）と比較したところ、ほぼ同様の項目を含む因子が抽出された。田畑ほか（1996）との比較で4項目が因子間で移動していたが、項目の内容を検討した結果、これらの移動は因子の解釈に影響するものではないと判断された。最終的な結果を表5-2、5-3に示す。回転前の累積因子寄与率は42.7%、因子間相関は.50～.73であった。各因子に含まれる項目は田畑ほか（1996）とほぼ同様であったため、因子名は田畑ほか（1996）にならって命名した。以下に各因子の内容について簡単に説明する。

第1因子「日常的・情緒的援助機能」は、「祖父（祖母）は、わたしのからだのぐあいを気づかってくれる」「祖父（祖母）はわたしの気持ちを理解しようとしてくれる」「祖父（祖母）は親がいそがしいときなどに親のかわりに、わたしのことをいろいろしてくれる」など、日常生活の中での具体的サポートや情緒的サポートを含む。

第2因子「存在受容機能」は、「つらいことがあるとき、祖父（祖母）を思うと気持ちが慰められることがある」「親には言えないことでも祖父（祖母）には話せることがある」「自分ではどうにもならなくなったとき、最後に頼りになるのは祖父（祖母）だなあと思う」など、より深刻な状況において自分を受容

表 5–2　思春期の子どもが認知する孫-祖父母関係の因子分析

	因子1	因子2	因子3	因子4	共通性
第1因子：日常的・情緒的援助機能					
祖父（祖母）は，わたしのからだのぐあいを気づかってくれる	**.787**	-.145	-.008	-.020	.472
祖父（祖母）は，わたしに興味や関心をもっていてくれる	**.707**	-.160	.028	.080	.444
祖父（祖母）はわたしの気持ちを理解しようとしてくれる	**.676**	.124	-.010	-.079	.517
祖父（祖母）は何があっても，わたしのことを見捨てないと思う	**.592**	.151	-.097	.047	.445
祖父（祖母）がいるだけでなんとなく安心できる気がする	**.452**	.380	-.054	-.010	.513
祖父（祖母）は親がいそがしいときなどに親のかわりに，わたしのことをいろいろしてくれる	**.385**	.216	.009	-.051	.283
親はわたしを叱っても，祖父（祖母）は大目に見てくれることがある	**.345**	.153	-.043	-.024	.177
祖父（祖母）は，わたしが大きな買い物をするとき，お金を出してくれる	**.313**	.097	-.004	.023	.155
第2因子：存在受容機能					
つらいことがあるとき，祖父（祖母）を思うと気持ちが慰められることがある	-.085	**.816**	-.001	.067	.639
親には言えないことでも祖父（祖母）には話せることがある	-.112	**.732**	.026	.026	.485
自分ではどうにもならなくなったとき，最後に頼りになるのは祖父（祖母）だなあと思う	.100	**.647**	-.047	-.021	.449
悩みや，もめごとがあったときなど，祖父（祖母）が何もしなくてもいるだけで，心の支えになると思う	.191	**.578**	.036	-.037	.526
祖父（祖母）は，わたしが悩んでいるときなど，必要なときにアドバイスしてくれる	.157	**.548**	.022	.018	.476
祖父（祖母）はわたしが親とぎくしゃくしたときなど，間をとりもってくれる	.246	**.464**	.021	-.051	.410
わたしは，将来，祖父（祖母）のように，なりたいと思うことがある	.164	**.321**	.232	.043	.442
第3因子：時間的展望促進機能					
祖父（祖母）の姿から，人の一生について，積極的に考えてみることがある	-.180	.262	**.636**	-.050	.519
祖父（祖母）の姿から，自分が年をとったとき，どうなりたいか想像することがある	-.124	.072	**.611**	.033	.381
祖父（祖母）の若い頃の話を聞くと，今の自分の生き方に参考になる	.060	.129	**.592**	-.070	.478
祖父（祖母）の姿から，自分のこれからの生き方を前向きに考えることがある	-.032	.278	**.577**	-.046	.571
祖父（祖母）は若いころの，社会の様子や暮らしについて話してくれる	.231	-.183	**.556**	.033	.365
祖父（祖母）と交流する中で，人の死について考えてみることがある	-.063	-.104	**.549**	.047	.225
祖父（祖母）は，昔からのしきたりや人生の経験を教えてくれる	.284	-.147	**.520**	.032	.401
祖父（祖母）は，わたしの知らない親のことを教えてくれる	.191	.073	**.201**	.150	
第4因子：世代継承性促進機能					
祖父（祖母）を見ると，親や自分もなんとなく似ているなあと，しみじみ思う	-.050	.107	.018	**.743**	.628
祖父（祖母）の姿から，親は祖父（祖母）に似ているなあと実感する	.014	-.083	.011	**.698**	.445
祖父母との関係：わたしには，祖父（祖母）からひきついだ，長所があるなと思う	.093	.201	.027	**.411**	.396
回転前の因子寄与率　42.7%					

主因子法・プロマックス回転

表 5-3　思春期の子どもが認知する孫−祖父母関係の因子間相関

因子	1	2	3	4
第1因子：日常的・情緒的援助機能	1.000	.662	.581	.495
第2因子：存在受容機能		1.000	.727	.556
第3因子：時間的展望促進機能			1.000	.560
第4因子：世代継承性促進機能				1.000

してくれる祖父母の存在が心の支えになることに言及する項目を含む。

　第3因子「時間的展望促進機能」は、「祖父（祖母）の姿から、人の一生について、積極的に考えてみることがある」「祖父（祖母）の姿から、自分が年をとったとき、どうなりたいか想像することがある」「祖父（祖母）の若い頃の話を聞くと、今の自分の生き方に参考になる」など、祖父母の姿や話から自分の将来への展望をもつことを示す項目を含む。

　第4因子「世代継承性促進機能」は、「祖父（祖母）を見ると、親や自分もなんとなく似ているなあと、しみじみ思う」「祖父（祖母）の姿から、親は祖父（祖母）に似ているなあと実感する」「わたしには、祖父（祖母）からひきついだ、長所があるなと思う」といった、祖父母から引き継いだものを認識することに関する項目を含む。

　では、祖父母との関係に関する以上の4機能のうち、どの機能の得点が高いのだろうか。また、その得点に性別による違いは見られるだろうか。まず、機能間の差を比較するため、機能ごと及び尺度全体の合計得点を項目数で割った値の平均値と標準偏差を算出し（性別ごと、全体）、表5-4、図5-2に示した。尺度全体の合計値を項目数で割った値は2.43で中央値の2を超えており、思春期の子どもは祖父母との関係をどちらかというと肯定的に評価している傾向が示された。次に、機能間の差異と性差を検討するため、孫−祖父母関係（被験者内要因、4水準）×性別（被験者間要因、2水準）の2要因分散分析を行った。Mauchlyの球面性仮定が棄却されたため、Greenhouse-Geisserの調整による結果を参照した。孫−祖父母関係の主効果が有意であり（$F(2.480, 5138.563)=796.955, p<.001$）、交互作用も有意であった（$F(2.480, 5138.563)=23.624, p<.001$）。性

表 5-4 思春期の子どもが認知する孫-祖父母関係の平均値と標準偏差

	日常的・情緒的援助		存在受容		時間的展望促進		世代継承性促進		
	男子	女子	男子	女子	男子	女子	男子	女子	全体
平均値	2.57	2.59	2.16	2.13	2.18	2.16	2.20	2.32	2.43
標準偏差	.37	.39	.49	.53	.49	.50	.58	.56	.34
分散分析結果	孫-祖父母関係の主効果：F(2.480, 5138.563)=796.955***								
	交互作用：F(2.480, 5138.563)=23.624***　世代継承性促進において女子＞男子								
	多重比較：日常的・情緒的援助＞世代継承性促進＞存在受容、時間的展望促進								

注）各因子の得点を項目数で割った値の平均値と標準偏差
　　男子：N=1054　女子：N=1020, *p<.05, **p<.01, ***p<.001

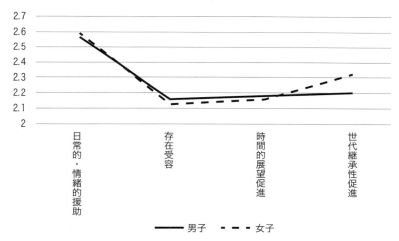

図 5-2　思春期の子どもからみた孫-祖父母関係と性別の交互作用

別の主効果は有意ではなかった。

　主効果が有意であった孫-祖父母関係について多重比較を実施したところ、「日常的・情緒的援助機能」と他のすべての機能との差が有意であり、「日常的・情緒的援助機能」の得点が他の機能と比べて有意に高いことが示唆された。また、「世代継承性促進機能」の得点は、「存在受容機能」ならびに「時間的展望促進機能」と比べて有意に高かった。以上の結果より、思春期の子どもは、祖父母とのかかわりの中で日常的・情緒的なサポートを受けている、祖父母と

似ていること実感するといった面を肯定的に評価する場合が多いことが示唆される。一方で、つらい状況でも支えになってくれる存在である、祖父母の姿から将来の自分や死について考えるといったことの認識は比較的弱いことが示された。こうした認識は、今ここでの具体的なかかわりに基づく認識というよりは、より抽象的なレベルでの関係性の認識を含むと考えられる。そのため、中学生の時点では、考えてみたことがなかったり、肯定するのが難しかったりする場合も多いのかもしれない。

　一方、孫－祖父母関係と性別の交互作用が有意だったことから、孫－祖父母関係の機能ごとに、性別による差異を分析した。その結果、「世代継承性促進機能」において女子の方が男子よりも得点が高いことが示された。その他の因子に関して性差はみられなかった。

　「世代継承性促進機能」は、世代間で似ていることを実感するという内容を含むものである。もっともよく接する祖父母について祖母を挙げた割合が高かったことから、同性の女子の方が「似ている」という認識を持ちやすいことが影響している可能性が考えられる。そこで、「世代継承性促進機能」について性別（被験者間要因、2水準）×もっともよく接する祖父母（被験者間要因、4水準）の2要因分散分析を行った。その結果、性別ともっともよく接する祖父母の主効果が有意であり、交互作用は有意ではなかった。もっともよく接する祖父母について多重比較を実施したところ、父方祖父、母方祖父、母方祖母の差は有意ではなく、いずれも父方祖母よりも得点が有意に高いという結果だった。交互作用が有意ではないことから、性別によらずこの傾向がみられるということである。女子についてみてみると、有意ではなかったものの、もっともよく接する祖父母が、母方祖父や父方祖父の場合の方が母方祖母の場合よりも得点がやや高く、とくに同性に対して似ているという認識を持ちやすいわけではないことが示唆される。

　では、女子の方が「世代継承性促進機能」の得点が高かったのはなぜなのだろうか。本調査の結果のみから推測するのは難しいが、可能性の一つとして、思春期の女子は男子に比べて人の外見や特徴に関する社会的比較を頻繁にする

傾向があること (Jones, 2001) が考えられる。女子は外見に関心を持ちやすく、祖父母の姿を見て「似ている」と実感することも多くなるのかもしれない。思春期に特徴的な認識の性差が、孫 – 祖父母関係に関する認知にも差異をもたらしている可能性が示唆される。

なお、孫 – 祖父母関係（被験者内要因、4 水準）×性別（被験者間要因、2 水準）×学年（被験者間要因、2 水準）の 3 要因分散分析も実施したが、学年の主効果は有意ではなかった。孫 – 祖父母関係の認知に関して、中学 1 年生から 2 年生にかけて明確な発達的変化がみられるという結果は得られなかった。

2）祖父母からみた孫 – 祖父母関係

一方、祖父母は思春期の孫との関係をどのように捉えているのだろうか。こちらも、孫全員、孫世代一般についてではなく、調査対象の中学生との関係について回答を求めている。孫との関係については、母方祖母の割合が高く 7 割以上を占めていた（表 5-5）。

孫 – 祖父母関係評価尺度〔祖父母版〕（30 項目）に関して、その構造をとらえるため、探索的因子分析（主因子法、プロマックス回転）を実施した。田畑ほか (1996) では 5 因子であったが、本調査のデータでは異なる因子の構造がみられた。スクリープロットを参照するとともに、因子の解釈可能性を考慮して 6 因子とした。最終的な結果を表 5-6 に示す。回転前の累積因子寄与率は 56.1 %、因子間相関は .31 〜 .55 であった。因子名は、田畑ほか (1996) も参照しながら命名した。以下に各因子の内容について簡単に説明する。

第 1 因子「日常的・情緒的援助機能」は、「私が外出するときなど必要なときにつきそってくれる」「気持ちが落ち込んだりしているとき励ましてくれる」など、日常生活の中での具体的サポートや情緒なサポートに関する項目から構成される。

第 2 因子「世代継承性実感機能」

表 5-5　回答した祖父母と中学生の関係

	度数	比率（%）
父方祖父	2	1.9
父方祖母	11	10.6
母方祖父	13	12.6
母方祖母	77	74.7
合計	103	100.0

表 5-6　祖父母が認知する孫－祖父母関係の因子分析

	因子1	因子2	因子3	因子4	因子5	因子6	共通性
第1因子：日常的・情緒的援助機能							
私が外出するときなど必要なときにつきそってくれる	**.832**	-.070	.125	-.100	.019	-.046	.688
気持ちが落ち込んだりしているとき励ましてくれる	**.699**	.125	-.055	.019	-.092	.130	.573
肩をもんだり，体のぐあいを気づかってくれる	**.595**	-.095	-.215	.006	.124	.448	.659
病気やけがをしたときに世話をしてくれる	**.550**	.004	-.071	-.001	.134	.203	.479
かわりに電話をかけたり，用事に行ったりしてくれる	**.516**	-.265	.263	-.075	.218	.120	.597
私が子どもとぎくしゃくしたときなど間をとりもってくれる	**.473**	-.087	.133	.086	.348	-.128	.541
気持ちを理解しようとしてくれる	**.413**	.147	.116	.112	-.244	.330	.539
第2因子：世代継承性実感機能							
私から子どもへそして孫へというつながりを嬉しく思う	-.019	**.874**	-.015	-.104	.062	.083	.758
孫のことを思うとご先祖様からの代々のつながりを実感できる	-.100	**.769**	.026	-.165	.137	-.043	.506
自分の残りの人生を前向きに考えることがある	-.027	**.618**	.258	-.019	-.124	.195	.560
自分の命は孫に引き継がれていくと実感できる	.257	**.580**	.103	.187	-.129	-.265	.541
自分が亡くなったとしても孫が生きていると思うと安心できる	-.098	**.487**	-.024	.214	.137	-.103	.374
第3因子：道具的・情報的援助機能							
今の世の中の"はやり"について教えてくれる	.087	.288	**.701**	-.239	.000	.049	.588
生活の中でわからないことを教えてくれる	.046	-.017	**.685**	.290	.046	-.051	.773
私が新しいものを買うときアドバイスしてくれる	-.072	-.095	**.418**	.273	.331	-.014	.529
孫は必要なとき私にものを貸してくれる	.013	-.131	**.418**	.112	.088	.264	.424
孫のことを思うと私も気持ちが若々しくなる	-.076	.114	**.373**	.260	-.018	.280	.526
私が困っているとき，ちょっとした用事を手伝ってくれる	.286	-.066	**.356**	.250	.089	.028	.592
第4因子：時間的展望促進機能							
孫の姿から自分の余生の大切さをしみじみ感じる	.337	-.019	-.154	**.867**	-.144	-.256	.703
孫が何もしなくてもいるだけで心の支えになると思う	.141	.111	.084	**.635**	-.173	.044	.597
孫の姿から自分の青春時代をなつかしく思い出す	-.253	-.120	.269	**.605**	-.013	.099	.406
孫が成功する（進学や入賞）とうれしく思う	-.072	-.017	.060	**.576**	.039	.033	.360
孫がいるだけでなんとなく安心できる気がする	-.087	.380	-.104	**.414**	.211	.069	.623
第5因子：将来的援助期待機能							
これからの生活で金銭的に援助してくれるだろうと思う	.130	.004	.099	-.191	**.744**	-.033	.552
自分ではどうにもならなくなったとき最後に頼りになるのは孫だと思う	-.093	.145	-.027	.120	**.625**	-.037	.489
孫が家系を引き継ぐだろうと思うとほっとする	.141	.334	.119	-.146	**.571**	-.229	.488
第6因子：存在受容機能							
私に興味や関心を持っていてくれる	.168	-.065	.217	-.128	-.210	**.758**	.579
何があっても私のことを見捨てないと思う	-.008	.194	-.178	.224	.213	**.433**	.609
つらいことがあるとき孫のことを思うと気持ちが慰められる	.183	.297	.022	.065	.170	**.329**	.622

回転前因子寄与率 56.1%

表 5-7　祖父母が認知する孫－祖父母関係の因子間相関

因子	1	2	3	4	5	6
第1因子：日常的・情緒的援助機能	1.000	.309	.539	.534	.380	.387
第2因子：世代継承性実感機能		1.000	.217	.546	.357	.401
第3因子：道具的・情報的援助機能			1.000	.445	.389	.325
第4因子：時間的展望促進機能				1.000	.510	.550
第5因子：将来的援助期待機能					1.000	.499
第6因子：存在受容機能						1.000

は、「私から子どもへそして孫へというつながりを嬉しく思う」「孫のことを思うとご先祖様からの代々のつながりを実感できる」など、孫の存在から世代間のつながりを実感できるという内容の項目を含む。

　第3因子「道具的・情報的援助機能」は、「今の世の中の"はやり"について教えてくれる」「生活の中でわからないことを教えてくれる」「私が新しいものを買うときアドバイスしてくれる」など、生活の中で出会う最近の流行や新しいものについて孫が教えてくれたり助けてくれたりするという内容の項目を含む。

　第4因子「時間的展望促進機能」は、「孫の姿から自分の余生の大切さをしみじみ感じる」「孫の姿から自分の青春時代をなつかしく思い出す」など、孫の存在によって過去から未来への時間的展望が促され、今の大切さが実感されるといった内容の項目を含む。

　第5因子「将来的援助期待機能」は、「これからの生活で金銭的に援助してくれるだろうと思う」「自分ではどうにもならなくなったとき最後に頼りになるのは孫だと思う」など、今後の生活において困ったときの援助を期待する内容の項目を含む。

　第6因子「存在受容機能」は、「私に興味や関心を持っていてくれる」「何があっても私のことを見捨てないと思う」「つらいことがあるとき孫のことを思うと気持ちが慰められる」という、孫が自分自身の存在を認めてくれていることに言及する項目を含む。

　では、以上の機能のうちどの機能の得点が比較的高いのだろうか（表5-8，図

表5-8　祖父母が認知する孫－祖父母関係の平均値と標準偏差

	日常的・情緒的援助	世代継承性実感	道具的・情報的援助	時間的展望促進	将来的援助期待	存在受容	孫－祖父母関係全体
平均値	2.23	2.58	2.39	2.53	1.82	2.51	2.35
標準偏差	.53	.43	.49	.45	.51	.48	.39
度数	93	97	97	100	100	100	83
分散分析結果	孫・祖父母関係の主効果：$F(5, 370)=15.071$***　多重比較：世代継承性実感、時間的展望促進、存在受容＞道具的・情報的援助＞日常的情緒的援助＞将来的援助期待							

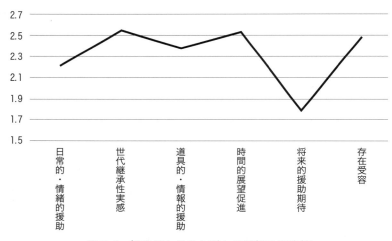

図5-3　祖父母からみた孫との関係の平均値

5-3)。機能間の差異及び孫との関係（父方祖父・父方祖母・母方祖父・母方祖母）や孫の性別による差異を検討するため、孫－祖父母関係（被験者内要因、4水準）×孫との関係（被験者間要因、4水準）×孫の性別（被験者間要因、2水準）の3要因分散分析を行った。その結果、祖父母がとらえる孫－祖父母関係の主効果のみが有意であった（$F(5, 370)=15.071, p<.001$）。孫との関係、性別、交互作用は有意ではなかった。

　孫－祖父母関係について多重比較を実施したところ、第2因子「世代継承性実感機能」、第4因子「時間的展望促進機能」、第6因子「存在受容機能」の間

には有意差がなく、第3因子「道具的・情報的援助機能」は、以上3つの因子より有意に得点が低かった。第1因子「日常的・情緒的援助機能」は第3因子より有意に得点が低く、さらに第5因子「将来的援助期待機能」は第3因子よりも得点が低いという結果であった。

以上のように「道具的・情報的援助機能」、「日常的・情緒的援助機能」、「将来的援助期待機能」といった具体的な支援の認識や期待に関わる因子は、「世代継承性実感機能」、「時間的展望促進機能」、「存在受容機能」といった、世代間のつながりの認識や自分の過去・未来への展望などより抽象的なレベルでの関係性の認識に関わる因子よりも得点が低かった。思春期の子どもでは、具体的なサポートの認識に関わる因子の得点がより高かったこととは対照的である。祖父母は、孫の存在から安心や嬉しさを実感するなど、孫を精神的な豊かさや支えをもたらす存在として認識していると考えられる。とはいえ、「道具的・情報的援助機能」、「日常的・情緒的援助機能」に関しても、平均点が中央値の2を上回っていた。中学生の孫は、祖父母に対して具体的な援助を行う機会が拡大し、祖父母は孫を頼れる存在として認識するようになってくるのであろう。ただし、「将来的援助期待機能」に関しては、得点が低く中央値の2を下回っていた。現代日本の孫 ‒ 祖父母関係において、祖父母が孫に金銭的な支援を含む将来的援助を期待する場合は多くないことが推察される。

（2）孫 ‒ 祖父母関係の認知と祖父母世帯・親 ‒ 子世帯のかかわり（居住距離、接触・連絡頻度）との関連

本章では、祖父母と子どもの関係を、祖父母 ‒ 親 ‒ 子どもの三世代関係システムに埋め込まれ、相互に影響し合う関係システムとしてとらえている。近居かどうか、どの程度の頻度で連絡や面会をしているかといった、親 ‒ 子世帯と祖父母世帯というマイクロシステム間の物理的・具体的かかわりの中で、子どもと祖父母は影響を与え合いながら関係を築き、関係性の認知を形成していくと考えられる。

本節では、関係システムの観点から孫 ‒ 祖父母関係を検討するため、思春期

表 5-9 孫－祖父母関係に関する思春期の子どもの認知と居住距離、連絡頻度、面会頻度との関連

	居住距離	連絡頻度	面会頻度
思春期の子どもの認知			
日常的・情緒的援助	-.179	-.024	-.154
存在受容	-.153	.053	-.035
時間的展望促進	-.301*	.092	-.197
世代継承性促進	-.097	-.001	-.029
祖父母の認知			
日常的・情緒的援助機能	.267*	.171	.273*
世代継承性実感機能	.077	.065	.066
道具的・情報的援助機能	.076	.052	-.043
時間的展望促進機能	-.010	.008	-.014
将来的援助期待機能	.097	.089	.059
存在受容機能	.007	.077	.014

*p<.05, **p<.01, ***p<.001 N=56-61

の子どもが想定した祖父母と、回答した祖父母が一致していたデータを対象とし、思春期の子どもと祖父母それぞれの認知と、親－子世帯と祖父母世帯間の居住距離、連絡頻度、面会頻度との関連を分析する。

なお、思春期の子どもが想定した祖父母と回答した祖父母が一致していたケースは66であり、父方祖父1ケース (1.5%)、父方祖母6ケース (9.0%)、母方祖父3ケース (3.0%)、母方祖母56ケース (84.8%) であった

祖父母への質問票において、祖父母の子ども（すなわち思春期の子どもの親）との居住距離、連絡頻度、面会頻度を尋ねた。その質問への回答と、祖父母－孫関係に関する子どもの認知ならびに祖父母の認知との関連を相関係数により検討した（表5-9）。

まず、祖父母の認知については、「日常的・情緒的援助機能」のみ、居住距離、面会頻度との相関係数がそれぞれ.27程度とそれほど大きな値ではないものの5％水準で有意であった。居住距離が近く、面会頻度が多いほど、祖父母が孫との直接的な関わりの中でサポートや気遣いを得る機会が増えるというのは、納得のいく結果である。

一方で、思春期の子どもの認知については、居住距離が近いほど「時間的展望促進機能」の得点が低いという一見すると意外な結果がみられた。「時間的展望促進機能」は、例えば「祖父（祖母）の姿から、人の一生について、積極的に考えてみることがある」「祖父（祖母）と交流する中で、人の死について考えてみることがある」等、祖父母のことをある程度客観的に捉えた上で、抽象的な「人生」や「死」について考えることを必要とする項目を含む。関係がより密となる同居や近距離の居住の場合には、あまりにも身近な存在であるがゆえに、祖父母を客観視することが困難な場合もあるのかもしれない。

　以上のように、孫‐祖父母関係に関する祖父母の認知については、居住距離・面会頻度と「日常的・情緒的援助機能」に正の相関、思春期の子どもの認知については、居住距離と「時間的展望促進」に負の相関がみられた。居住距離や面会頻度という物理的条件が、関係性のありようやその認知に影響し、身近に住む祖父母と遠くに住む祖父母とでは、その機能に異なる側面が生じる可能性が示唆された。ただし、居住距離や面会頻度の影響は、孫‐祖父母関係の一部の側面に限定されていた。孫‐祖父母関係の認知について、居住距離や面会頻度にかかわらず、1回1回のかかわりの質によって規定される部分も大きいのかもしれない。

（3）孫‐祖父母関係に関する思春期の子どもの認知と祖父母の認知の関連

　これまでにも述べたように、子どもと祖父母は影響を与え合いながら関係を築き、関係性の認知を形成していくと考えられる。では実際に、孫‐祖父母関係に関する思春期の子どもの認知と祖父母の認知は、どのように関連し合っているのだろうか。

　ここでは、祖父母、子どもの認知それぞれの因子間の関連を検討するため、祖父母の認知から思春期の子どもの認知へのパスを仮定したパス解析を行った（図5-4）。祖父母の認知と子どもの認知は相互的に影響しあうと考えられ、祖父母から孫へという因果関係を想定することはできない。しかし、因子間の相互

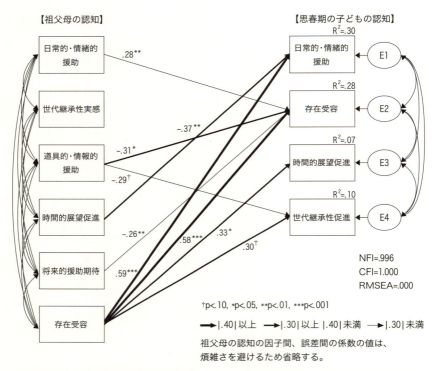

図 5-4 孫－祖父母関係に関する祖父母の認知と思春期の子どもの認知の関連

関係を、複雑になりすぎずにできるだけ簡潔に記述する方法として、このモデルにより探索的分析を実施することとした。年長である祖父母からの影響が強い可能性を考慮して、祖父母の認知から思春期の子どもの認知へのパスを設定した。

まず、祖父母の認知6因子から思春期の子どもの認知4因子へのパス、祖父母の認知6因子間の相関、子どもの認知の誤差間の相関を全て設定した上で分析を実施した。その結果に基づき、パス係数の値が 0.1 より大きいパスを残して再分析を行った。結果として10％未満の水準で有意だったパスを残したパス図を図5-4に示している。

まず、祖父母の「日常的・情緒的援助機能」からは思春期の子どもの「存在

受容機能」へのパスが有意であった。祖父母の「日常的・情緒的援助機能」は、思春期の子どもからの外出へのつきそい、励まし、体調への気づかいなどを含む。思春期の子どもの「存在受容機能」は、自身の存在を受容してくれる祖父母が精神的な支えになることの認識を示す。祖父母が孫からの気遣いやサポートがあると認識しているほど、孫は祖父母の存在が精神的な支えになっていると認識しているということである。一方、祖父母の「存在受容機能」からは思春期の子どもの4因子全てに対するパスが有意であり、とくに「日常的・情緒的援助機能」と「存在受容機能」へのパス係数は0.5を超える比較的大きな値であった。祖父母の「存在受容機能」は、「私に興味や関心を持っていてくれる」「何があっても私のことを見捨てないと思う」といった、祖父母が孫からの関心や信頼を得ている確信をもっていることを示す項目を含む。祖父母がこうした確信を持てるほど、孫も祖父母からの援助を受けていることを認識し、精神的な支えとして祖父母の存在を捉えている。以上の結果から、思春期の子どもと祖父母の間で、互いを気遣い合い、信頼し合うポジティブな関係性が成立している場合があることが推察される。

　一方、祖父母の「道具的・情報的援助」「時間的展望促進」「将来的援助期待」からのパス係数は負の値であった。このうち、祖父母の「道具的・情報的援助機能」からは、思春期の子どもの「存在受容機能」と「世代継承性促進機能」へのパスが有意な負の値を示した。祖父母の「道具的・情報的援助」は、孫が"はやり"を教えてくれる、新しいものを買うときにアドバイスしてくれるといった認識を含む。この得点が高い場合は、その祖父母自身が若々しくいたいという気持ちを持っていたり、思春期の子どもとの間でよりフラットな関係を志向しているのかもしれない。そのために、思春期の子どもは、祖父母が深いところで精神的支えになっているという認識や、しみじみと祖父母と自分が似ていると考える機会を持つことが難しい可能性が考えられる。また、祖父母の「将来的援助期待機能」から思春期の子どもの「存在受容機能」へのパスが有意な負の値を示していた。「将来的援助期待機能」は、孫による将来的な援助への期待に言及する項目を含む。この得点が高いということは、祖父母は

孫を受容するというよりは、孫に依存しようとする傾向が強い可能性がある。孫は、そのプレッシャーを感じて祖父母を精神的な支えにすることが難しくなるのかもしれない。さらに「時間的展望促進機能」からは、思春期の子どもの「日常的・情緒的援助機能」へのパスが有意な負の値を示した。このことに関する解釈は難しいが、「時間的展望促進機能」は、孫の姿を見て「自らの」過去や未来に焦点化することを示しており、孫に対する具体的なサポートにはつながらない可能性が考えられる。この点に関しては、より詳しい分析が必要である。

以上から、祖父母－孫関係に関する祖父母の認知と思春期の子どもの認知は関連し合っていることが示唆された。祖父母と思春期の子どもという別の回答者の回答に関連が見られたということは、特筆すべきことである。分析の結果、因子間で正の関連がみられる場合だけでなく、負の関連がみられる場合があった。その内容を分析すると、祖父母－孫関係にいくつかのパターンが存在する可能性が推察された。一方では、祖父母と孫がお互いに信頼関係で結ばれ、互いに気づかいや援助を示し合ったり、心の支えにしたりしている場合がある。他方、祖父母が現代の新しいものに関心を持ち、よりフラットな関係を志向している場合や、孫に将来的な援助を期待している場合は、孫が祖父母を精神的な支えとしてとらえることが難しい可能性が示された。

4. 本章のまとめ

（1）本章で明らかになったこと

本章では、孫－祖父母関係を、三世代の家族関係システムに埋め込まれ、孫と祖父母が相互に影響し合う関係システムとして捉えて精緻に検討することを目的とした。分析の結果として明らかになった点について、以下に改めて整理をする。

第一に、孫－祖父母関係に関する思春期の子どもおよび祖父母の認知につい

て検討した結果、以下の点が示された。

　思春期は、親子間葛藤が高まる時期であり、祖父母の存在が調整・緩衝機能を持つ可能性が指摘されている（氏家, 2011）。2000名を超える中学生の回答を分析した結果、先行研究と同様に、思春期の子どもは祖父母との関係性を比較的肯定的に捉えていることが示された。とくに、体調への気遣いや気持ちの理解など祖父母からの「日常的・情緒的援助機能」がよく認識されており、日常的なかかわりの中で安心できる存在として祖父母を捉えていることが示唆される。こうした祖父母の存在は、自立への欲求と不安が高まる思春期において心強いものではないかと考えられる。ただし、つらいことや悩みがあるときなどより深刻な状況で祖父母が心の支えになるという「存在受容機能」、祖父母の姿から自己の未来の展望をもつという「時間的展望促進機能」の認識は、「日常的・情緒的援助機能」「世代継承性促進機能」と比べてやや弱かった。「存在受容機能」や「時間的展望促進機能」は、今、ここでの具体的かかわりではない、より抽象的な関係性の認識を含むため、中学生の時点ではそれを肯定するのが難しいのかもしれない。さらに、祖父母との関係性の認識は、男子と女子で概ね傾向が類似していたものの、「世代継承性促進機能」は、男子より女子において得点が高いことが示された。思春期における認識の仕方の性差が、孫－祖父母関係の認知のあり方にも影響を与えていることが示唆された。

　一方、祖父母世代の発達に関連して、Eriksonらは、祖父母が孫に示す支持的で受容的な態度を「祖父母生殖性」と呼んでいる（Erikson et al., 1986/1997）。先述のように、本調査において思春期の子どもは、祖父母からの日常的・情緒的援助を肯定的に受け止めていた。ただし、祖父母は孫を一方的に援助するのではなく、孫の存在から得ているものもあるだろう。分析の結果、祖父母は「世代継承性実感機能」、「時間的展望促進機能」、「存在受容機能」を強く認識していた。すなわち、祖父母は、孫の存在から安心や嬉しさを実感し、精神的な豊かさや支えをもたらす存在として認識していることが示唆された。ただし、「道具的・情報的援助機能」、「日常的・情緒的援助機能」の認識も、その平均値は中央値の2を超えていた。孫の成長に伴い、孫から祖父母に対する具体的

な援助もなされるようになってくることが考えられる。一方で、金銭的な支援を含む将来的援助を期待する「将来的援助期待機能」は値が低く、孫を金銭的に頼る存在としてはとらえていない場合が多いことが示唆された。以上のように、思春期の子どもにとっての祖父母、祖父母にとっての孫は類似した機能を持ちつつも、より重視される機能には違いがあることが示された。思春期の子どもは、日常的な関わりの中で具体的に援助してくれることに言及する側面の得点がより高かったのに対して、祖父母は、より抽象的な側面の得点が高く、孫を精神的な豊かさや支えをもたらす存在として認識している可能性が示唆された。

第二に、孫-祖父母関係の認知と親-子世帯と祖父母世帯の居住距離や連絡・面会頻度との関連を検討した。祖父母は、居住距離が近く、面会頻度が多いほど、「日常的・情緒的援助機能」をよく認識していた。近くに住んで、会う機会が多ければ、孫から具体的な援助や気遣いを得る機会も多くなるのだろう。一方、思春期の子どもは、居住距離が近いほど、祖父母の姿から人の一生について考えるなどの「時間的展望促進機能」の得点が低いことが示された。身近であるからこそ、祖父母の姿を客観視しそこから抽象化して人の一生について考えるというようなことが難しくなるのかもしれない。

第三に、孫-祖父母関係に関する思春期の子どもと祖父母の認知の関連について検討した。パス解析の結果、因子間で正の関連がみられる場合と負の関連がみられる場合があり、その内容を分析すると、孫-祖父母関係のありようについていくつかのパターンが推察された。一方では、祖父母と孫がお互いに強い信頼関係で結ばれ、互いに気づかいや援助を示し合ったり、心の支えにしたりしている場合がある。他方、祖父母-孫関係に関する祖父母の認知、その認知を背景とした態度やかかわりの内容によっては、祖父母に対する肯定的なイメージを促進する方向に働かない場合があることが示唆された。

(2) 総合的考察と今後の課題

以上に整理したように、本調査のデータの分析から、親-子世帯と祖父母世

帯というマイクロシステム間の物理的・具体的かかわりの中で、思春期の子どもと祖父母が影響を与え合いながら関係を築き、関係性の認知を形成している可能性が示された。

　ただし、祖父母の認知や思春期の子どもの認知は、親－子世帯と祖父母世帯の居住距離や面会頻度による違いもみられた。孫－祖父母関係が、三世代を取り巻く生態学的システムに位置づいており、居住距離など、親－子世帯と祖父母世帯というマイクロシステム間のかかわりを規定する物理的な条件が、関係のありようにも影響を与えることが示唆された。

　さらに、思春期の子どもの認知と祖父母の認知には連動性があり、いくつかのかかわりのパターンがある可能性が推察された。直接的なかかわりの経験から関係性に関する認知が形成され、さらにその認知をもちながらかかわるという繰り返しの中で、かかわりのパターンが組織化され、思春期の子どもの認知と祖父母の認知にも連関が生じる可能性が考えられる。関係性のパターンをより精緻に特定化し、どのパターンのかかわりが、子どもや祖父母の適応や発達にどのように寄与するかを明らかにすることが必要である。

　最後に思春期の子どもと祖父母の関係のあり方を明らかにする上での今後の課題としては、以下の点を挙げることができる。

　第一に、本章で示した結果のうち、とくに、孫と祖父母が対応しているデータは、ケース数が少なく一般化可能性に限界がある。ただし、これまでにない貴重なデータであり、解釈可能な結果が得られたことから、研究上の意義は大きいと考える。今後は、ケース数を増やした上で、本研究の知見の妥当性を検討していく必要があるだろう。第二に、孫－祖父母関係が発達に伴って変容していくプロセスについては検討していない。子ども、祖父母の加齢に伴い孫－祖父母がどのように変化していくのか、かかわりのパターンの組織化、再組織化プロセスを分析することで、孫－祖父母関係のありようをさらに精緻に理解することができると考えられる。第三に、思春期の子どもの親が孫－祖父母関係にどのように関わっているのかを検討していない。三世代の関係システムをより詳細にとらえるため、親のかかわりとの関連についても明らかにする必要

がある。

　以上の課題に取り組むことで、孫 - 祖父母関係のありようを丁寧にとらえ、さらにはそれが孫、祖父母双方の適応や発達にどのように寄与するのかを検討していきたいと考える。

文献

Attar-Schwartz, S., Tan, J., & Buchanan, A. (2009). Adolescents' perspectives on relationships with grandparents: The contribution of adolescent, grandparent, and parent-grandparent relationship variables. *Children and Youth Services Review*, **31**, 1057-1066.

Attar-Schwartz, S. (2015). Emotional closeness to parents and grandparents: A moderated mediation model predicting adolescent adjustment. *American Journal of Orthopsychiatry*, **85**, 495-503.

Bronfenbrenner, U. (1996). *人間発達の生態学：発達心理学への挑戦*（磯貝芳郎・福富　護, 訳）. 川島書店.（Bronfenbrenner, U. (1979). *The Ecology of Human Development : Experiments by Nature and Design*. Cambridge, MA：Harvard University Press.）

Creasey, G.L., & Koblewski, P.J. (1991). Adolescent grandchildren's relationships with maternal and paternal grandmothers and grandfathers. *Journal of Adolescence*, **14**, 373-387.

Erikson, E.H., Erikson, J.M., & Kivnick, H.Q.（1997）.*老年期：いきいきしたかかわりあい*（朝長正徳・朝長梨枝子, 訳）. みすず書房.（Erikson, E.H., Erikson, J.M., & Kivnick, H.Q.（1986）.*Vital Involvement in Old Age*. New York：W. W. Norton.）

Fogel, A. (1993). *Developing through relationships: Origins of communication, self, and culture*. Chicago: The University of Chicago Press.

Fogel, A., Garvey, A., Hsu, H., & West-Storming, D. (2006). *Change processes in relationships: A relational-historical research approach*. New York: Cambridge University Press.

Henderson, C.E., Hayslip, B., Sanders, L. M., & Louden, L. (2009). Grandmother-grandchild relationship quality predicts psychological adjustment among youth from divorced families. *Journal of Family Issues*, **30**, 1245-1264.

Jones, D. C. (2001). Social comparison and body image: Attractiveness comparisons to models and peers among adolescent girls and boys. *Sex Roles*, **45**, 645-664.

笠井清登.（2015）. 総合人間科学としての思春期学. 長谷川寿一（監修）笠井清登・藤井直敬・福田正人・長谷川眞理子（編）,*思春期学*（pp.1-17）. 東京大学出版会.

Kennedy, G.E. (1990). College students' expectations of grandparent and grandchild role behaviors. *The Gerontologist*, **30**, 43-38.

Ruiz, S., & Silverstein, M. (2007). Relationships with grandparents and the emotional well-being of late adolescent and young adult grandchildren. *Journal of Social Issues*, **63**, 793-808.

杉井潤子. (2006). 祖父母と孫の世代間関係. *奈良教育大学紀要*, **55**, 177-189.

田畑　治・星野和実・佐藤朗子・坪井さとみ・橋本　剛・遠藤英俊. (1996). 青年期における孫・祖父母関係評価尺度の作成. *心理学研究*, **67**, 375-581.

氏家達夫. (2011). 親子関係と生涯発達. 氏家達夫・高濱裕子（編著），*親子関係の生涯発達心理学*（pp.1-46）. 風間書房.

Van Ranst, N., Verschueren, K., & Macroen, A. (1995). The meaning of grandparents as viewed by grandchildren: An empirical study in Belgium. *The International Journal of Aging & Human Development*, **41**, 311-324.

渡辺由己. (2008). 大学生の孫による，祖父母との関わりに関する研究. *吉備国際大学社会福祉学部研究紀要*, **13**, 115-122.

Yorgason, J. B., Padilla-Walker, L., & Jackson, J. (2011). Nonresidential grandparents' emotional and financial involvement in relation to early adolescent grandchild outcomes. *Journal of Research on Adolescence*, **21**, 552-558.

第6章　世代性の発達的変化

1. 問　題

(1) 超高齢化社会の親子関係

　我々は、高齢期にはいった人々がボランティア活動に熱心に取り組んだり、孫やひ孫との接触や交流を楽しんだり、あるいは定年後も熟達した分野で継続的に社会貢献する姿を知っている。公衆衛生学、医学、栄養学、心理学などの知見とそれらの一般への普及により、明らかに50年前の高齢者像とは異なる様相が展開されている。こういった事象への関心は、多領域にわたる高齢者研究において取りあげられてきた（例：健康状態、対人ネットワーク、生きがい、経済状態など）。一定の成果があげられてきてはいるものの、それで十分なのであろうか。例えば対人ネットワークといった視点からは、高齢者の親子関係（父母（祖父母の子ども）や子ども（祖父母の孫））や夫婦関係、近隣を含む地域社会とのつきあいなども検討する必要があろう。

　日本における親子関係の研究では、特定の時期の親と子どもの関係に焦点が当てられてきた（氏家・高濱，2011）。子どもの急激な心身の発達は親子関係に変化をもちこむとともに、親と子で構成される親子システム（あるいは家族システム）を不安定にすることが知られている。子どもの反抗期と認識される歩行開始期や思春期の親子関係は、そのような理由から様々な要因と絡めて検討の対象とされてきた（杉村，2011；高濱・渡辺，2012；高濱・渡辺・坂上・高辻・野澤，2008）。

(2) 生涯発達的視点から親子関係を検討する意義

親と子どもの関係は子どもの誕生から始まるが、子どもの心理的・社会的自立によって完結するわけではない。子どもは長じて親となるが、その時点でそれまでの親世代は祖父母となる。したがって、新たな親－子関係と同時に、全く新たな親－子－祖父母関係が始まるのである。つまり、生涯発達的観点からとらえると、従来の親子関係の研究は、親子の成育史の一断面を切り取ったにすぎないことがわかる。

とはいえ、親子関係に生涯発達的視点を導入する場合、世代間のダイナミズムをいかにとらえるかが鍵になると考えられる。新たに誕生した子ども（G3と呼ぶ）を迎えると、それまでの子どもは親（G2と呼ぶ）になり、それまでの親は祖父母（G1と呼ぶ）になる。それまでの親子関係の歴史を内包しつつも、これまでとは異なる2者あるいは3者関係が展開することになる。わが国には、このような二世代あるいは三世代の関係を検討しようとした研究は行われていない。かつての家族研究には、嫁－姑関係や同居の二世代あるいは三世代の関係を検討した社会学的な視点をもつ研究があった（日出幸ほか, 2003；三輪ほか, 2006；八重樫ほか, 2003）。しかし、同居世帯が激減した現代（内閣府, 2011）において、生涯発達的観点を導入した新たな親子関係の研究が必要とされている。

諸外国に比べて極めて短期間のうちに高齢化社会に突入したわが国では、高齢者の健康、生きがいや幸福感などの研究が増加傾向にある。中でも、高齢者の主観的幸福感を規定する要因を明らかにしようとする研究が行われている（例えば田渕ほか, 2012；内田ほか, 2012）。そこでの研究者の関心は老年期の適応にあるため、配偶者との死別、子ども世代との関係、心身の健康状態、経済的状態といった多くの要因とサクセスフルエイジング（successful aging）との関連性が検討されている。

(3) 世代性という概念の意味するもの

世代性（生殖性）とは、次世代を確立させて導くことへの関心であり、生き

とし生けるものに対する世話（offering）という世代継承的課題に必要なものである（Erikson, 1982/1989）。当初、日本の研究者たちはgenerativityの訳語に「生殖性」を使っていたが、鑪・山本・宮下（1984）が「世代性」という語を使い始めた。その理由は、Eriksonが含蓄させた生み、育み、世話する点を重視したからと説明されている。

　Eriksonによれば、成人期の心理社会的危機は「生殖性（generativity）対 停滞（self-absorption and stagnation）」である。生殖性は、「子孫を生み出すこと、生産性（procreativity）、創造性（creativity）を包含するものであり、（自分自身の）更なる同一性の開発に関わる一種の自己 – 生殖（self-generation）も含めて、新しい存在や新しい製作物や新しい観念を生み出すこと（generation）を表す（p.88）」。したがってErikson流に考えれば、世代性とは血縁関係のある親子間の世代性をも包含するより大きな概念と考えられる。

　とはいえ、欧米及びわが国において行われた世代性に関する実証研究はきわめて少ない（例えばMcAdams et al., 1992; 丸島, 2009；齋藤・星山・宮原, 2004）。これらの研究からは、パーソナリティ発達は精神的健康度と関連すること、世代性は若い成人より中年、高齢者のように年齢とともに発達すること（McAdams et al., 1992; 丸島, 2009）、人格の成熟度の高いものは次世代育成力が高いこと（齋藤・星山・宮原, 2004）などが見出されている。

（4）パーソナリティ研究における世代性研究の動向

　丸島（2009）は、Erikson（1982/1989）及びMcAdams et al.（1992, 1998）に依拠しつつ、わが国の文化的特徴を考慮した世代性尺度日本語版を開発した。丸島は、世代性の仮説構成概念として関係性と個体性の二つの柱と成人に対する期待とを想定し、そこに3つの領域、①創造性（creativity）、②世話（offering）、③世代継承性（generativity, maintaining）を組み込んで考えた。なお彼女は、世代性の定義である「親であること」を第一義的とする視点から離れ、子どものない、育てることなどを直接体験しない成人も含めて、どのような成人に対しても偏らない測定ができる尺度構成を意図した。したがって、血縁関係のある二世代関

係と比較した場合、その共通点や相違点を明らかにすることが必要であろう。

わが国では、少子高齢化の進行とともに、親予備軍である成人期の親準備性や養護性の欠如が問題視されてきた（陳，2007；金谷，2008）。そこでの議論は、乳幼児と接触したり世話をしたりする経験のないまま子どもの養育を始めざるをえない成人に焦点が当てられている。子どもに対する虐待や不適切な養育が多様な要因のトランザクションという観点からではなく、パーソナリティ発達との絡みで語られることも多い。

(5) 血縁関係のある二世代の世代性の検討

我々は歩行開始期と思春期に焦点化し、この時期の子どもをもつ親と祖父母の世代性について検討しようと思う。血縁関係のある二世代の世代性を検討することには、2つの意義があると考えられる。第一に、わが国の最近の二世代関係あるいは三世代関係の実情を示すデータがほとんどないことから、それを明らかにできる点である。第二に、比較可能な丸島のデータを参照することにより、時代推移や血縁の有無による相違があるのか否かを明らかにできる点である。

以上の議論にもとづき、本章では子どもの心身の発達に著しい変化が出現する歩行開始期及び思春期に焦点を当て、その時期の子どもをもつ親とその親（祖父母）の世代間の関係を検討する。我々は丸島の開発した尺度を用いてこの時期の子どもをもつ親世代と祖父母世代の合計4群の世代性を測定し、成人期以降の世代性の発達がどのようなものであるかを検討する。具体的にはこれら二世代間に差があるのか否か、あるとしたらどのような差なのか、その差が何を示すのかを検討する。

2. 方 法

対象者： 対象はふたつのコホートであった。第1のコホートは、歩行開始期の子ども（平均月齢27.7か月，SD9.3，範囲11-37）をもつ親690名（平均年齢34.5歳，

SD4.5，範囲21-48）と、その親を通して紹介された祖父母204名（平均年齢63.1歳，SD5.7，範囲45-83）であった。第2のコホートは、思春期の子ども（平均年齢13.7歳，SD1.3，範囲12-15）をもつ親721名（平均年齢43.8歳，SD4.2，範囲34-54）と、その親を通して紹介された祖父母102名（平均年齢72.7歳，SD6.2，範囲56-86）であった。対象者のリクルートは次のように行われた。なお、対象者の居住する地区の文化的背景の違いを考慮して、調査地区は関東圏と関西圏とした。

　歩行開始期の対象者は、この年齢の子どもが集まるポリオの予防接種会場、歯科健診会場などで協力者を募集した。加えて、母親の就労の有無を考慮し、当該年齢の子どもが通う保育所などを通して協力者を募集した。親は調査票とともに同封された返信用封筒を使って、回答票を返送した。祖父母世代へのアクセスは、親世代の紹介により行われた（具体的には、親世代の回答票に祖父母の氏名や住所を記入してもらった）。このようにして紹介された祖父母266名に改めて調査依頼をしたところ、そのうち204名から研究協力を承諾する回答が得られた。

　思春期の対象者は、関東圏の公立中学校4校及び関西地区の公立中学校3校、合計7校に在籍する1年生及び2年生に協力を依頼した。事前に中学校の校長とコンタクトを取り、研究の目的・概要・方法などを説明して了解を得た。なお、学校によっては、同一学年の全学級あるいは第2学年の調査が困難との判断が示されたので、2校については学校の判断を尊重した。すべての中学校では、ホームルームの時間や長期休業明けのガイダンスの時間などに質問紙調査の時間を設定してくださった。親世代と祖母世代へのアクセスは次のように実施された。調査対象の中学生に、調査票と調査依頼書の同封された封筒を家庭に持ち帰ってもらい、親に渡してもらった。親は同封された返信用封筒を使って回答票を返送した。この際に、中学校長名で調査協力依頼の文書を添付してくださった中学校が多かった。祖父母世代へのアクセスは、親世代の紹介により行われた（具体的には、親世代の回答票に祖父母の氏名や住所を記入してもらった）。このようにして紹介された祖父母160名のうち、102名から研究協力に承諾する回答が得られた。なお親向け質問票の祖父母の紹介欄には、祖父母の高齢に

表 6-1 祖父母と紹介者の関係とその割合

関　係	歩行開始期(%)	思春期 (%)
祖母－実娘	79.9	75.0
祖父－実娘	10.8	12.5
祖母－実息子	0.5	2.9
祖母－義理娘（嫁）	6.4	7.7
祖母－義理息子（婿）	1.5	0
祖父－義理娘（嫁）	0	1.9
無回答	1.0	0

よる視力の低下、疾病を患っていることなどの理由をあげ、この調査に協力できないことを詫びる記述が多かった。

　回答した祖父母世代と親世代との関係を、表6-1 に示した。歩行開始期、思春期ともに、祖母—実娘の関係が約 80％を占めた。

調査地域：関東圏（A区、B市）と関西圏（C市、D市、E市、F市）であった。

調査時期：歩行開始期の調査は、2011 年 9 月から同年 12 月に実施された。思春期の調査は、2012 年 9 月から 2013 年 9 月に実施された。

調査内容：調査内容は次の項目から構成された。二世代の交流頻度やその内容、居住距離、祖父母からの援助（経済的・道具的・精神的）、祖父母への援助（経済的・道具的・精神的）、しつけに対する助言、子どもの状況（祖父母への親密度、反抗や自己主張）、育児状況と育児についての考え、世代性、精神的健康度、夫婦の性別役割観、配偶者や家族の状況、最終卒業校、就労状況・収入などであった。基本的に二世代に同じ質問をしたが、祖父母世代には反抗や自己主張に変えて、祖父母としての認識を尋ねた。思春期の調査内容は、基本的に歩行開始期と同じであった。子どもの発達段階にあわせて、子どもの状況は祖父母への親密度は共通で、子どもとの会話、子どもの生活への理解に差し替えた。思春期の祖父母へは、歩行開始期の祖父母としての認識に変えて孫とのかかわりについて尋ねた。

分析：PASW@ Statistics 18 を使用した。

3. 結　果

(1) 4群における世代性尺度の因子分析

　世代性尺度20項目（丸島・有光, 2007）について、歩行開始期及び思春期の親世代と祖父母世代の合計4群に因子分析を行った。因子分析は先行研究にならい、主因子法、プロマックス回転を採用した。先行研究の結果と比較するために、共通性や因子負荷量が若干低めでも、項目を削除しなかった。歩行開始期の親、歩行開始期の祖父母、思春期の親、そして思春期の祖父母の順に、表6-2から表6-5に因子分析の結果を示した。

　まず、歩行開始期の親、歩行開始期の祖父母、そして思春期の親の3群については3因子構造が確認され、下位尺度項目のまとまり方も先行研究と全く同じであった。しかし、思春期の祖父母に関しては、異なる結果が得られた。因子分析の結果は3因子構造を得たものの、3項目の移動が起きていた。まず、他の3群では第2因子の「世話」にまとまった7項目のうちの1項目（「私は子どもの世話をよくする」）が、思春期の祖父母では第3因子に移動した。次に、他の3群では第3因子の「世代継承性」にまとまった5項目のうちの2項目（「私の死後にも、私が貢献したことは残っているように思う」、「私は自分の経験を通して得た知識などを他人に伝える努力をしてきた」）が、思春期の祖父母では第1因子に移動した。そして、第3因子にまとまった4項目のα係数が極めて小さかった。このような差異が生じた原因は、2点考えられる。尺度の妥当性の問題と移動した項目の意味内容が世代によって異なる可能性である。とはいえ、4群の比較検討という目的に沿って、得られた結果をそのまま採用することとした。

　先行研究にならい、第1因子は「創造性」、第2因子は「世話」、第3因子は「世代継承性」と命名された。4群の各因子のα係数および因子間相関はそれぞれの表を参照されたい。

表 6-2　歩行開始期の親の世代性尺度因子分析結果

項目内容	F1	F2	F3	共通性
第1因子　創造性				
私はものを考えるときかわった考えができる	.725	-.045	.029	.521
私は大多数の人と違ったところがあるように感じる	.698	-.097	-.098	.416
私は変わったことやめずらしいことをするのが好きだ	.678	-.016	-.039	.436
私は自分がすることはたいてい新しく創造的であるように努めている	.664	-.080	.124	.479
私は他人がびっくりするようなことをしたり，物を創ったことがある	.653	-.027	.101	.472
私は夢のようなことを考えるのが好きだ	.519	.066	-.144	.259
私は問題を解いたりものを作ったりしているときがいちばん楽しい	.437	.062	.047	.232
私は何かを考えていい考えが浮かんだときとてもうれしく感じる	.417	.159	-.018	.238
第2因子　世話				
私は他人の面倒をよくみる	.000	.746	-.025	.546
私は悲しんでいる人を見たらなぐさめる	-.015	.716	-.016	.499
私は困っている人を見ると，つい手助けしたくなる	.107	.700	-.072	.522
私は奉仕活動に喜んで参加する	.045	.580	.057	.380
私は相手の話に耳を傾ける	-.083	.549	.040	.289
私は子どもの世話をよくする	-.104	.424	.033	.167
私は次世代のために，環境汚染につながることをしないように極力努めている	.026	.300	.077	.117
第3因子　世代継承性				
私は自分の死後に残るようなことは何もしていないと思う (-)	-.117	-.078	.741	.479
私は，他人に寄与するような価値のあることは何もしていないと思う (-)	-.064	-.003	.675	.410
私の死後にも，私が貢献したことは残っているように思う	.018	.072	.608	.427
私は，自分のこれまでの生き方を若い人に伝えていくように努めてきた	.132	.030	.483	.309
私は自分の経験を通して得た知識などを他人に伝える努力をしてきた	.092	.135	.455	.309
回転前の累積因子寄与率	46.3%			

注　(-) は逆転項目を示す。α 係数　.815, .775, .746

因子間の相関（親）

	F1	F2	F3
F1	1.000	.344	.359
F2		1.000	.295
F3			1.000

表6-3 歩行開始期の祖父母の世代性尺度因子分析結果

項目内容	F1	F2	F3	共通性
第1因子　創造性				
私は自分がすることはたいてい新しく創造的であるように努めている	.778	-.108	.140	.649
私は他人がびっくりするようなことをしたり，物を創ったことがある	.774	-.201	-.030	.513
私はものを考えるとき変わった考えができる	.740	-.029	.006	.536
私は変わったことやめずらしいことをするのが好きだ	.676	.131	-.187	.456
私は夢のようなことを考えるのが好きだ	.676	.026	-.094	.427
私は大多数の人と違ったところがあるように感じる	.675	-.041	-.149	.385
私は何かを考えていい考えが浮かんだときとてもうれしく感じる	.591	.136	-.093	.382
私は問題を解いたりものを作ったりしているときがいちばん楽しい	.467	.000	-.055	.201
第2因子　世話				
私は困っている人を見ると，つい手助けしたくなる	.091	.895	-.234	.749
私は悲しんでいる人を見たらなぐさめる	-.095	.783	-.059	.540
私は他人の面倒をよくみる	.082	.657	.141	.576
私は奉仕活動に喜んで参加する	-.050	.547	.152	.362
私は相手の話に耳を傾ける	-.071	.535	.052	.285
私は子どもの世話をよくする	-.089	.467	.105	.236
私は次世代のために，環境汚染につながることをしないように極力努めている	.096	.245	.180	.166
第3因子　世代継承性				
私は，自分のこれまでの生き方を若い人に伝えていくように努めてきた	.187	.071	.657	.217
私は自分の経験を通して得た知識などを他人に伝える努力をしてきた	.285	.113	.506	.240
私は自分の死後に残るようなことは何もしていないと思う (-)	-.309	-.036	.496	.131
私は，他人に寄与するような価値のあることは何もしていないと思う (-)	-.194	.000	.391	.614
私の死後にも，私が貢献したことは残っているように思う	-.022	.222	.370	.530
回転前の累積因子寄与率	49.2%			

注　(-) は逆転項目を示す。α係数　.854, .808, .628

因子間の相関（祖父母）

	F1	F2	F3
F1	1.000	.364	.392
F2		1.000	.379
F3			1.000

表 6-4　思春期の親の世代性尺度因子分析結果

項目内容	F1	F2	F3	共通性
第 1 因子　創造性				
私は変わったことやめずらしいことをするのが好きだ	.783	-.081	-.051	.565
私は自分がすることはたいてい新しく創造的であるように努めている	.712	-.061	.087	.534
私は大多数の人と違ったところがあるように感じる	.707	-.176	-.169	.437
私はものを考えるときかわった考えができる	.698	-.015	-.107	.479
私は他人がびっくりするようなことをしたり，物を創ったことがある	.633	.020	.193	.535
私は夢のようなことを考えるのが好きだ	.536	.064	-.017	.302
私は問題を解いたりものを作ったりしているときがいちばん楽しい	.456	.030	.064	.242
私は何かを考えていい考えが浮かんだときとてもうれしく感じる	.378	.246	-.026	.240
第 2 因子　世話				
私は悲しんでいる人を見たらなぐさめる	-.033	.746	-.121	.482
私は困っている人を見ると，つい手助けしたくなる	.144	.707	-.122	.500
私は他人の面倒をよくみる	-.043	.682	.093	.513
私は相手の話に耳を傾ける	-.115	.559	-.115	.258
私は奉仕活動に喜んで参加する	.048	.452	.203	.346
私は子どもの世話をよくする	-.135	.431	.018	.179
私は次世代のために，環境汚染につながることをしないように極力努めている	.049	.259	.083	.105
第 3 因子　世代継承性				
私は自分の死後に残るようなことは何もしていないと思う (-)	-.125	-.194	.682	.354
私は，他人に寄与するような価値のあることは何もしていないと思う (-)	-.054	-.056	.615	.332
私の死後にも，私が貢献したことは残っているように思う	-.025	.025	.614	.381
私は，自分のこれまでの生き方を若い人に伝えていくように努めてきた	.135	.090	.497	.366
私は自分の経験を通して得た知識などを他人に伝える努力をしてきた	.121	.183	.459	.384
回転前の累積因子寄与率	46.4%			

注　(-) は逆転項目を示す。α 係数　.825, .745, .719

因子間の相関（親）

	F1	F2	F3
F1	1.000	.261	.352
F2		1.000	.443
F3			1.000

表 6-5 思春期の祖父母の世代性尺度因子分析結果

項目内容	F1	F2	F3	共通性
第1因子　創造性				
私は他人がびっくりするようなことをしたり，物を創ったことがある	.879	-.109	-.187	.664
私は自分がすることはたいてい新しく創造的であるように努めている	.656	.142	-.182	.504
私は変わったことやめずらしいことをするのが好きだ	.654	-.118	-.094	.356
私は夢のようなことを考えるのが好きだ	.611	-.031	.108	.399
私は問題を解いたりものを作ったりしているときがいちばん楽しい	.594	-.122	.205	.393
私はものを考えるとき変わった考えができる	.486	-.037	.235	.327
私は何かを考えていい考えが浮かんだときとてもうれしく感じる	.471	-.169	.351	.358
私は自分の経験を通して得た知識などを他人に伝える努力をしてきた	.467	.416	-.044	.552
私の死後にも，私が貢献したことは残っているように思う	.378	.207	-.132	.241
私は大多数の人と違ったところがあるように感じる	.317	.032	.282	.201
第2因子　世話				
私は悲しんでいる人を見たらなぐさめる	-.265	.882	.041	.647
私は困っている人を見ると，つい手助けしたくなる	-.159	.784	.034	.536
私は他人の面倒をよくみる	.007	.766	-.058	.579
私は奉仕活動に喜んで参加する	.099	.636	-.058	.459
私は相手の話に耳を傾ける	.109	.469	.329	.456
私は，自分のこれまでの生き方を若い人に伝えていくように努めてきた	.402	.437	-.189	.482
第3因子　世代継承性				
私は自分の死後に残るようなことは何もしていないと思う (-)	.060	.136	-.503	.245
私は次世代のために，環境汚染につながることをしないように極力努めている	.180	.195	.465	.389
私は，他人に寄与するような価値のあることは何もしていないと思う (-)	.152	-.008	-.429	.177
私は子どもの世話をよくする	.340	.312	.378	.298
回転前の累積因子寄与率	50.0%			

注　(-) は逆転項目を示す．α係数　.827, .819, .228

因子間の相関（祖父母）

	F1	F2	F3
F1	1.000	.451	.231
F2		1.000	.173
F3			1.000

(2) コホート別・世代別4群の世代性尺度得点の比較

　まず、4群の世代性にどのような差異があるのかを検討した。サンプル全体の因子得点は「世話」がもっとも高く、次に「創造性」、そして「世代継承性」の順であった。これらは先行研究の結果と同じであった。

　次に、4群の因子得点を比較するために、一元配置の分散分析（ANOVA）をおこなった。その結果、群の主効果が有意であった（$F(3, 1667)=6.09, p<.001; F(3, 1681)=8.27, p<.001; F(3, 1680)=5.85, p<.001$）。次に、TukeyのHSDによる多重比較をおこなったところ、歩行開始期の親の「創造性」得点が、思春期の親の得点より有意に高かった（tG2>aG2, p<.001）。また、思春期の祖父母の「世話」得点は、その他の3群より有意に高かった（aG1>tG2,tG1,aG2, p<.01）。そして、思春期の祖父母の「世代継承性」得点は、その他の3群より有意に高かった（aG1>tG1,aG2,tG2, p<.01）。これらの結果は、先行研究の結果を概ね支持した。

　さらに、生涯発達的な変化をとらえるため、そして本サンプルの特徴を描出

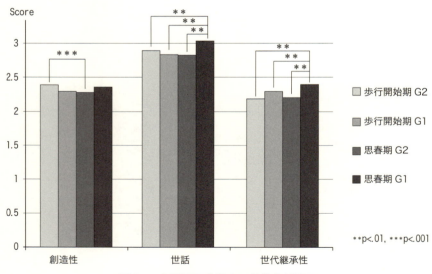

図6-1　3因子尺度得点の分散分析結果

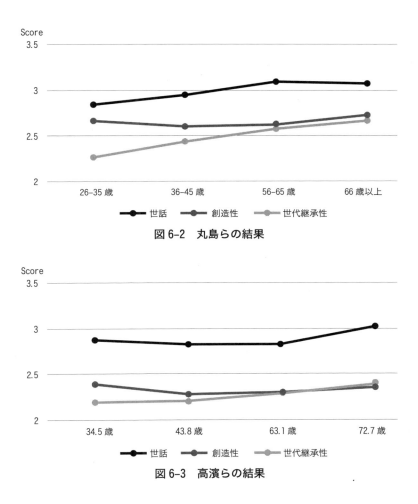

図 6-2　丸島らの結果

図 6-3　高濱らの結果

するために、丸島らの結果（調査は 1999 年〜 2000 年に実施された）との比較を試みた。丸島サンプルの年齢には、本サンプル 4 群の平均年齢に該当する年齢区分の女性の平均値を使用した。本サンプルの回答者は 80％ 以上を女性が占めたからである。その結果を、図 6-2 と図 6-3 に示した。

　丸島サンプル及び本研究のサンプルが示すように、世話と世代継承性は加齢とともに緩やかに上昇する傾向がみられた。すなわち、最年長の時期がもっと

も高い数値を示した。創造性は4時点ではもっとも若い時期が高く、その後はわずかに下降し、再び最年長の時期に高い値を示した。丸島サンプルと比較した本サンプルの特徴としてあげられることは、3因子得点の平均値が丸島の結果よりおしなべて低いことであった。世話のみが、歩行開始期の親において若干丸島サンプルを上回ったものの、後は全て丸島サンプルよりも低かった。これらの要因については、サンプル収集方法の相違、血縁関係の有無、調査実施時期と時代の推移などを考慮しなければならないだろう。

(3) 親と祖父母の相関分析の結果

最後に、親と祖父母の因子得点にどの程度の関連があるかを検討するために相関分析をおこなった。

ここでは.20以上の相関係数を示した因子に着目した。表6-6から、2つのコホート（歩行開始期および思春期）において、.20以上の相関係数を示す因子が13あった。

第一に、親の相関（G2）を見ると、第1因子（創造性）と第3因子（世代継承

表6-6 親世代と祖父母世代の因子得点の相関

	G2/因子1 創造性	G2/因子2 世話	G2/因子3 世代性	G1/因子1 創造性	G1/因子2 世話	G1/因子3 世代性
tG2/因子1 aG2/因子1						
tG2/因子2 aG2/因子2	**.285** .198**					
tG2/因子3 aG2/因子3	**.299** **.280**	**.278** **.336**				
tG1/因子1 aG1/因子1	**.285** .133	.113 **.282**	.083 .114			
tG1/因子2 aG1/因子2	.089 .056	**.188** .106	.165* .043	**.291** **.369**		
tG1/因子3 aG1/因子3	.074 .059	.100 .081	.057 .130	**.229** **.356**	**.388** **.387**	

注．上段tは歩行開始期コホート、下段aは思春期コホートを示す。　　*$p<.05$, **$p<.01$, ***$p<.001$.

性）間の相関がふたつのコホートにおいて見出された。また、第2因子（世話）と第3因子（世代継承性）間のふたつの相関がふたつのコホートにおいて見出された。さらに、第1因子（創造性）と第2因子（世話）間の相関は、歩行開始期のみに見られた。

第二に、祖父母の相関関係（G1）を見ると、第1因子（創造性）と第2因子（世話）間の相関が両方のコホートで見られた。また、第1因子（創造性）と第3因子（世代継承性）間の相関が、両方のコホートにおいて見出された。さらに、第2因子（世話）と第3因子（世代継承性）間の相関が、両方のコホートにおいて見出された。

最後に、世代間の相関関係（G1とG2）を見ると、歩行開始期の親の第1因子（創造性）と祖父母の第1因子（創造性）の間に相関が見出された。思春期コホートでは、親の第2因子（世話）と祖父母の第1因子（創造性）との間に相関が見られた。

親の相関は，歩行開始期も思春期も，創造性と世代継承性が高く、世話と世代継承性が高かった。歩行開始期のみ，創造性と世話の相関が高かった。

相関係数の高さ（.30以上）に着目すると、祖父母世代の世代内相関が親世代よりも高い。とりわけ、思春期の祖父母の因子間相関の高さが顕著であった。

4. 考　察

この章では、歩行開始期と思春期のふたつのコホートについて、それぞれに属する親世代と祖父母世代の合計4群の世代性を、丸島らの開発した世代性尺度を用いて測定し、分析した。因子分析、分散分析そして相関分析の結果、次のことが明らかになった。

4群の因子分析の結果、世話、創造性、世代継承性の3因子が得られ、因子得点は世話がもっとも高く、次いで創造性、そして世代性継承性という順番であった。この結果は、丸島らの先行研究の結果を裏づけた。創造性は歩行開始期の子どもをもつ親の得点がもっとも高かった。世話と世代継承性は、思春期

の孫をもつ祖父母の得点がもっとも高かった。これらの結果も、丸島らの結果を概ね支持した。とはいえ、本研究のサンプルの示した3因子の平均値は、丸島らよりも総じて低めであった。

相関分析の結果は、親世代の因子間相関は、祖父母世代の因子間相関に比較すると低かった。つまり、祖父母世代の因子間相関は、3因子全てにおいてみられ、とりわけ思春期の祖父母の相関係数は大きかった。

本研究の結果は、依拠した先行研究である丸島らの結果を概ね裏づけた。しかし、いくつかの問題点を指摘することができる。本サンプルでは思春期の祖父母の因子分析の結果が、他の3群とは異なり、項目の移動が起きた。この群の第1因子のα係数が低かったのはそれが原因と推測される。丸島らの資料によれば、彼女らのサンプルのもっとも高齢の年齢区分は65歳以上と記されている。どれだけの幅があるのか、そしてこの年齢区分に分類された対象の平均年齢は不明である。それに対して、本サンプルの思春期の祖父母の平均年齢は72.7歳であった。可能性としては、より高齢者にはこの尺度が妥当でないことが考えられる。あるいは、より高齢者には移動した項目（「私は子どもの世話をよくする」、「私の死後にも、私が貢献したことは残っているように思う」、「私は自分の経験を通して得た知識などを他人に伝える努力をしてきた」）の意味内容が、他の群とは異なる可能性を孕むのかもしれない。

しかし、丸島らの血縁関係のない、そして必ずしも親ではない対象者も含まれるサンプルと、本サンプルによる4年齢区分の生涯発達的変化を見ると、その推移が類似していた。年齢とともに世話や世代継承性は上昇傾向にあった。そして若い時期に高い創造性は、加齢とともにやや減少あるいは維持の傾向があり、最年長では若干高くなった。

このような違いは、サンプルの特徴を反映している可能性が考えられる。丸島のサンプルの中には生涯学習講座などへの熱心な参加者が多く含まれていたためと考えられる。彼らはこうした調査に対する関心が高いことが知られている。もうひとつの可能性として、時代による変化も推測される。丸島らの調査から、約10年経て、調査が実施された。本研究は子育て真っ最中の親とその

祖父母を対象としたため、ごく日常的な意識をすくい取ったと考えられる。したがって、本研究の結果が現在の日本の世代関係の実情を反映する可能性は高いと推測される。

　祖父母の世代は、子育ての現役世代ではない。むろん親世代の住居の近くに住む近居世帯の多い地区で調査を実施したため、日常的に親世代や孫世代とのかかわりは多いと予想される。そうした経験と、Eriksonの指摘する「生きとし生けるもの全てへの関心」が祖父母世代の世代継承性の高さにつながっていると考えられる。

5. 結　論

　歩行開始期及び思春期の子ども（G3）をもつ親世代（G2）とその親世代（G1）の世代性を検討した結果は、概ね先行研究の知見を裏づけた。しかし、尺度得点を比較すると、本研究の結果は総じてやや低めであった。また思春期の祖父母（G1）の尺度得点が他の群より高いことも同様の結果であった。

　先行研究においては、中年期後期から老年期にかけての年代で、世代性がもっとも高い得点を示すことが示唆されている（McAdams et al., 1993；丸島，2000）。しかし、親役割や生産的活動が外的現実として減少する老年期においても世代性が発達する可能性があるといわれる（深瀬・岡本，2010）。先行研究をレビューした深瀬らは、その可能性について3点を指摘した。祖父母が孫に多大の関心をもつとみなされる日本の文化的局面が高齢者の反応を刺激する、孫や孫をケアする我が子とのかかわりで、祖父母が世代性を再強化する、そして引退後には中年期の束縛やプレッシャーから自由になり、また世代継承性への思いが強まることから得点が高くなるというのである。

　本研究の結果では、世代継承性の増加傾向だけでなく、世話も高い得点を示した。高濱ほか（2016）の結果と上記の可能性とを勘案すると、世話得点の高さもG2やG3世代とのかかわりによる影響が大きいのかもしれない。とはいえ、祖父母としての経験が反映されるのか、それとも老年期といわれる年齢に

はいることが影響するのか、あるいは両方の相互作用なのかは、明確に区別できない。質的な検討を通して、さらに吟味することが必要である。

文献

陳　省仁.（2007）. 現代日本の若者の養育性形成と学校教育. 子どもの発達臨床研究, **1**, 19-26.

Erikson, E.H. (1989). ライフサイクル, その完結（村瀬孝雄・近藤邦夫, 訳）. みすず書房.（Erikson, E.H. (1982). *The life cycle completed*. New York: W.W.Norton.）

Erikson, E.H., Erikson, J.M., & Kivnick, H.Q.（1997）. 老年期：いきいきしたかかわりあい（朝長正徳・朝長梨枝子, 訳）. みすず書房.（Erikson, E.H., Erikson, J.M., & Kivnick, H.Q. (1986). *Vital Involvement in Old Age*. New York：W. W. Norton.）

深瀬裕子・岡本祐子.（2010）. 中年期から老年期に至る世代継承性の変容. 広島大学大学院教育学研究科紀要, 第三部, **59**, 145-152.

日出幸昌江・天冨美禰子.（2003）. 子育てにおける祖父母世代の参加：幼老共生の暮らしに向けての考察. 大阪教育大学紀要, 第Ⅱ部門, **51(2)**, 139-152.

金谷有子.（2008）. 大学生と幼児との世代間交流の重要性についての探索的研究. 埼玉学園大学紀要（人間科学部篇）, **8**, 119-127.

丸島令子・有光興記.（2007）. 世代性関心と世代性行動尺度の改訂版作成と信頼性, 妥当性の検討. 心理学研究, **78**, 303-309.

丸島令子.（2009）. 成人の心理学：世代性と人格的成熟. ナカニシヤ出版.

McAdams, D.P., & de St. Aubin, E.(1992). A theory of generativity and its assessment through self-report.Behavioral acts and narrative themes in autobiography. *Journal of Perspnality and Social Psychology*, **62**, 1003-1015.

McAdams, D.P., de St. Aubin, E., & Logan, R.L. (1993). Generativity among young, midlife, and older adults. Psychology and Aging, **8**, 221-230.

McAdams, D.P., Hart, H.M., & Maruna, S.(1998). The anatomy of genrerativity. In D.P. McAdams & E. de St. Aubin (Eds.), *Gererativity and adult development*(pp.7-43). Washington, D.C.:American Psychological Association.

三輪聖子・内田照彦・木澤美津子.（2006）. 次世代育成支援における祖父母の役割について：母親の子育て不安との関わり. 岐阜女子短期大学紀要, **35**, 79-83.

内閣府.（2013）. 平成23年度版高齢社会白書.
　〈http://www8.cao.go.jp/kourei/whitepaper/w-2011/zenbun/html/s1-2-1-02.html〉（2013年9月21日）

齋藤幸子・星山佳治・宮原　忍.（2004）. 少子社会における次世代育成力に関する調査.

J.Natl.Inst. Public Health, **53(3)**, 218-227.

Smith, P.K., & Drew, L.M. (2002). Grandparenthood. In Marc H. Bornstein(Ed.), *Handbook of Parenting：Vol.3*(pp.141-172). Mahwah, NJ: Lawrence Erlbaum Associates.

杉村和美. (2011). 青年期. 氏家達夫・高濱裕子（編著）, *親子関係の生涯発達心理学*（pp.78-93). 風間書房.

田渕　恵. (2010). 世代性（Generativity）の概念と尺度の変遷. *生死病死の行動科学*, **15**, 13-20.

高濱裕子・渡辺利子・坂上裕子・高辻千恵・野澤祥子. (2008). 歩行開始期における親子システムの変容プロセス：母親のもつ枠組みと子どもの反抗・自己主張との関係. *発達心理学研究*, **19**, 121-131.

高濱裕子・渡辺利子. (2012). 日本の幼児の自己主張はなぜ洗練されないのか：2歳，2歳半，3歳時点の自己主張の変化と親の認知. *お茶の水女子大学人文科学研究*, **8**, 1-13.

高濱裕子・北村琴美・佐々木尚之・木村文香. (2016). 加齢と世代性：60代の母親と娘との育児をめぐる葛藤の分析. *お茶の水女子大学子ども学研究紀要*, **4**, 1-8.

田渕　恵・中川　威・石岡良子・権藤恭之. (2012). 高齢者の世代性および世代性行動と心理的Well-beingの関係. *日本世代間交流学会誌*, **2(1)**, 19-24.

鑪幹八郎・山本　力・宮下一博. (1984). *アイデンティティ研究の展望Ⅰ*. ナカニシヤ出版.

内田由紀子・荻原祐二. (2012). 文化的幸福感：文化心理学的知見と将来への展望. *心理学評論*, **55**, 26-42.

氏家達夫・高濱裕子. (2011). *親子関係の生涯発達心理学*. 風間書房.

八重樫牧子・江草安彦・李　永喜・小河孝則・渡邊貴子. (2003). 祖父母の子育て参加が母親の子育てに与える影響. *川崎医療福祉学会誌*, **13(2)**, 233-245.

第7章　祖父母世代における人生の統合

1. 問　題

(1) 日本人の主観的幸福感

　20年ほど前までは、幸福感は経済状態と結びつけられて語られることが多かった。経済的豊かさは幸福感を向上させ、人生の満足度を高めるというのである。しかし、リーマンショックや世界的な経済が衰退状態に至った結果、研究者たちはグローバルな視点による検討を始めている。特定の領域を超えて、経済学、政治学、心理学、哲学、社会学などの協働による指標作りが進展しているのである。

　もとより、幸福感や幸福度とは主観的なものであるため、それを測定することや比較することは極めて難しい（内田，2013）。経済的成長がこれまでと同様には見込めないという先進国の見通しと、先進諸国のようになれば国民が本当に幸せになるのかという発展途上国の懐疑的な問いかけがある。

　そのような検討の中で、日本人の幸福感が海外主要国と比較して低めであることが指摘されている。しかも、日本人の主観的幸福感の構成比が正規分布の形状はとらずに、平均値である5と比較的高い7-8のふたつの山が見出された（幸福度に関する研究会，2011）。幸福感の高いデンマークや英国は8を頂点とした非対称の山型の形状を示すことから、日本人の幸福感はそれとは異なることがわかる。

　とはいえ、このことが指し示すのは、日本人には幸福でないと感じる人が多いという単純な結論ではない。そこには、日本的な文化における幸福感という

表 7-1　文化と幸福 (内田・荻原, 2012 より改変)

	日本	北米
幸福感情	低覚醒感情「おだやかさ」 関与的感情「親しみ」	高覚醒感情「うきうき」 脱関与的感情「誇り」
幸福のとらえ方	陰陽思考・ネガティブさの内包	増大モデル・ポジティブ
幸福の予測因	関係思考 協調的幸福、人並み感 関係性調和 ソーシャル・サポート	個人達成志向 自己価値・自尊心

重要なテーマが介在しているのである。内田・荻原（2012）によれば、日本と北米との比較研究の結果、人々の幸福感のとらえ方、幸福の予測因、そして社会経済環境と幸福との関連のそれぞれに、一定の文化差がみられることが明らかにされた。それらを整理したものが表7-1である。

日本人の幸福感を特徴づける傾向として「関係性」があげられる。日本においては、他者と調和した関係にある時に得られる快感情が幸福感と結びついている。これに対して北米では自尊心や自己の独立が重要な要素になっている。この結果は、既に文化的自己観として指摘された内容を裏づける（Markus & Kitayama, 1991）。日本人のとらえる関係性は一枚岩ではなく、ライフスタイル、家族とのつながり、地域とのつながり、そして自然とのつながりが強いといわれている。

（2）日本人と欧米人の文化的自己観

Markus & Kitayama（1991）は、西洋と東洋における重要な文化的相違を指摘した。彼らは、「異なる文化に所属する人々は、顕著に異なる文化的自己観、他者観、及び両者の相互依存性をもっている」という。彼らは、西洋文化における個人は、自己への関心をもち、自己を主張し、個性を尊重することを希求すると指摘した。一方東洋文化における個人は、他者との出会いを尊重し、他者にあわせ、そして他者との相互依存的な調和の重要性を強調する。そして過去には、アイデンティティの知覚におけるこれらの重要な相違が見過ごされ続

けてきたと述べる。

　米国では、子どもたちは、「きしみ音をたてる車輪は潤滑油を塗ってもらえる」と教えられる。これは、目立つ人がしばしば注意を喚起するということだ。日本では、子どもたちは「出る杭は打たれる」ことを学ぶ。ここでは、グループでの調和を保つことに焦点が当てられている。

　日本における数多くの研究が、他者との関係を重視する日本人の自己の特徴を検討してきた（岡本，1997，2007；杉村，1999，2005）。これらの結果は「自己の二面性」、すなわち個人のアイデンティティと関係的なアイデンティティのバランスと統合の重要性を示した（Jesselson, 1992; 杉村，1999；岡本，1997）。それは、人が自分自身を見る方法と、他人の目を通して自分自身を見る方法である。さらに、個人的なアイデンティティが確立された後に示されるであろう「関係性」や、我々の周りの人々のアイデンティティ形成を助ける「関係性」について成人後の調査が必要と指摘される（丸島，2009；McAdams et al., 1992）。

　本論は、これらの自己観に対する考え方を発展させ、定性的な方法論を使用して、4人の高齢者の人生経験を深く掘りさげるつもりである。

(3) 世代性（世代継承性）とアイデンティティ

　中年期の人々は、次世代を養育し導くという願望を発達させる。Erikson (1982/1989) は、中年期の人々による若者への関心と生きとし生けるもの全てへの世話を世代性と定義した。子どもたちは、彼らの両親による世代性の行為を通して、世代性を受け継ぎ、中年に達すると同様の世代性を発揮することができるだろう。そうであれば、祖父母の世代性は、彼らの子どもに伝えようとするものに含まれるはずである。

　日本では、かつては典型であった三世代世帯が減少している。戦前の家族制度のもとでは、多くの家庭では祖父母、親（祖父母世代の子ども）、そして孫（親世代の子ども）の三世代が同居して生活を営んでいた。戦後に民法が改正された結果、それまでの家族制度は崩壊し（坂田，2013）、日本における三世代同居の割合は激減した。5年ごとの最新のデータによると、夫婦の4人の親のうち誰

かと同居する三世代同居率の全国平均は、31.3％（全国家庭動向調査，2013）であった。この数値には変動が見られ、26.3％（1993年）、19.6％（1998年）、28.2％（2003年）、26.1％（2008年）と漸減的に推移してきた。2013年の平均値が高い理由はいくつか考えられる。まず妻よりも夫の父や母との同居率が高いこと、しかも同居する父親が高齢化しており、彼らの健康状態が同居の増加に関連することである。また、この平均値は地域の格差を示し得ていない。人口集中地区の三世代同居率は17.5％であるのに対し、非人口集中地区では41.6％にものぼる。とりわけ東北地方や北陸地方の三世代同居率は高いことが明らかにされている。

また、同居していなくとも、夫婦いずれかの母親が60分以内に住んでいる近居のケースは72.0％（全国家庭動向調査，2013）であった。この数値は、20年前の調査時よりも12ポイント以上上昇したことが報告されている。昨今の首都圏の地価高騰は、出生率や育児環境へも影響を及ぼした。埼玉県や千葉県は首都圏への通勤圏内であることから、若い夫婦が県内に住居を得て首都圏にある職場へ通う。これら両県では、父母が若い夫婦の住まいの近くに居住する近居が増加傾向にある（千葉県，2013；埼玉県，2013）。この現象はソーシャルサポートの観点に加えて、関係性という観点からとらえる必要性をも示唆していると考えられる。

高齢者は彼らの最晩年にはいると、彼らの人生を振り返る（Erikson et al., 1986/1990）。その時彼らは、親そして祖父母としてのアイデンティティをどのように体系化（組織化することとバランスをとること）するのだろう。祖父母のナラティブを通して、関係的アイデンティティの次元が検討されるだろう。

(4) 本章の目的

本章の目的は、次の2点である。第一に、思春期の孫をもつ高齢者は、どのように自分のアイデンティティ間のバランス、すなわち個人のアイデンティティと関係的アイデンティティのバランスを見いだすのだろうか。第二に、アイデンティティと世代性（世代継承性）の関係はいかなるものであろうか。おそら

くバランスと統合を図るといった精神的な作業を通して、高齢者は彼ら自身の人生の統合に向かうと推測される。

2. 方　法

　対象は、中学1年と2年生を対象とした質問紙調査時（2012年）にエントリーした思春期の孫をもつ祖父母であった。質問紙調査に応じた102人の祖父母のうち、約30人が面接調査に協力可能と回答した。彼らの居住地域を勘案しスケジュールを調整した結果、最終的に14人が面接調査に応じた。本章に登場する4人の対象者の面接時の年齢（性別）は、A男さんが87歳（男性）、B子さんが71歳（女性）、C子さんが69歳（女性）、そしてD子さんが70歳（女性）であった。

　面接は対象者の自宅で実施され，所要時間は約90分であった。面接者は研究者と大学院博士後期課程に在籍する学生2人であった。面接内容は、祖父母と父母との交流の仕方とその認知、父母から祖父母への役割の変更、孫への関与と親との関係、孫世代へ継承したいものであった。これらは対象者の語りにあわせて随時微調整された。面接内容は対象者の許可を得てICレコーダーに録音され、その音声記録は全て文字転記された。文字記録の分量は、ひとりにつきA4サイズで20頁前後であった。

　分析は文字記録にもとづいて行われ、対象者が語る内容に焦点が当てられた。ここでは対象者がどのように語るかではなく、どのような内容がどのような順序で語られるかに着目した（Riessman, 2008）。対象者の語りが人生行路に即した時系列のスタイルをとるのか、印象深い経験から語るスタイルをとるのか、そのスタイルは、それぞれの対象者の人生に対する意味づけと不可分であると推測された（野村，2005）。

　分析は次のような手順を踏んで行われた。あらかじめ用意された質問内容はあったが、しばしば対象者は自発的に語り出すため、面接者はそれに即して内容を入れ替えるなどして対応した。自発的に語り始める内容は、対象者のテー

マと推測される内容であった。それらは結婚前までのこと、親であった時期のこと、祖父母になってからのことと、時間的に大きな区切りをもっていた。そこで整理する際には、横軸には時間経過に沿って、結婚までの経歴、親時代、祖父母時代の欄を作成した。さらに世代性への関心：継承したいものを付け加えた。次に縦軸には、語られた内容が個人のアイデンティティに関する内容か、あるいは関係的アイデンティティに関する内容かで分類され、記入された。これらの中にはふたつのアイデンティティを含む内容があり、いずれに分類するのが妥当か判断に迷うことがあった。そういった内容は関係性の中で、自分自身を振り返り、自分の立場を明確にしていくような体験に基づいていた。そこで、対象者がどちらに重きを置いて言及しているかを分類基準とした。内容が異なる場合には、改行して列記した。人生のテーマにかかわる内容に下線を引いた後、各対象者のテーマを特定化し、その箇所を楕円で囲んだ。さらに個人のアイデンティティに関する内容を斜体文字で示した。強調文字は、関係的アイデンティティの危機を示す。なお、対象者のプライバシーに配慮し、事例の全体像に差し障りのない範囲で情報を改変した箇所があることをお断りしておく。

3. 結果と考察

まず、それぞれの事例の全体像を紹介しつつ、各事例のテーマを特定化していく。分析手順にしたがって得られた結果を、表7-2 に示した。

事例1：A男さん　彼のテーマは「東京大空襲で生き残った」ことである。「6人の兄弟のうち、私と弟だけが助かった」という。さらに「もう1年早く生まれていたら、徴兵されて戦地へ送られ、（死んで）ここにはいなかった」と話している。そうした生い立ちが「弟とふたりで誰の助けも借りずに、自分の足で立って生きてきた」という発話に凝縮されている。

　彼は結婚して2人の娘を得た。しかし長女は難病を患い、6年間の闘病の末に亡くなった。その間、彼は難病児の親の会の会長を務めた。その辛い体験が、

「次女には彼女の望むことを全て叶えさせてやった」という言及からうかがえる。次女は国際ロードレース大会に出場し、日本でレースがあれば、彼は応援に駆けつけた。「私の人生の中で、親として一番の至福の時だった」と懐かしそうに述べた。

　次女が結婚する時には3つの条件を出した。彼女に家を継いでもらうために、親である彼らと同居すること、娘の姓を名乗ること、彼女の夫が婿入りすることであった。これらを受け入れなければ、結婚は認めないと話した。次女たちはこれを受け入れ、それ以来同居を継続し、現在は三世代同居である。

　たまたま郷里に帰った時に、彼は両親の家の蔵の中から過去帳を見つけた。もっとも古い過去帳は、江戸時代初期のものだった。彼はこの過去帳に非常に興味を惹かれた様子で、面接者にそれらの説明をした。さらに現在、家系図の不備（空白）を埋めている最中だという。そして「当然これは残っていくだろうが、子どもにこれを引き継いでとは言わないだろう」と話している。また、小学校の存命の同級生が、今や10人足らずになってしまったことも話した。それらの記録をきちんと備忘録に残してもいた。

　「誰にも何も残さずに死ぬのが最善かもしれない」と言いながらも、彼は自分とかかわりのあった人たちを記録に残す行為を続けている。その行為は、自分の生きた証であろうし、関係的アイデンティティの発露とも考えられる。

事例2：B子さん

彼女のテーマは、「精肉店の長男と結婚した」ことである。したがって結婚と同時に「嫁として家業に参入した」のである。彼女は21歳で結婚したが、その時すでに両親は他界し、嫁ぎ先の姑がすべてを教え導いてくれた。それを彼女は「私が妻として母としてどうあればよいかを（姑が）教えてくれた」と表現した。姑は「誰かに何か言われて腹が立っても、ちょっとこらえて、ほんで後で言いなさい」と助言してくれたという。さらに「家族が一生懸命働かなければ、商売はうまくいかずに失敗する」といった。姑は嫁としての立場と精肉店の若妻という立場を考慮したうえで、彼女を訓導したのであろう。

表 7-2 対象者の分析結果一覧

対象者（年齢・性別・居住地）	アイデンティティ	結婚までの経歴	親時代：家族の歴史の始まり	祖父母時代	世代性への関心：継承したいもの	現在の家族形態
A男さん 87歳 男性 関東圏	個のアイデンティティ	東京大空襲で生き残った。8人兄弟のうち私と弟だけが助かった。もしもう1年早く生まれていたら、徴兵されて今はいなかっただろう。私は若い時、ショー・ビジネスの仕事をしていた。		誰にも何も残さずに死ぬのが最善かもしれない。		夫婦、娘夫婦、孫。三世代同居
	関係的アイデンティティ	弟のおかげで、誰の助けも借りずに、自分の足で立ってきた。	妻は私が勤務していた劇団の団員だった。長女を難病のために失った。彼女を約6年間病しだが、私は難病児の親の会の会長をやった。長女亡き後、次女にはすべての希望を叶えさせてやった。次女は国際ロードレース大会に出場し、私は彼女を応援した。私の人生の中で、親として一番至福の時だった。	次女には、結婚の3条件（娘夫婦が我々と同居する、娘の姓を名乗る、彼女の夫が婿入りする）を示した。それらを受け入れなければ、結婚は認めないつもりだった。次女の親としてのしつけは、予測したよりも厳しい。私は小学校の同級生の死亡年月日を記録している。今や10人足らずになってしまった。	郷里に帰った時、両親の家の蔵の中から過去帳を見つけた。江戸時代初期と記録されていた。今、家系図の不備を埋めている。当然これは残っていくだろうが、子どもには言わないだろう。	

	個のアイデンティティ	関係的アイデンティティ			
Bさん 71歳 女性 関東圏	私は21歳で結婚したが、既に両親は亡くなっていたから姑が多くのことを教えてくれた。	姑が亡きとしてどうであれば良いかを私に教えてくれた。彼女は「もし誰かが何か言ったら、ちょっと待ってと言って後で言いなさい」と教えてくれた。私は、精肉店の長男と結婚した。家族はうまくいかないと、一生懸命働かなければ、商売はうまくいかない。私たちには子どもが3人いて、彼らはとても仲が良い。3人の子どもたちは祖母（私の姑）をとても慕っていた。	毎月家族の誕生日を祝うために集まっていたが、家族が増えたので、数か月に1度はまとめて祝うようになった。お盆の墓参りには、私は事前にいつも子どもたちに直接来るように言っておく。彼らに言うことはできないので、子どもたちは予定を調整して私と一緒に行くようになった。私はいつでも孫たちのことを考えているし、彼らの学校入学やスポーツ大会に参加するのが好きだ。夫婦で誠実に商売をやっていて、閉店の時は地域の人々に感謝された。	私の夫は6代目。我が家の引越の時、長男が仏壇と神棚を引き受けてくれた。跡継ぎとしての行動だと知り、うれしかった。不必要な延命措置はしないように、娘に話してある。	夫婦。子ども3人及び孫たちとは別居

表 7-2 の続き

対象者(年齢・性別・居住地)	アイデンティティ	結婚までの経歴	親時代：家族の歴史の始まり	祖父母時代	世代性への関心：継承したいもの	現在の家族形態
Cさん 69歳 女性 関西圏	個のアイデンティティ		なるべく一人で生きていけるように、子どもがしたいことは何でも経験させるようにしてきた。	私は息子たちの生活には踏み込まないようにする。		夫婦。子どもは3人。半年前に長女を亡くす。三世代同居。
	関係的アイデンティティ		次男にお嫁さんが来てくれて、孫が生まれて2か月になる。長女の家族とはLineで、長男の家族とはメールやFacebookでコミュニケーションする。夫(ひとりっ子)と始めた家族の絆がすごく強く、私は線を引きたかったが無理だった。（嫁の代わりはあるが、親の代わりはいない」と言われた。	次男の子どもも入れて、孫は全部で6人になった。介護されないで終わるのでは不安。息子のお嫁さんが介護することになると、かわいそうだから、世話を反面教師にしてきた。最近長女を失った。この調査を辞退すべきか迷ったが、後ろ向きではダメだと考え直した。	子どもにいろいろな経験をさせたくて頑張ってきたが、何も残ったかも残らなかったのではないかと思う。心豊かな人生を歩んではしい（経済的なことよりも）。	

Dさん 70歳 女性 関東圏	個のアイデンティティ	子どもを連れて実家に帰った時、兄嫁や祖父母に気を遣ったが、最高に楽しい時代だった。	親子だからってひとつの決まりがあるから、良い時は何でもないけど、ちょっと心にひっかかるものがあると受け入れられなくなる。私は根に持つ方なので、もう少し気持ちを明るくしなければと思う。本屋で本を買って、ひとりで喫茶店で本を読んで、自分の気持ちを和ませて家へ帰る時が月に何回かある。		子どもは2人。4年前に夫を亡くす。その後三世代同居。
	関係的アイデンティティ	この家は私を主人で建てたのだから。私たち夫婦は、とにかく家を手に入れるために頑張った（悠られながら内職も）やった。	うちはお誕生会とかやるから、本当に盛大にやっちゃう。私はあまり好きじゃないけど、従うしかないと思って。4年前に夫を失った。月曜日から金曜日まで家族全員の夕食を作り、一緒に食べる。実の娘でも言えない部分がある。夫のお墓参りのことや近所付き合いのこと。娘にはやってあげるからという以上は言えない。	親を大切に、人の気持ちをくめる人間になってほしい。	

彼女は家族が仲良くすることを、常に心がけている。これまでは家族メンバーの誕生日を祝うために毎月集まっていたが、家族が増えたので、今は数か月に一度まとめて祝うようになったと説明した。お盆の墓参りには家族全員で行きたいが、彼女と夫の都合を子どもたちに押しつけることは避けている。そこで彼女は、自分と夫がいつ墓参りに行くつもりかを子どもたちに伝えておくようにする。すると子どもたちは予定を調整して、一緒に行くようになったという。

　彼女と夫は自宅の改築のために一時的に小さなアパートに移ったが、それまで管理していた仏壇と神棚を長男が預かってくれた。商売をしていれば、それらはとくに重要な意味をもつ。夫は「毎朝神棚をお参りして、仏様にもお経をあげていた」という。しかし自宅に戻る時には、それらを長男に託してきたという。彼女は長男の行為を、自分が跡継ぎだという自覚がある証拠だと喜んで語った。

　地域に根づき、誠実に商売を営んできたことが受け入れられて、精肉店を閉じる際にはとても感謝され、惜しまれたという。彼女の人柄と商売を通して身に着けた周囲の人々への心配りが、息子の嫁や子どもたちへも発揮されているようだ。

事例３：Ｃ子さん　彼女のテーマは夫の母親（姑）との関係である。「夫はひとりっ子だったが、夫と姑の絆がすごく強く、私は線を引きたかったが無理だった」という。「どこかへ出かける時は必ず（姑が）一緒だし、ふたりがお客さんを家に招いて、親戚の人にも声かけて。でも、私は知らなかった」こともあったという。「多分、冗談半分で言ってるんだろうけど、『嫁の代わりはあっても親の代わりはない』と言われた。「子どもが小さい時は、『あ、また（おばあちゃんが何か）言ってる』と私も委縮していたが、子どもが学校へ行くようになったら、もう子どもたちが『おばあちゃんには言わしとき』という雰囲気になってきた」という。

　これらの言及に呼応するように、彼女は姑を反面教師にして生活してきたと

いう。家族が無事に仲良くやってくれたらそれでよいので、「私は息子たちの生活には踏み込まないようにしている」と言った。これが「私は一線引いている」ということの意味なのである。

　また、半年前に大きな喪失を体験した。彼女の長女を病気で亡くしたのである。そのことについては多くを語らなかったが、この調査との絡みで次のような説明をしている。この調査を辞退すべきかと迷ったが、「でも、後ろ向きではダメ」と考え直したという。この言葉の背後には計り知れない悲しみや苦悩があると推測されたが、それでも前向きに進もうとする意思を感じ取ることができる。

　彼女は「子どもにいろいろな経験をさせたくて頑張ってきたが、何が残ったかと言われると何も残らなかったのではないかとも思う」と多少の後悔を含むニュアンスで語った。次世代には「心豊かな人生を歩んでほしい。経済的なことよりも」と話した。

事例４：Ｄ子さん

　彼女は４年前に夫を失った。亡くなった夫の話は、家を手に入れるための苦労話に凝縮されている。「この家は私と主人で建てたのだから。私たち夫婦は、とにかく家を手に入れるために頑張った。私も怒られ怒られ内職もしたし、とにかく家を求めたくて頑張っちゃった」のである。夫を失ったダメージは大きく、現在も精神的には安定しているとは言い難いようだ。例えば、「本屋で本を買って、ひとりで喫茶店で本を読んで、自分の気持ちを和ませて家へ帰る時が月に何回かある」という言葉に、その気持ちが表れているようだ。

　夫が亡くなった後、彼女は娘の家族と同居するようになった。「だけど、今度はそこにあの子たちがはいってるじゃない。でも家賃も何ももらっていない。それは当たり前だと思ってるけど。どうにか年金で生活している。本当は大丈夫じゃないんだけど、大丈夫よって言ってる」と説明する。そして現在は月曜日から金曜日まで家族全員の夕食を作り、一緒に食べているという。

　彼女は「実の娘でも言えない部分がある。夫の墓参りのことや近所付き合い

のこと」だという。娘は「お母さんのとこまでは（必要なことは）やってあげるから」というが、それ以上のことは彼女からは言えないという。「親子だってひとつの決まりがあるから、良い時は何でもないけど、ちょっと心にひっかかるものがあると受け入れられなくなる。私は根にもつ方なので、もう少し気持ちを明るくしなければと思う」というのである。

　次世代に望むこととして、彼女は「親を大切に、人の気持ちをくめる人間になってほしい」と述べた。

　次に、事例の独自性と共通性に留意しながら、5つの観点に即して考察していきたい。それらは、喪失体験、個人のアイデンティティの揺らぎ、他者との関係における個人のアイデンティティの模索、G2の子育てを目の当たりにすることと自分の子育ての振り返り、そして子どもへの負担を斟酌する最終ステージのありかたである。

　第一に、対象者4人全員が喪失を体験していた。長女を失ったA男さん、結婚前に既に両親がいなかったB子さん、面接の半年前に長女を亡くしたC子さん、そして4年前に夫を亡くしたD子さんである。その時期も対象も異なってはいるが、もっとも身近で親密な対象であることは共通している。当事者はそのことについて多くは語らなかったし、面接者も聞き出すことは控えた。身近な他者の死は強い否定的感情反応を伴うからである（丹下・西田・富田・大塚・安藤・下方，2016）。しかし、アイデンティティとの絡みで、彼らの喪失の体験は語られた。ごく最近の喪失体験である場合には、そのことを受け止めつつも、未だ葛藤を抱えていることをうかがわせる言及があった。彼らは懸命に前に進もうと、自分自身を奮い立たせようとしているようだ。後ろ向きにならないように本調査を承諾した対象もいた。渡邉・岡本（2005）は、死別体験による人格的発達を検討したが、死別経験時の対象者の年齢、死別相手との続柄などいくつかの要因が人格発達と関連していた。超高齢化社会にあって、加齢とともに身近な人々との別れは増えることになる。ともすると、そのインパクトの大きさゆえに心身の不調の契機になる場合もあるだろう。

第二に、個人のアイデンティティの揺らぎが認められた。A男さんは「もしもう1年早く生まれていたら、徴兵されて今はいなかっただろう」と語る。空襲によって、自分の存在自体が脅威に曝されたのである。B子さんは「21歳で結婚したが、既に両親は亡くなっていた。だから姑が多くのことを教えてくれた」という。結婚とは、それまで育った家庭の文化を背負って他家の文化に参入することである。彼女は、婚家先を拠りどころとするしかなかった。C子さんは、「夫（ひとりっ子）と姑の絆がすごく強く、私は線を引きたかったが無理だった」という。その体験が「私は息子たちの生活には踏み込まないようにする」という適応のスタイルを作りあげたのかもしれない。しかもその過程では、彼女の子どもたちが姑に対する適切な対応に気づき、彼女をサポートすることもあった。D子さんは「親子だってひとつの決まりがあるから、良い時は何でもないけど、ちょっと心にひっかかるものがあると受け入れられなくなる」と語った。親子でもお互いに理解し合うことの難しさを示す言葉であろう。そして「本屋で本を買って、ひとりで喫茶店で本を読んで、自分の気持ちを和ませて家へ帰る時が月に何回かある。」懸命に自分自身の気持ちを立て直しつつ、自分の立ち位置を模索しているようだ。

　第三に、他者との関係において、自分のアイデンティティを見つめなおしていた。この知見は、永田・岡本（2005）や宗田・岡本（2006）の指摘に極めて近いものである。他者との関係の中で、自分のあるべき姿を模索し、気づいていく様子が示されている。A男さんは「実家に帰った時、両親の家の蔵の中から過去帳を見つけた。もっとも古い物は、江戸時代初期と記録されていた。今、家系図の不備を埋めている」という。自分と弟だけが生き残った体験と誰にも頼らず自分の足で立って生きてきた経歴が、自分と血のつながった両親やさらにその祖先たちの記録に関心を向けさせたと推測できる。「当然これは残っていくだろうが、子どもに引き継いでとはいわないだろう」という発話に、彼の心情が現れている。B子さんは両親を早くに亡くした経験と、婚家先の商売を担ってきた経験から、家族の絆をしっかりと創りあげることに配慮してきた。「私たちには子どもが3人いて、彼らはとても仲が良い」と語った。とはいえ、

彼女や夫は子どもたちへ強制せずに自発的な行動を促すように配慮してきた。C子さんは「姑を反面教師にしてきた。家族が無事に仲良くやってくれたらよいので、私は一線引いている」という。姑が過剰ともいえるほど若夫婦の生活に立ち入ることを彼女は否定的にとらえ、自分はそうしないようにと自戒を込めてきた。D子さんの場合は、第二の、個人のアイデンティティの揺らぎと重複する内容である。「親子だってひとつの決まりがあるから、良い時は何でもないけど、ちょっと心にひっかかるものがあると受け入れられなくなる」と語った。親子でも真に理解し合うことは難しく、それに気づいた彼女はどうあればよいのかを模索しているようだ。他者を通して自分自身を見つめたり、とらえなおしたりしていることがわかる。とはいえ、しばしばそれらは個人の存在に対する脅威という側面をもつ。

　第四に、祖父母であるG1は、子どもであるG2の子育てを目の当たりにして、かつての子育ての振り返りをしていた。娘や息子の子育てを間近で見る時、それを批判するよりも自分の子育てを振り返るようである。例えばA男さんは「娘の親としてのしつけは、予測したよりも厳しい」と話している。一方B子さんは、「私はいつでも孫たちのことを考えているし、彼らの学校スポーツ大会に参加するのが好きだ」と自分のコミットメントを評価する。C子さんは「長女の家族とはLINEで、長男の家族とはメールやFacebookでコミュニケーションする」と説明した。D子さんは「うちはお誕生会とかやるから、本当に盛大にやっちゃう。私はあまり好きじゃないけど、従うしかない」と語った。現代のG3世代の忙しさに驚きながらも、直接親への口出しはせずにその様子をよく見ている。祖父母は、孫とのかかわりの中でそれまでとは異なる対人関係の枠組みを身につける（氏家，2011）。

　そして最後に、子どもの負担を斟酌する最終ステージのありかたについての言及があった。面接時の質問は「お子さんに介護してほしいと思いますか」であったが、ほぼ全員が子どもに負担をかけない終末期のありかたを述べた。

　A男さんは直接は語らなかったが、現在自分が妻の介護の一翼を担っていると説明した。B子さんは「不必要な延命措置はしないように、娘に話してあ

る」と言う。さらに「夫は、『(自分が) ひとり残ったら息子のところへ行く』と言ってるようだ」という。C子さんは「介護されないで終わりたいが、世話になるのではと不安。息子のお嫁さんが介護することになると、かわいそうだから」と話す。D子さんは「先日ちょっと体調崩して、3日ぐらい寝込んだ。そうしたら娘とその夫が『これで寝たきりになったらどうしようと思った』という。娘は口では『(私が面倒みるから) いいよ』って。でも現状を見ていると、親を見ながら仕事はできない。だから娘に『悪いけど入院させて』と話してある」という。

　自分の孫(世代)へ継承したいものは、精神的な面に焦点化した希望が語られた。C子さんは「心豊かな人生を歩んでほしい。経済的なことよりも」と強調した。D子さんは「親を大切に、人の気持ちをくめる人間になってほしい」と話している。欧米の研究結果では、物質的なものあるいは物質的なものに託して精神的な内容が語られる (Kroger & Marcia, 2011)。この結果は日本とは趣が異なるようだ。

　2015年における日本人の平均寿命は、男性80.79歳、女性87.05歳であった (厚生労働省, 2016)。本章の対象者は、平均寿命と比較すれば、A男さんを除いた女性たちはほとんどが70代でまだ若い。とはいえ、人生を統合すべく懸命に歩んでいるように感じられる。長年連れ添った配偶者を亡くしたり、成人するまでに親を亡くしたり、あるいは最近子どもを亡くしたりしていた。どれほど心身の負荷を感じたことだろうか。親密な他者との関係によってサポートされたとしても、いつまでも子どもの負担になるのは避けたいという思いが伝わってくる。それまでの豊かであった対人関係から、潔く撤退すること。これはまさしくErikson et al. (1986/1990) が指摘した老年期の課題である。

4. 結　論

　最後に、図7-1のプロセスモデルを提示しながら結論を述べたい。
　人生行路 (結婚前まで、親であった時代、祖父母である時代) を時系列的に配置した。

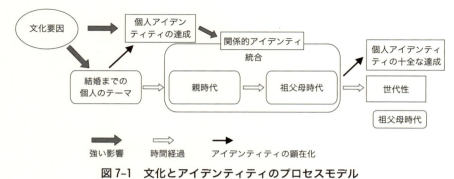

図7-1　文化とアイデンティティのプロセスモデル

　最終のゴールとして、個人のアイデンティティの完全な（十全な）達成と世代性（世代継承性）を設定した。

　面接を通して、対象の語りを聞く限りでは、親時代と祖父母時代の関係的アイデンティティが重要な意味をもっている。親の時代に、たとえ親と子どもが親密性を構築したとしても、子どもが親になり、親であった彼らが祖父母になると、その関係に再編が起きる。その再編過程では個人のアイデンティティに揺らぎが生じ、個人のありかたが見直されている。つまり、いかに「統合」するかという課題を突きつけられているようだ。個人のアイデンティティは親になる以前に達成されたと思われるが、最近行われた研究（高濱・北村・佐々木・木村，2016）では、歩行開始期の孫をもつ60代の祖母は、自分が親時代に実現できなかったことを、娘の子育てを通して体現している。つまり歩行開始期の孫の育児を通して、自らの喜びとアイデンティティを見出していると考えられた。そして、この後十全な達成に至るのではないだろうか。したがって、この図では祖父母時代を2つの時期に区分した。文化要因を出発点においたのは、誰しもそのような文化に生まれ、そこで育つからである。無論、親時代や祖父母時代においても、文化背景の影響は否定できないが、あえてアイデンティティにより重きをおくモデルにしたのである。

　最後に本章およびモデルの限界に触れておきたい。調査のデザインが遡及的な手法を採用しているため、対象の記憶違いなどが混入しやすい。質問紙調査

と面接調査を併用したとはいえ、面接調査は1回限りであった。したがって、どこまで対象の経験世界に迫れたかという問題は残る。とはいえ、人生行路のどの時期に焦点化し、ライフサイクルの中のどのイベントに意味づけをしたのかが対象の語りから明らかになった。重要な人物とのかかわりの中で体験した危機が自己のとらえ直しにつながり、再体制化を促し、その後の対人関係に活かされたという先行研究の結果（永田・岡本，2005）を裏づけた。

文献

千葉県．(2013). 施策に関する補助資料．〈https://www.pref.chiba.lg.jp/juutaku/shingikai/3zi-juuseikatsukaigi/documents/03-0403siryou.pdf〉（2016年1月29日）

Erikson, E.H. (1989). ライフサイクル，その完結（村瀬孝雄・近藤邦夫，訳）．みすず書房．(Erikson, E.H. (1982). *The life cycle completed.* New York：Norton & Company.)

Erikson, E.H., Erikson, J.M., & Kivnick, H.Q. (1990). 老年期:生き生きしたかかわりあい．（朝長正徳・朝長梨枝子，訳）．みすず書房．(Erikson, E.H., Erikson, J.M., & Kivnick, H.Q. (1986). *Vital involvement in old age.* New York: W.W.Norton.)

Josselson, R.L. (1992). *The space between us: Exploring the dimensions 86 of human relationships.* San Francisco: Jossey-Bass.

国立社会保障・人口問題研究所．(2013). 全国家庭動向調査．〈http://www.ipss.go.jp/site-ad/index_Japanese/cyousa.html〉（2016年1月29日）

幸福度に関する研究会．(2011). 幸福度に関する研究会報告:幸福度指標試案．

厚生労働省．(2016). 2015年簡易生命表概況．

Kroger, J., & Marcia, J.E. (2011). The identity statuses：Origins, meanings, and interpretations. In Seth J. Schwartz, Koen Luyckx, & Vivian L. Vignoles (Eds.), *Hand book of identity theory and research.*(pp.31-53). New York: Springer.

Markus, H.R., & Kitayama, S. (1991). Culture and the self: Implication for cognition, emotion, and motivation. *Psychological Review*, **98(2)**, 224-253.

丸島令子．(2009). *成人の心理学：世代性と人格の成熟．*ナカニシヤ出版．

丸島令子・有光興記．(2007). 世代性関心と世代性行動尺度の改訂版作成と信頼性，妥当性の検討．*心理学研究*, **78**, 303-309.

McAdams, D.P., & de St. Aubin, E. (1992).A theory of generativity and its assessment through self-report, Behavioral acts, and narrative themes in autobiography. *Journal of Perspnality and Social Psychology*, **62**, 1003-1015.

McAdams, D.P., Hart, H.M., & Maruna, S. (1998). The anatomy of genrerativity. In D.P.

MacAdams, & E.de St. Aubin(Eds.), *Gererativity and adult development* (pp.7-43). Washington, D.C.: American Psychological Association.

永田彰子・岡本祐子．(2005). 重要な他者との関係を通して構築される関係性発達の検討．*教育心理学研究*, **53**, 331-343.

野村晴夫．(2005). 構造的一貫性に着目したナラティブ分析：高齢者の人生転機の語りに基づく検討．*発達心理学研究*, **16(2)**, 109-121.

岡本祐子．(1997). *中年からのアイデンティティ発達の心理学*．ナカニシヤ出版．

岡本祐子．(2007). *アイデンティティ生涯発達論の展開：中年期の危機と心の深化*．ミネルヴァ書房．

Riessman, C.K. (2008). *Narrative methods for the human science*. London：Sage.

埼玉県住宅政策懇話会．(2011). みんなで作り上げる住まいの安心・安全と３つの力．〈https://www.pref.saitama.lg.jp/a1107/jyuuseikatu-top/documents/427993.pdf〉（2016年1月29日）

坂田　聡．(2013). 日本の家制度・その歴史的な起源．〈http://www.yomiuri.co.jp/adv/chuo/opinion/20130115.html〉（2016年1月29日）

宗田直子・岡本祐子．(2006).「個」と「関係性」からみたアイデンティティ研究の動向と展望：発達早期における「個」と「関係性」の起源に着目して．広島大学心理学研究, **6**, 223-242.

杉村和美．(1999). 現代女性の青年期から中年期までのアイデンティティ発達．岡本祐子（編），*女性の生涯発達とアイデンティティ：個としての発達・かかわりの中での成熟* (pp.55-86). 北大路書房．

杉村和美．(2005). *女子青年のアイデンティティ探求：関係性の観点から見た２年間の縦断研究*．風間書房．

高濱裕子・北村琴美・佐々木尚之・木村文香．(2014). 歩行開始期の子どもをもつ親世代と祖父母世代の世代性．*お茶の水女子大学人文科学研究*, **10**, 155-166.

高濱裕子・北村琴美・佐々木尚之・木村文香．(2016). 加齢と世代性：60代の母親と娘との育児をめぐる葛藤の分析．*お茶の水女子大学子ども学研究紀要*, **4**, 1-8.

Takahama, Y., & Sasaki, T. (2017). A feeling of satisfaction in the mutual support between grandparents and parents in Japan. *Poster Presented at the British Psychological Society Annual Conference, 4 May, 2017. Brighton, Great Britain.*

丹下智香子・西田裕紀子・富田真紀子・大塚　礼・安藤富士子・下方浩史．(2016). 成人中・後期における「死に対する態度」の縦断的検討．*発達心理学研究*, **27(3)**, 232-242.

内田由紀子・荻原祐二．(2012). 文化的幸福観：文化心理学的知見と将来への展望．*心理学評論*, **55**, 26-42.

内田由紀子．(2013). 日本人の幸福感と幸福度指数．*心理学ワールド*, **60**, 5-8.

氏家達夫.（2011）. 祖父母と次世代の親子関係の支援. 氏家達夫・高濱裕子（編著）,*親子関係の生涯発達心理学*（pp.110-130）. 風間書房.

渡邉照美・岡本祐子.（2005）. 死別体験による人格的発達とケア体験との関連. *発達心理学研究*, **16(3)**, 247-256.

付記

本章は、North East Branch Bulletin に掲載された論文（Takahama et al., 2015）で扱った2事例に、さらに2事例を加えて、新たに書き起こしたものである。

終章　結果のまとめと今後の展望

　本書を最後まで読んでくださった読者は、本書の構成を少し奇異にお感じになったかもしれない。それは全9章から成る本書の三分の一が、次に示すような理論編で占められているからである。

　　序　章　「親子関係を三世代にわたってとらえる重要性」
　　第1章　「三世代親子データ分析の方法論的検討」
　　第2章　「現代社会における三世代関係」

　このような構成にした理由は、執筆者たちが理屈好きだからというわけではない。我々は、本書編纂の意図、理論的枠組、方法論の検討などに関して、従来の研究で課題とされてきた内容を正面切って取りあげた。それは思いつきではなく、比較的長い間温めてきたアイディアに依拠している。しかし、無謀な試みだったかもしれない。強い意気込みと熱意はあったが、従来の課題を克服できたのかどうかは、ある意味読者の判断に委ねるしかない。

1. 本書の目的と検討の視点

　序章に述べられているように、本書には3つの目的が設定されていた。第一は、親子関係を祖父母 - 親 - 孫の三世代に拡大して議論することであった。従来の親子研究では、隣り合う2つの世代の親子関係のみに着目することが多かった。しかし重要なピースが欠けていると、親子関係を歪めて解釈してしまう恐れがあるからであった。三世代親子関係は相互に入り組んだ文脈のなかで、

それぞれの役割、ルール、機能を文脈に応じて変化させていることからも、三世代親子関係を包括的に検討し、親子関係の研究に新たな視点を導入することを試みた。

第二は、子どもの心身の発達的変化が顕著な2つの時期（歩行開始期および思春期）の三世代親子システムの発達的変化をとらえることであった。これらの時期には、親と子の親子システムの平衡状態が崩れやすい。一方で、祖父母や保育所などの社会的資源を活用することによって、親子は新たな行動様式を発達させ、三世代親子システムを再組織化すること（高濱・渡辺・坂上・高辻・野澤, 2008；氏家・高濱, 2011）が明らかにされている。2つのコホートを比較することで、ライフサイクルにおける重要な課題に直面する親子が、その関係性を再編させる発達的変化を検証したいと考えた。

第三に、三世代親子マッチングデータを利用して、三世代親子システムの相互依存性を考慮した分析を試みることであった。親子関係について祖父母、親、

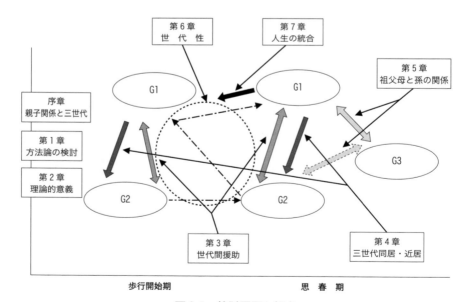

図9-1　検討課題と視点

子それぞれの立場から回答を得ることによって、家族内の相互関係を適切な方法論を用いて解明できるだろうと予測した。

これらを受け、本章での議論の視点を整理して、図9-1に示した。簡単にこの図の見方を説明しておこう。

本書で検討する歩行開始期の祖父母（G1）- 親（G2）システムと思春期の祖父母（G1）- 親（G2）- 子（G3）システムとを中央部に示した。この図では、親子システムが、時間経過に従って左側の歩行開始期から右側の思春期へと移行することを表している。移行という語を使ったが、変容あるいは相転移という語でも良いかもしれない。

次に、各章の分析の視点を、2種類の矢印（⇔あるいは⇒）で示した。矢印の向きは研究視点の違いによって異なり、双方向の影響を検討するのか、それとも一方向の影響を検討するのかによって使い分けた。しかもこれらの章では、ふたつの時期におけるシステムを比較することも目的のひとつであった。相互関係とふたつの時期におけるシステムの変容の2点を同時に考慮した検討をおこなった。双方向の影響を検討した研究は、第3章（世代間援助の発達的変化）と第5章（思春期の子どもと祖父母との関係）であり、一方向の影響を検討した研究は第4章（三世代同居・近居の因果効果の推定）であった。

また祖父母と親を平均年齢の若い順に並べると、歩行開始期のG2、思春期のG2、歩行開始期のG1、そして思春期のG1となる。これら4群の世代性を比較した第6章（世代性の発達的変化）は、その関係全体を検討する目的に照らして、それらを破線で囲んで表示した。さらに、第7章（祖父母世代における人生の統合）では思春期の孫をもつG1（最年長）が、彼らの人生行路を振り返って過去の親子関係を省察することになる。つまり4群の関係を俯瞰することになるので、一方向の矢印を用いた。

2. 各章の研究から明らかになったこと

まず、各章の検討結果を簡単に整理してみよう。取りあげる順番は章立ての

順にし、この後の議論の展開につなげていくことにする。

　第3章（世代間援助の発達的変化）では、世代間援助を検討した。第一に、世代間援助の基本構造として2点が明らかとなった。1点目は、親世代（G2）の女性の視点から見る限り、世代間援助のやり取りは圧倒的に実母との頻度が高く、その重要性が確認されたことである。この結果は先行研究の結果を支持したが、概念的に区別される経済的・道具的・精神的援助の全てについて直接的な比較を行った本分析は貴重である。今回の分析では健康状態や就業状況など道具的援助の機会に影響するような変数を統制しても実母との関係の効果が強く維持された。また、3つの援助行動の中で実母との関係の重要性がもっとも際立ったのは精神的援助であった。2点目は、3つの援助行動の中で経済的援助が特別な重要性をもっていたことが明らかになった。祖父母世代からの援助行動の中で、経済的援助の頻度がもっとも高かった。そして、経済的援助の頻度は満足度との相関がもっとも強かった。しかし、育児中の人々が祖父母世代からの経済的援助に依存する現状を、楽観的に受け止めることはできない。

　第二に、歩行開始期と思春期のコホートを比較して、世代間援助の発達的変化を検討した。その結果、明らかになった1点目は、歩行開始期から思春期の間に、世代間援助の勢力は祖父母世代から父母世代へと移行することである。勢力の移行は、祖父母世代への援助の増加ではなく、主に祖父母世代から受ける援助が減少することによって起こる。この結果は先行研究の結果とも合致したが、本分析ではとくに道具的援助を受けるニーズの低下の影響が大きいことが確認された。また、思春期では、祖父母世代への援助頻度が父母世代の満足を多少規定するようになる。2点目に、援助行動の意味合いが変化することが明らかになった。歩行開始期の援助行動は、世代間の交流的意味合いが読み取れ、切迫した必要性は少ない。一方、思春期での援助行動はよりシビアなニーズに対応したものである。歩行開始期には祖父母世代からの援助がより頻繁に見られ、援助頻度の規定要因は主に祖父母世代の資源的余裕であったが、思春期コホートではニーズ要因の影響力がより明確であった。また、祖父母世代が

父母世代から受ける援助についても、歩行開始期コホートでは援助頻度が満足度と結びつかなかったが、思春期コホートではある程度満足度と結びつくようになり、祖父母世代の実際的なニーズに対応していた。

　第三に、直接的に双方向的な分析を行った結果、規範的バイアスの存在が予想される結果が確認された。つまり、純粋な意味での援助の頻度や満足度の認識だけではなく、その状況が社会規範に照らして好まれるものかどうかという判断が上乗せされたうえでの回答がなされていたと考えられる。これは、自身が与えている援助よりも受け取っている援助の方が援助の頻度や満足を高く回答しやすい傾向から読み取れる。また、祖父母世代の方がそういった規範的バイアスに縛られずに実際的な状況を回答していると予想される結果が得られた。これは、祖父母世代の方が全般的に援助行動の頻度を少なめに回答する傾向や、援助と満足を容易に結びつけないという結果からの解釈である。

　第4章（三世代同居・近居の因果効果の推定）では、三世代同居・近居の因果関係を検討した。この背景には、少子化対策として三世代同居・近居を推進する政府の動向に対する疑問があった。三世代同居・近居の内生性を考慮した分析を行った結果、三世代同居・近居の促進が有効な少子化対策となる明確な裏付けを得ることはできなかった。歩行開始期コホートにおける出生意欲や思春期コホートにおけるG2子ども総数に三世代同居・近居の有意な効果が認められないという結果をもって、少子化に対して三世代同居・近居の効果がないということを結論付けることはできないものの、積極的に推進する根拠があるとも言えない。少なくとも、本研究が対象としている都市部において、祖父母世代と親世代が近くに住まうことで出生率が劇的に上昇することは期待できないだろう。

　それでは、三世代同居・近居は何をもたらすのだろうか。ふたつのコホート間の比較は、それぞれの世代で構成されるシステムにおける生涯発達的変化を明らかにしてくれるはずである。歩行開始期のG1とG2の関係、思春期のG1とG2の関係を比較すると、いくつかの指標に有意差があった。歩行開始期コ

ホートでは、G1とG2が同居・近居しているグループは、G2の主観的健康観が高く、G2の経済状況が低く、G2の大学卒の割合が低く、G2の子どもの数が多い傾向があった。思春期コホートでは、G1とG2が同居・近居しているグループは、G1の年齢が高く、G2の経済状況が低く、G2のメンタルヘルスが良くない傾向があった。また、G3が歩行開始期もしくは思春期いずれの場合であっても、G2がフルタイムで共働きできる可能性を高める効果があることが明らかになった。このことからも、三世代同居・近居をする決め手となる要因がG3の発達段階によって異なることが明らかになった。

　第5章（思春期の子どもと祖父母との関係）の分析から、第一に、孫は祖父母との関係を肯定的にとらえていることが明らかとなった。とくに、体調への気遣いや気持ちの理解など、祖父母からの「日常的・情緒的援助機能」が孫にはよく認識されており、日常的なかかわりの中で安心できる存在として祖父母をとらえていた。こうした祖父母の存在への認識は、自立への欲求と不安が高まる思春期においてサポート機能を果たすだろう。ただし、つらいことや悩みがある時など、より深刻な状況で祖父母が心の支えになるという「存在受容機能」、祖父母の姿から自己の未来の展望をもつという「時間的展望促進機能」の認識は、「日常的・情緒的援助機能」、「世代継承性促進機能」と比べて弱かった。また、祖父母との関係性の認識は、男子と女子で傾向が類似していたが、「世代継承性促進機能」は、女子の得点が男子より高かった。
　一方、祖父母の側では「世代継承性実感機能」、「時間的展望促進機能」、「存在受容機能」を強く認識していた。すなわち祖父母は、孫の存在が安心や嬉しさを実感させ、精神的な豊かさや支えをもたらすものと認識していた。ただし「道具的・情報的援助機能」、「日常的・情緒的援助機能」の認識も、その平均値は中央値を超えていた。孫の成長に伴い、孫から祖父母に対する具体的な援助もなされるようになるだろう。一方で、金銭的な支援を含む将来的援助を期待する「将来的援助期待機能」は値が低く、思春期の孫を金銭的に頼る存在としてはとらえていないようだ。

第二に、孫－祖父母関係の認知と親－子世帯と祖父母世帯の居住距離や連絡・面会頻度との関連では、祖父母は居住距離が近く、面会頻度が多いほど、「日常的・情緒的援助機能」をよく認識していた。一方、思春期の子どもは、居住距離が近いほど、祖父母の姿から人の一生について考えるなどの「時間的展望促進機能」を促進されていなかった。身近であるからこそ、祖父母の姿を客観視し、そこから抽象化して人の一生について考えることが難しいのかもしれない。

　第三に、孫－祖父母関係に関する思春期の子どもと祖父母の認知の関連について検討した。この分析は、これまでに日本では行われていなかった貴重なものである。パス解析の結果、因子間で正の関連がみられる場合と負の関連がみられる場合があった。その内実は、孫－祖父母関係のあり方は一通りではなく、いくつかのパターンの存在が予測された。祖父母と孫とが互いに強い信頼関係で結ばれ、互いに気づかいや援助を示し合って、心の支えにしている場合がある。一方、祖父母－孫関係に関する祖父母の認知、その認知を背景とした態度やかかわりの内容によっては、祖父母に対する否定的なイメージを促進する場合もあるようだ。

　第6章（世代性の発達的変化）では、世代性尺度20項目（丸島・有光，2007）を用いて、歩行開始期の親（G2）と祖父母（G1）、思春期の親（G2）と祖父母（G1）の世代性を検討した。その結果、世代性を構成する3因子「創造性（creativity）」、「世話（offering）」、「世代継承性（generativity, maintaining）」が得られ、これらは先行研究の結果を支持した。とはいえ、思春期の祖父母（G1）の因子分析の結果が他の3群とは異なっており、項目の移動が起きていた。より高齢者にはこの尺度が妥当ではない可能性、あるいは移動した質問項目の意味内容が、他の群とは異なる可能性を示唆しているのかもしれない。

　得られた3因子のうち、「創造性」得点は歩行開始期の親（G2）がもっとも高く、「世話」得点及び「世代継承性」得点は思春期の祖父母（G1）がもっとも高いことが示された。これらの結果は、先行研究の結果を概ね支持するもの

であった。しかし、尺度得点を比較すると、本研究の結果は丸島（2009）よりもやや低めであった。

　いくつかの研究では、中年期後期から老年期にかけての年代で、世代性がもっとも高い得点を示すことが指摘されている（McAdames, de St. Aubin, & Logan, 1993; 丸島, 2000）。世代性が人格的成熟を意味するなら、第6章から得られた結果は概ね納得できるものだろう。さらに「世代継承性」に加えて、「世話」も老年期でもっとも高い得点を示した。この結果は、孫とのかかわりのもつ意味合いあるいは第7章で取りあげた関係的アイデンティティと個人アイデンティティの関係について、多様な示唆を与えてくれる。

　第7章（祖父母世代における人生の統合）の結果は、本書で唯一の質的分析から得られたものである。対象者の親時代と祖父母時代における関係的アイデンティティが、重要な意味をもっていた。親の時代に、たとえ親と子どもが親密性を構築したとしても、子どもが親になり、親であった彼らが祖父母になると、その関係に再編が起きる。その再編過程では個人のアイデンティティに揺らぎが生じ、個人のありかたが見直されていた。それが、いかに人生を「統合」するかという課題でもあった。

　個人のアイデンティティは親になる以前、つまり青年期後期に達成されたと考えられるが、最近行われた研究（高濱・北村・佐々木・木村, 2016）では、歩行開始期の孫をもつ60代の祖母は、自分が親時代に実現できなかった課題を、娘の子育てを通して体現していた。つまり歩行開始期の孫の育児を通して、自らの喜びとアイデンティティを見出していた。そして、この後に十全な達成に至ると考えられる。したがって、祖父母時代をひとくくりにせずに、2つの時期に区分するのが妥当だろう。

　親の世代においても祖父母の世代においても、親であることや祖父母であることは、関係的アイデンティティを強く意識する立場に置かれることである。加齢によって身体状況や経済状況に変化が起こり始めると、当事者の語りにみられるように、当事者自身と家族間にもその変化が波及する。あるいは当事者

の変化を認識した家族の言動の変化が、照り返しのように当事者の認識に影響を及ぼすようになる。それがプロセスの揺らぎであろう。そうした家族との関係、孫との関係を通して、最終ステージでは個としての確立を果たす精神的作業が必須になるのではないか。本研究の協力者には、娘や息子、あるいは孫たちに依存することを望まない人々が多かった。

3. 従来の研究の課題を超えられたのか

　本書の目的を再掲すると、第一に、親子関係を祖父母―親―孫の三世代に拡大して議論することであった。第二に、子どもの心身の発達的変化が顕著な2つの時期（歩行開始期および思春期）の三世代親子システムの発達的変化をとらえることであった。そして第三に、三世代親子マッチングデータを利用して、三世代親子システムの相互依存性を考慮した分析を試みることであった。これらの目的に対応する結果をふまえ、3点に整理して議論したい。

（1）世代間の相互関係と影響性

　本書では祖父母と親、あるいは祖父母と孫という2者のデータを同時に比較・分析したが、祖父母、親そして子どもの3者のデータを同時に直接比較・分析した検討はおこなっていない。とはいえ、我々はこれら三世代の関係を、家族システムとして埋め込まれているとみなし、間接的に検討してきた。加えて、子どもに劇的な心身の発達的変化の生じる歩行開始期と思春期の子どもに焦点化し、それぞれのコホートにおける親と祖父母の関係同士を比較・分析することもできた。

　コホート間の比較は、まず発達的変化に関する情報を与えてくれる。正確にいえば、ある特定の年齢から長期間にわたる追跡的アプローチを採用すること、さらにエリクソンらが関与したカリフォルニア大学バークレー校人間発達研究所のガイダンス研究（Erikson, Erikson, & Kivnick, 1986/1990）のように、何世代にもわたって関係者を追跡してゆくことが必要となる。

本書では上述したアプローチを採用してはいないが、コホート間の比較という方法で、近似の結果を得られた可能性は高い。歩行開始期と思春期のコホートにおける世代間援助の比較から、世代間の勢力関係の変化が析出された。世代間援助には発達的変化が認められたのである。基本的には、歩行開始期だけでなく思春期においても、親世代の援助よりも祖父母世代の援助の方が優勢であった。しかし、親が祖父母から受ける援助は思春期では減少した。とくに道具的援助のニーズの低下が著しく、満足度との相関も低下した。しかし、このことは、親から祖父母に与える援助の増加を意味しなかった。最終的に、世代間援助は、子どもの年齢によって変化するのである。これらの変容が、子どもにどのように受け止められ、取り込まれ、子どもの発達に寄与するのか。今後はそういった視点からの追究も必要になろう。

　祖父母と孫との関係では、世代によってそれぞれ認識する機能が異なることが明らかになった。中学生1-2年生の孫の認識は、彼ら自身の心身の発達にともなって変化する可能性がある。それと同時に、日常的な祖父母との交流が祖父母の加齢に伴って頻度や質に変化をもたらすだろう。そうした変化をさらに孫はどう取り込んでゆくのか。その間に、親世代は彼らの関係をどう媒介するのか。一方、祖父母側からも類似の変容は認識されるはずだ。祖父母的生殖性 (Erikson, Erikson, & Kivnick, 1986/1990) という語の含意する内容をも含めて、これらについても検討が必要だろう。

(2) 子ども世代の発達段階と家族システム

　子どもの発達段階によって、育児の負担内容に変化が生じる（岩渕ほか, 2009；児童虐待防止協会, 1997；佐々木, 2010；総務省統計局, 2011）。子どもが自律的になるにつれ、育児を担う大人が子どもへ費やす時間や手のかかり具合が量的負担から、質的負担へとシフトしていくと考えられる。それと同時に祖父母の加齢に伴って、健康状態が悪化し（罹患率が上昇し）、経済状態は低下する（内閣府, 2010）。つまり孫が歩行開始期には、サポートの供給側であった祖父母が、孫が思春期にはいる頃になると、サポートの享受側へと変わるようになる。こ

のような転換点（変換点）は、家族システムの不安定化の要因となる。歩行開始期と思春期は、親と子の双方にとってその時期自体への適応が大きな課題となっている。これら2つの時期は隣り合わせに存在するわけではないが、その前の時期からの移行を考慮すれば留意が必要と考えられる。

　従来の発達研究においては、子ども（孫）自身が心身の劇的変容にいかに適応するか、そしてそういった対応の困難な時期における親としての適応を取りあげることが多かった。それらに本研究の結果を重ね合わせると、歩行開始期と思春期とでは、祖父母の認識に変化が生じている可能性が推測される。具体的にあげると、祖父母としての役割の認識が変容するのである。例えば祖父母にとって、歩行開始期の孫はいわば「かわいい」存在であり「かまいたくなる」存在なのだろう。種としての人間が幼い子どもに養護性を喚起されたり、保護行動を触発されることと同じ意味合いである。高濱ほか（2016）は、歩行開始期の祖父母へ面接調査をおこなった。60代の対象者のひとりは、孫可愛さに、孫が遊びに来るたびに「もの」を買い与えていた。ところがある時、孫に「おばあちゃん、きょうは何くれるの？」と聞かれて、絶句したのである。そして「ものを与えるだけじゃダメなんだ」と、祖母としての対応と行動とを振り返るようになった。

　思春期の孫をもつ祖父母は、孫の成長の様子とその親の親行動を継続的に観察している。そして思春期特有の親子の葛藤も見聞きしていると推測される。したがって図9-2からわかるように、祖父母の役割が「親子の対立や衝突による緊張を和らげること」と感じる割合が、歩行開始期よりも増えるのだろう。ここで留意が必要なことは、孫との親近度は、ふたつの時期でそれほど差はないことだ。つまり、いずれの時期でも孫がなついていると認識している祖父母は多いのである。

　このような祖父母の変化に効いているのは、孫の発達的変化である。祖父母側からいえば、祖父母役割の変化、身体の衰え、認識の衰え、収入の低下などが絡むのだろうが、生涯発達的に俯瞰すればこのようにして老年期を生きるのである。

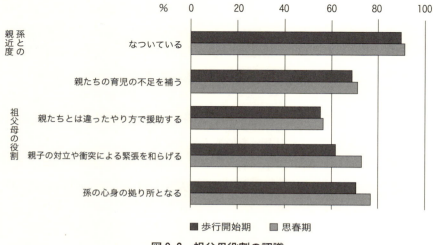

図 9-2 祖父母役割の認識

これらが世代間援助などの分析によって、裏づけられたことになる。従来の研究では、これらの変化を老年期の変化として取りあげてきたのであろう。子どもの変化、それに伴う親子関係の変化、親とその親である祖父母との関係の変化、そして子ども（孫）と祖父母との関係の変化が、家族システムに多様な変化を持ち込むことになる。むろん、このシステムは開放系（Prigogine & Stengers, 1984）であるから、全ての変化を取り込みはせず、平衡状態を維持するだろう。しかし、変化がトランザクトしてゆけば、やがて大きな変化を生み出し、システムは分岐し、新たな定常状態へと導かれてゆくのである。

（3）世代間の回答や認識の一致・不一致

我々が、例えば祖父母と親に同一の質問をする時、あるいは祖父母と親との間で授受されるサポートについての認識を双方に問う時、暗黙裡に一致度を問題にするのではないだろうか。その一致度が高ければ高いほど良好な関係を反映するという具合にである。裏返せば回答にずれが多かったり、不一致度が高かったりすれば、その関係は良好とは言えず、ストレスフルであるとみなされ

るだろう。

　しかし、本研究の最初の成果となった佐々木ら（2017）の研究結果及び後続の結果（Takahama & Sasaki, 2017）によれば、祖父母と親の回答は見事と言ってよいほど一致しなかった。逆にいえば、不一致が不都合とはならないし、問題とはならなかったのである。この結果は、我々にとって驚きであった。その可能性としては、ずれをずれとして認識していない、ずれていてもさほど問題ではない（親子関係という親密な関係の特徴かもしれない）、根本的に抑えておくべき要素に齟齬がなければそれ以外のずれには言及しない（マネージメントの基本）などが考えられる。では、不一致が問題となるのはどういった時だろうか。コミュニケーション学でいうところの miscommunication（岡本，2011a, 2011b）の問題であるが、期待と見返りの影響はあるだろう。第3章の分析によれば、歩行開始期の祖父母の援助行動は、世代間の交流的意味合いが強かった。つまりかれらは、自主的に援助をおこなっていたのである。

　また、マッチングデータによる分析によって、従来根拠の明確でなかった少子化対策にも、一定の証拠を提示することができた（第4章参照）。この意義は大きいと考えられる。

　また、相手との関係を通して互いに感じている内容や相手に期待する内容が異なることが明らかになった。そうだとすれば、その関係性から得られる双方の満足度にも、当然差が出てくるだろう。とりわけ親子関係では、そのような傾斜のある関係が特徴としてあげられる（第2章では氏家氏が「傾き」という語を使って説明している）。とはいえ、そのような傾斜のある関係は、発達的変化に伴って傾斜も変化してゆくことが示唆された。

　家族のような親密性を特徴とするシステムでは、例えある時期に不一致や齟齬が生じることになっても、システムの構成メンバーの発達によってその不一致が固定化されにくい。あるいはメンバーの発達が不一致や齟齬を引き起こしても、動的平衡作用が働くため、そのままの状態には留まりにくいと考えられる。したがって、問題はそれほど表面化しないのかもしれない。

4. 今後の課題

　新たな研究の進展によって、それまでの疑問が解決されることは多くの研究者が経験することであり、同時にそれは知的興奮をもたらすものである。しかし、さらに知りたいことや不明な点が出てくるのも事実である。最後に今後の課題を2点あげておきたい。

　第一に、データ収集の問題である。本書の研究では、歩行開始期の親のデータ収集数は690人で、さらに紹介されたその親つまり祖父母は204人であった。思春期（中学生）のデータ収集数は、2,405人であった。中学生の親で協力を得られた人数は722人、さらに紹介されたその親つまり祖父母は103人であった。このように、血縁関係をポイントにしてデータを収集すると、その数は世代を遡るにしたがって減少するのである。無論、親や祖父母の自由意思を尊重して、回答は返信用封筒を使って返送してもらうように配慮した。また、思春期の祖父母の中には体調の芳しくない方や視力の衰えなどから、「協力したいができない」という丁寧なお断りをくださった方々もいらっしゃる。研究目的との兼ね合いで、質問項目が決して少なくなかったことも、これらの方々には負担を強いる結果になったのかも知れない。開き直るつもりはないが、これが現実なのである。

　第二に、各章の分析に使われたデータセットの持つ限界は、各執筆者の言及内容に共通している。マッチングデータの8割が祖母（G1）と実の娘（G2）との組み合わせであった。つまり全回答者中、G1とG2をあわせた回答者は圧倒的に女性が多かったのである。マッチングデータを収集した結果、ペアごとの分析が可能になった反面、詳細な分析を進めていくほどにサンプルサイズが縮小していった。したがって、これらの結果を一般論として敷衍するには慎重を期すことが必要である。各執筆者は自戒を込めてそのような結語をしている。

　確かにその通りであるが、現実の多様性を考慮した分析としては、現状はこれが限度である。サンプルサイズを増やしたとしても、この問題はどこまでも

つきまとうことになろう。

　日本の家族形態を見ると、かつてのような夫婦と子どもふたりといった"標準家庭"は減少している。最新のデータ（総務省統計局，2017）では、核家族世帯に占める夫婦と子どもの世帯は26.7％となった。この15年間において、31.9％（同，2002）からこれだけ減少しているのである。つまり多様な家族、家庭、それ以前に多様な個人の生き方が模索され、それらが徐々に受け入れられるようになっている。そうした現実社会の変化を取り込んだ研究を目指すには、何を軸としたら良いのだろうか。我々は新たな課題を突きつけられているのかもしれない。

文献

Erikson, E.H., Erikson, J.M., & Kivnick, H.Q. (1990). *老年期：生き生きしたかかわりあい*. (朝長正徳・朝長梨枝子，訳). みすず書房. (Erikson, E.H., Erikson, J.M., & Kivnick, H.Q. (1986). *Vital involvement in old age*. New York: W.W.Norton.)

岩渕祥子・奥澤聡子・神川洋平・川﨑有亮・中西恵美・贄　裕亮・稗田太郎・津田洋子・和田敬仁・野見山哲生. (2009). 母親の育児負担感への寄与因子の検討に関する研究. *信州医学雑誌*, **57(5)**, 155-161.

児童虐待防止協会. (1997). *電話相談における子どもの虐待防止アセスメント基礎調査：母と子のサポートに向けて*. 電話相談における母親のストレス研究会・児童虐待防止協会.

丸島令子. (2000). 中年期の「生殖性（generativity）」の発達と自己概念との関連性について. *教育心理学研究*, **48**, 52-62.

丸島令子. (2009). *成人の心理学：世代性と人格的成熟*. ナカニシヤ出版.

丸島令子・有光興記. (2007). 世代性関心と世代性行動尺度の改訂版作成と信頼性, 妥当性の検討. *心理学研究*, **78**, 303-309.

McAdame, D.P., de St. Aubin,E., & Logan, R.L. (1993). Generativity amoadng young, midlife, and older adults. *Psychology and Aging*, **8**, 221-230.

内閣府政策統括官（共生政策担当）. (2010). *高齢者の現状及び今後の動向分析についての調査報告書*. 内閣府.

岡本真一郎. (2011a). ミス・コミュニケーションはどのように発生するか：誤解の経験に関する調査. *愛知学院大学心身科学部紀要*, **7**, 9-12.

岡本真一郎. (2011b). *ミス・コミュニケーション：なぜ生ずるかどう防ぐか*. ナカニシヤ出版.

Prigogine, I., & Stengers, I. (1987). *混沌からの秩序*（伏見康治・伏見　譲・松枝秀明, 訳）. みすず書房.（Prigogine, I., & Stengers, I. (1984). *Order out of Chaos: Man's New Dialogue with Nature*. New York: Bantam Books.）

佐々木尚之.（2010）. 子育ての悩みの類型：JGSS-2009 ライフコース調査による人間発達学的検証. *日本版総合的社会調査共同研究拠点研究論文集*, **10**, 261-272.

佐々木尚之・高濱裕子・北村琴美・木村文香.（2017）. 歩行開始期の子をもつ親と祖父母のダイアドデータの分析：育児支援頻度および回答不一致の要因. *発達心理学研究*, **28(1)**, 35-45.

総務省統計局.（2011）. 平成 23 年社会生活基本調査.

総務省統計局.（2017）. 日本の統計 2017.

高濱裕子・渡辺利子・坂上裕子・高辻千恵・野澤祥子.（2008）. 歩行開始期における親子システムの変容プロセス：母親のもつ枠組みと子どもの反抗・自己主張との関係. *発達心理学研究*, **19(2)**, 121-131.

高濱裕子・北村琴美・佐々木尚之・木村文香.（2016）. 加齢と世代性：育児をめぐる 60 代の母親と娘との葛藤の分析. *お茶の水女子大学子ども学研究紀要*, **4**, 1-8.

Takahama, Y., & Sasaki, T. (2017). A feeling of satisfaction in the mutual support between grandparents and parents in Japan. *Poster Presented at the British Psychological Society Annual Conference, 4 May, 2017. Brighton, Great Britain.*

氏家達夫・高濱裕子.（2011）. *親子関係の生涯発達心理学*. 風間書房.

あとがき

　私がはじめてダイアドデータの研究に触れたのは、2000年代前半の大学院生の頃であった。子育て期の家族関係（とくに父親の発達）を研究テーマとして掲げていたこともあり、必然であったともいえる。家族間の相互依存性を考慮する必要性が大きく取り上げられるようになった時期でもあり、マッチングデータを利用していなかったり、家族内の回答者によって別モデルで分析していたりすると投稿論文がリジェクトされるようになった、と私の周りの研究者たちが嘆いていたし、私自身も実際に経験した。家族研究が新たな局面を迎えていることを肌で感じ、よーしやってやろうとワクワクしたのをよく覚えている。

　すでに結婚して子どももいた私にとって、博士号を取得後の進路は悩みの種であった。20代のほぼすべてを過ごし自分を成長させてくれたアメリカに残るべきか、それとも、日本に帰国するべきかについて、何年もかけて妻と話しあった。ただ、高校卒業後アメリカの大学に進学した私には、日本のアカデミアの情報が全くなかった。将来のことは先延ばしにしたいという、どちらかといえば後ろ向きな理由で大学院に進んだようなもので、研究者になるとは夢にも思っていなかった。そもそも、どのような選択肢が自分にあるのかも不明で、就職活動の方法さえも知らなかった。高濱先生とアメリカの学会でお会いしたのもちょうどその時であった。当時、大学付属のプレスクールで3歳児の担任をしつつ、大学生を指導する立場にあった私は、幼稚園教諭の経験をもつ高濱先生に無意識のうちに勝手に親近感を抱いていたのだと思う。大学院生と大学教員の間に上下関係があまりない文化しか知らなかったので、今思い起こすと大変失礼な振る舞いをしていたかもしれない。高濱先生をはじめ、世間知らずの私に嫌な顔せず情報提供してくださった先生方にこの場をお借りしてお詫びを申し上げる。

　我が家にとって離米は突然訪れた。大阪商業大学JGSS研究センターにポス

トドクトラル研究員としての採用が決まったのである。大規模社会調査データが多数公開されていた欧米と異なり、自由に使えるデータが限られている日本の実情を初めて知った。社会科学分野での日本の国際競争力を高めるためには、JGSSのようなデータの普及が不可欠だと感じていたので、とにかくがむしゃらに働いた。社会調査については素人同然だったため、たくさん迷惑をかけてしまったが、少しでも日本社会に貢献したいとの強い思いがあった。JGSSプロジェクトの発展期に、微力ながら携われたことは幸運だった。

そんな折、高濱先生から共同研究のお誘いをいただいた。久しぶりに自身の研究関心に近い内容の仕事ができることに心を躍らせた。とくにマッチングデータにおいて、同じ質問を複数の回答者に尋ねることを提案させていただいた。日本でもダイアドデータ分析の重要性が大きくなることが予想できたからである。もっと早く成果を出すべきだったのだろうが、人生には予測不可能なことが起こるものである。本来は執筆していただきたかった何人かの先生方は諸事情により願いが叶わなかった。挙句の果てには、編者の一人である私が一年間フィンランドで在外研究するという暴挙にでた。本書が世に出るまでの道のりは、研究プロジェクトの構想から8年と本当に長く険しいものだった。プロジェクト発足後に誕生した次男は小学2年生になってしまった。

調査に協力してくださったご家族の方々を筆頭に、研究趣意に賛同くださり調査実施を承諾してくださった役所の方々、保育所の先生方、中学校の先生方、ここでお名前を挙げられなかった先生方を含め、多くの方のお力添えとご厚情のおかげでようやく完成を迎えることができた。また本書の企画段階から風間敬子さんには、ご無理をお願いし大変お世話になった。本研究プロジェクトの実行にあたりご協力くださった皆様に深くお礼申し上げる。

本書のねらいは、1) 親子関係を祖父母－親－孫の三世代に拡大して議論すること、2) 子どもの心身の発達的変化が顕著な2つの時期（歩行開始期および思春期）の三世代親子システムの発達的変化をとらえること、3) 三世代親子マッチングデータを利用することにより、三世代親子システムの相互依存性を考慮した分析を試みることの3点であった。達成できたことより、できなかった

ことの方が多いような気もするが、宿題が残っている方が今後のエネルギーの源となると言ってしまえば言い逃れだろうか。読者の方々のご批判やご意見をいただけることを切に願っている。多くの方々が同一家族内の複数の回答者からデータを得ることに関心をもっていただければ幸いである。

　最後に、いつも突然のひらめきで行動する私を見捨てずに理解し協力してくれる妻と二人の息子たちに感謝していることを記す。

2018年4月

佐々木尚之

事項索引

あ行

アイデンティティ　59, 188-190, 192-193, 200-204, 216
育児への関与・協力　56-57, 69, 71-72, 83
遺伝　13, 40, 59, 70, 76
援助　15, 91-96, 98-102, 104, 107-109, 111-118, 127, 129, 155, 159-162, 212-215, 218, 220
親子システム　2-3, 19-21, 27-28, 31, 35, 37, 50-51, 167, 210-211, 217

か行

介護　3, 6, 8, 17-18, 20, 122, 136-137, 202-203
核家族　1, 4-5, 121, 223
学歴　17, 28, 31, 35, 71-72, 104, 122-123, 129
家事　9, 11, 28, 31, 91, 107, 124, 135
家族システム　7, 18, 45, 142, 144, 217, 219-220
傾き　66-68, 78, 83-84, 221
葛藤　57, 84, 141, 144, 161, 200, 219
加齢　2, 8, 19, 104, 126, 163, 179, 182, 200, 216, 218
環境　3, 8, 19, 40, 44, 55, 57, 59, 71, 76, 124, 138, 188, 190
機能的連帯　91
（世代間援助の）規範的バイアス　117, 213
居住距離　4, 49, 104, 121, 125-126, 129, 135-137, 144-145, 156-157, 162-163, 172, 215
近居　49, 50, 107-108, 121-122, 124-131, 133-139, 155, 183, 190, 213-214
近代家族　3, 8
傾向スコア　124, 128, 130-131, 134, 136
健康寿命　6, 138
幸福　13, 20, 27, 168, 187-188
高齢化　5-6, 168, 170, 200
高齢者　3, 6, 10-11, 167-169, 182-183, 189-191, 215
互恵性　13, 15, 19, 27, 31, 39-41
誤差　14-16, 28, 36, 43, 45-46, 50, 158

個別性　75, 80, 83-85
雇用　8-9, 123-124

さ行

再生産性　57-59, 82, 84
サクセスフルエイジング　20, 168
サブシステム　20, 32, 36
残差　14, 39-40, 47
支援　3-7, 9, 11-12, 19, 30, 35-37, 39-42, 47-49, 67, 72, 100, 114, 116, 122-126, 135, 138, 141, 143, 155, 162, 214
時間的展望促進機能　142, 148-149, 153-155, 157, 160-162, 214-215
（世代間援助の）資源要因　104, 107
思春期　2, 11, 17-20, 28-30, 63-65, 80, 92-104, 108-116, 129-137, 141-163, 167, 173, 178-183, 190-191, 210-215, 217-219, 222
時代性　62
社会システム　5, 8-9, 11
出生　5, 21, 124-128, 130, 133, 135, 190, 213
生涯発達　2, 21, 61, 168, 178, 182, 213, 219
少子化　1, 5, 124, 134-135, 137, 213, 221
将来的援助期待機能　153, 155, 159, 162, 214
新規性　58, 61
人口　5, 9, 61, 66, 76
人生行路　191, 203, 205, 211
人生の統合　191
人生の物語　61, 74, 83-84
親族関係維持（kin-keeping）　113
生殖性　141, 161, 169, 218
性（別）役割　8, 17, 19, 28, 129, 172
世代間連帯理論　91, 118
世代継承性　169, 173, 178-179, 181-183, 215-216
世代継承性実感機能　151, 154-155, 161, 214
世代継承性促進機能　142, 148-150, 159, 161, 214
世代性　21, 168-170, 173, 178, 181, 183, 189-190, 192, 211, 215-216

世話　69, 137, 169-170, 173, 178, 180-183, 189, 215-216
専業主婦　7-8
相互依存性　3, 12-15, 18, 21, 27-28, 31, 37, 40, 43, 46, 125, 188, 210, 217
ソーシャルサポート　190
創造性　169, 173, 178, 180-182, 215
存在受容機能　142, 146, 149, 153-155, 158-159, 161, 214

▍た行▍

ダイアドデータ　28, 31-32, 37-39, 41, 46, 50-51, 102, 118
第一次反抗期　2
第二次反抗期　2, 141
多様性　75-77, 83-85, 222
地域　3, 40, 55, 59, 71, 118, 122, 135, 138, 167, 188, 190, 198
中期親子関係　115
調整・緩衝機能　141, 161
同居　4-5, 33, 42-43, 49, 56, 80, 104, 107-108, 114, 118, 121-122, 124-139, 157, 168, 189-190, 193, 199, 213-214
道具的・情報的援助機能　153, 155, 159, 161, 214
独立性　14, 39
共働き　7-9, 29, 130, 133-135, 214
トランザクション　170
トリセツ　77-79, 83

▍な行▍

内生性　127, 135, 213
（世代間援助の）ニーズ要因　104, 107, 109, 116, 212
日常的・情緒的援助機能　142, 146, 149, 151, 155-162, 214-215
ネットワーク　135, 137, 143, 167
年金　3, 8, 20, 122

▍は行▍

バイアス　64, 111, 117, 128, 131, 134, 136, 213
パラダイム　21, 57-58, 62, 78, 82, 84

晩婚　6, 136
繁殖システム　55, 58
貧困　7, 10, 69
文化　2, 13, 44, 68, 72, 79, 121, 169, 171, 183, 187-188, 201, 204
文化的自己観　188
平均寿命　10, 203
別居　4-5, 42, 49, 56, 125, 127, 131, 133-134, 136
歩行開始期　2, 10, 17, 19-20, 28-30, 34-35, 92-104, 108-116, 129-137, 167, 173, 178-183, 204, 210-219, 221-222

▍ま行▍

マイクロシステム　143, 155, 163
孫－祖父母関係評価尺度　145, 146, 151
マッチングデータ　3, 7, 21, 27-28, 30, 36, 217, 221-222
マルチレベル　21, 41, 46-47, 102, 104
未婚　4
メゾシステム　143
メンタルヘルス　13, 16, 21, 31, 36, 130-131, 134, 136-137, 214

▍や行▍

ユニバーサルデザイン　75, 77, 85

▍ら行▍

ライフコース　18-19
ライフサイクル　3, 74, 82, 126, 205, 210
ライフスタイル　11, 121, 124, 188
離婚　7, 10
流動性　74-75
労働　9, 32, 74, 104, 107, 109, 123-124, 138

▍A-Z▍

Actor-Partner Interdependence Model（APIM）39-41, 43-46, 50
Common Fate Model（CFM）　39, 43-46, 50
Dyadic Discrepancy Model（DDM）　39, 46-48, 50
JGSS　121-122, 126

人名索引

Austin, P. C.　　129, 131
Bengtson, V. L.　　17, 19, 91, 118
Bronfenbrenner, U.　　2, 142
デイビッド・ブルックス　　71, 74, 77
Cox, M. J.　　18, 46
De Los Reyes, A.　　16
Erikson, E. H.　　21, 61, 141, 161, 169, 183, 189-190, 203, 217-218
Fingerman, K. L.　　18-19, 20-21, 46
Kenny, D. A.　　31, 37, 39, 43-45, 51, 118, 119
北村安樹子　　4, 72, 84, 125
Kitayama, S.　　188
Markus, H. R.　　188
丸島令子　　169-170, 173, 179-183, 189, 215-216
松田道雄　　56, 58, 69-70, 80
McAdams, D. P.　　169, 189

宮本常一　　55, 60, 73
Motterlini, M.　　64
野澤祥子　　3, 167, 210
岡本祐子　　183, 189, 200-201, 205
Rosenbaum, P. R.　　128, 133
Rubin, D. B.　　128, 133
佐々木尚之　　7, 12, 117, 122, 125, 135, 137, 204, 216, 218, 221
杉村和美　　167, 189
高濱裕子　　2-3, 7, 12, 125, 135, 167, 179, 183, 204, 210, 216, 219
内田由紀子　　168, 187, 188
氏家達夫　　2-3, 70, 141-142, 161, 167, 202, 210
Wickler, W.　　59-60, 61, 64
保坂時男　　113, 115
横山浩司　　69

編者紹介

佐々木 尚之　大阪商業大学准教授　[序章・第1章・第4章・終章]
主著書　歩行開始期の子をもつ親と祖父母のダイアドデータの分析：支援頻度および回答不一致の要因（2017，共著，発達心理学研究）
テキスト心理学（2015，分担，ナカニシヤ出版）
健康長寿の社会文化的文脈（2013，監訳，風間書房）
Healthy Aging in Sociocultural Context（2012，分担，Routledge）

高濱 裕子　お茶の水女子大学名誉教授　[序章・第6章・第7章・終章]
主著書　Relationship between identity and generativity of elderly Japanese people: Analysis of two cases: a male in his 80s and a female in her 70s. North East Branch Bulletin Issue 2 – Summer（2015，共著，The British Psychological Society North East England of Branch）
児童心理学の進歩2014年版（2014，分担，金子書房）
親子関係の生涯発達心理学（2011，共編著，風間書房）
保育者としての成長プロセス：幼児との関係を視点とした長期的・短期的発達（2001，風間書房）

執筆者紹介

氏家 達夫　放送大学愛知学習センター所長（特任教授）・名古屋大学名誉教授　[第2章]
主著書　親子関係の生涯発達心理学（2011，共編著，風間書房）
「個の理解」をめざす発達研究（2004，共著，有斐閣）
親になるプロセス（1996，金子書房）
子どもは気まぐれ（1996，ミネルヴァ書房）

保田 時男　関西大学教授　[第3章]
主著書　日本の家族1999-2009：全国家族調査［NFRJ］による計量社会学（2016，共編著，東京大学出版会）
パネルデータの調査と分析・入門（2016，共編著，ナカニシヤ出版）
現代の階層社会 第1巻 格差と多様性（2011，分担，東京大学出版会）
日本人の意識と行動：日本版総合的社会調査JGSSによる分析（2008，分担，東京大学出版会）

野澤 祥子　東京大学大学院教育学研究科附属発達保育実践政策学センター准教授　[第5章]
主著書　歩行開始期の仲間関係における自己主張の発達過程に関する研究（2017，風間書房）
家庭支援論（新・プリマーズ）（2016，分担，ミネルヴァ書房）
保育者のストレス軽減とバーンアウト防止のためのガイドブック（2011，共訳，福村出版）
親子関係の生涯発達心理学（2011，共著，風間書房）

三世代の親子関係―マッチングデータによる実証研究―

2018年5月31日　初版第1刷発行

編著者　　佐々木　尚　之
　　　　　高　濱　裕　子

発行者　　風　間　敬　子

発行所　　株式会社　風　間　書　房
　〒101-0051　東京都千代田区神田神保町1-34
　　電話03(3291)5729　FAX 03(3291)5757
　　　　　　　振替00110-5-1853

印刷　堀江制作・平河工業社　　製本　井上製本所

©2018　T. Sasaki　Y. Takahama　　　　　NDC分類：143
ISBN978-4-7599-2225-7　　Printed in Japan

JCOPY〈(社)出版者著作権管理機構　委託出版物〉
本書の無断複製は、著作権法上での例外を除き禁じられています。複製される場合はそのつど事前に(社)出版者著作権管理機構(電話03-3513-6969、FAX 03-3513-6979、e-mail: info@jcopy.or.jp)の許諾を得て下さい。